マスター
国際関係論

西川　吉光

三恵社

はじめに

　本書は、大学の教養課程で国際関係論や国際政治学、あるいは国際事情等を学ぶ学生を対象としたテキストである。そのため国際関係論・国際政治学の基本的な理論や学説、主要テーマを平易に解説するとともに、国際紛争や人権、環境問題等現代の国際社会が直面している諸問題及びその解決のための取り組みや学理的アプローチについても論及している。

　全般の構成と内容を通観すると、前半の第1～4章においては、「国際関係論とは何か」、「現代の国際社会・国際関係を構成する枠組みとは」、「国際関係を理解するための基本的な理論・学説」等基礎的な問いかけに始まり、学問としての国際関係論を習得するうえで必須不可欠な知識や概念について説明を加えている。続く第5～8章では、国際社会のダイナミズムを理解するとともに、重要な現代的課題である国際安全保障、国際経済と開発、グローバルプロブレムについて解説している。

　大学における『国際関係論』の講義で使用するテキストとしての性格に加え、本書は各種公務員試験や教員採用試験、さらにマスメディアをはじめとする一般企業の就職試験（時事・社会分野及び教養分野）を受ける学生・受験生にとっての合格マニュアルにもなっている。大学の授業で使うテキストであるだけでなく、各種試験対策のためのテキストにもなっている点が本書の最大の特徴である。

　筆者は、若き日に自ら国家公務員試験を受験しただけでなく、官庁在職中は職員の人事・研修・採用業務に携わり、研究職に就いてからは、公務員を志望する大学・高校生の受験講座や教材などの作成に携わってきた．そうした勤務経験から得た知見やノウハウを基に、執筆及び編纂にあたっては、過去問の分析や傾向、狙われやすい項目、出題ポイント等を踏まえ、取り上げる事項や解説内容の選定を行った。本文を繰返し読むことで、国際関係及び国際事情の基礎知識が身に付くだけでなく、公務員試験等における正誤問題や4～5肢選択問題で正解を導くことが出来るように工夫と配慮がなされている。

　国際関係論についてより深い理解を得たいと願う読者の便宜も考え、巻末には各章毎に参考文献を挙げておいたが、本書の性格上、入手可能性が高く、かつ各種試験対策に適した作品に限らせていただいた。なお執筆にあたっては、引用・参考文献以外にも内外の先学・同学の業績を利用させて頂いた。関係者の学恩に篤く感謝申し上げます。

拙著を通じ、読者諸氏の国際関係論や国際情勢に対する理解や興味が深まれば、また目標とする試験に合格を果たす一助ともなれば、筆者としてこれに優る幸はない。最後になったが、今回も三恵社の木全俊輔氏には本書企画の段階から上梓に至るまで終始多大な御支援と御厚情を賜った。この場をお借りして、厚く御礼を申し上げる次第である。

　2015 年 3 月吉日

西川吉光

マスター国際関係論　■目次

はじめに——————————————————————————3

第1章　国際関係の基本概念————————————9

1　国際関係論とは　■10
2　国際関係の主体　■10
行為体としての主権国家／非国家アクター：領土を持たない行為体
3　国際体系　■15
国際体系の類型／国際関係の分析レベル：国際システム・国家・個人
4　ウェストファリアシステム　■18
主権国家体制の誕生／国際政治体系と国内政治体系／ウェストファリアシステムの史的変遷
5　非西欧世界の国際体系　■23
冊封システム：華夷秩序の東アジア国際体系／イスラムの国際システム
6　ウェストファリアシステムの変容　■26
主権国家を取り巻く求心力と遠心力／いまも高い主権国家の意義／レジームとグローバルガバナンス

第2章　国際関係理論の発展————————————37

1　国際関係理論の史的潮流　■38
第1次世界大戦後：理想主義の隆盛／1930年代：現実主義への移行／第2次世界大戦後：現実主義の優位／1960年代：制度主義・マルクス主義・行動科学の時代／1970~80年代：新自由主義・新制度主義・ネオマルクス主義／冷戦後
2　現実主義（リアリズム）とパワーポリティクス　■47
3　トランスナショナリズム　■50
4　ビリヤードモデルからプレートテクトニクスモデルへ　■52
5　建設的リアリズムの構築をめざして　■55

第3章　国力とパワー ——————————————————— 63

1　国際政治におけるパワー ■64

パワーとは／パワー分析

2　国力の要素 ■67

触知的要因：ハード／非触知的要因：ソフト

3　影響力の行使 ■72

行使類型／行使手段の選択

4　経済的手段 ■75

貿易と援助／経済制裁／援助

5　政治的手段 ■78

6　軍事的手段 ■79

7　ソフトパワーの時代 ■80

8　日本の国力：現状と課題 ■81

第4章　外交とバーゲニング —————————————— 87

1　外交 ■88

外交の歴史／外交のスタイル／外交官の任務／外交の形式

2　外交政策の決定 ■92

政策決定とは／合理的政策モデル／組織過程モデル／官僚政治モデル／政策決定に影響を与える要因

3　主要国の外交 ■98

アメリカ外交：孤立主義と道徳主義／ロシア外交：シージメンタリティと過剰防衛的膨脹主義／中国外交：権力主義と中華思想／日本外交：状況対応型実利主義

4　外交交渉とバーゲニング ■106

交渉の条件／交渉のプロセスと類型

5　国際交渉のノウハウ：交渉を有利に進めるための戦術 ■110

交渉計画の作成／手続き条件／交渉の進展方法／脅し／論理の正当性／時間／弱者の恐喝／既成事実化／機密の保持と合意内容の確認／合意促進の技術

6　交渉スタイルと文化：日米交渉摩擦の背景 ■117

7　交渉の成否 ■119

8　その他のバーゲニング類型 ■120

第5章　国際連合と集団安全保障システム ──────── 125

1　個別的安全保障から集団安全保障へ ■126
安全保障政策／戦争の違法化／国際平和機構の構想／集団安全保障の概念

2　国際連盟 ■134
集団安全保障機構の誕生／国際連盟の限界

3　国際連合 ■136
4人の警察官構想／国連の目的と組織

4　紛争の平和的解決 ■143
武力行使の禁止／安全保障理事会及び総会の権能／事務総長の権能

5　強制措置 ■145
侵略行為の決定／軍事・非軍事措置の発動／5大国一致主義と冷戦／強制措置の実例

6　集団安全保障システムの限界 ■149
対抗戦争としての集団安全保障／集団安全保障が機能する条件

第6章　国際平和へのアプローチ ──────── 153

1　国連の平和維持活動 ■154
憲章6章半の活動／平和維持軍と監視団／冷戦後のPKO 1：複合多機能型PKO／冷戦後のPKO2：平和強制型PKOの挫折と今後

2　多国籍軍システム ■160

3　人道的介入 ■161

4　紛争予防と平和構築 ■162

5　軍備管理と軍縮 ■163
大量破壊兵器の規制：核兵器／非軍事・非核地帯の設置／生物・化学(BC)兵器／大量破壊兵器の拡散防止と運搬手段の規制／通常兵器の規制／国連軍縮会議

6　国連改革の視座 ■172
国際環境の変化／安保理改革問題／敵国条項の存廃／財政の逼迫と分担金／肥大化と非効率さ／国連の抱えるディレンマ／改革の方向：国連のレゾン・デートル

第7章　国際政治経済のフレームワーク ——————181

1　自由貿易体制の形成 ■182

IMF と IBRD ／ブレトンウッズ体制の崩壊／政策協調レジーム／GATT ／
GATT ラウンド交渉／日米の経済摩擦／ GATT から WTO へ／ FTA と
EPA ／環太平洋戦略的経済連携協定(TPP)

2　南北問題：開発と援助 ■190

開発の 10 年と UNCTAD ／新国際経済秩序(NIEO)／累積債務問題／グッド
ガバナンスと人間開発／政府開発援助(ODA)

3　地域主義と欧州連合 ■196

欧州共同体(EC)／欧州連合(EU)／ EU の組織／ EFTA・EEA

4　アジア太平洋の地域協力 ■200

ASEAN ／東アジアサミット／ ASEM ／ APEC

第8章　グローバルプロブレムへの取り組み ——————209

1　地球環境問題 ■210

国連人間環境会議と UNEP ／開発と環境保全：「持続可能な開発」／国連環
境開発会議(地球サミット)

2　地球温暖化 ■212

気候変動に関する政府間パネル(IPCC)／気候変動枠組み条約／京都議定書
／ポスト京都／環境税

3　その他の地球環境問題 ■216

オゾン層の破壊／砂漠化／酸性雨／熱帯林の減少

4　人権問題 ■218

国際人権規約／平和・人道に対する罪／国際刑事裁判所の創設／難民問題／
人間の安全保障

主要参考文献 ——————————————————225

第1章

国際関係の基本概念

1 国際関係論とは

　国際関係（international relations :IR）とは、国際社会（internatioal society）を構成する行為体相互の関係を意味する。従来は国家、正確には主権国家が国際社会における唯一の行為体であったから、国際関係論は国家と国家の相互作用（interaction）についての論（theory）と理解されてきた。この立場からは、国際関係論は国家間の政治活動を対象とする「国際政治学」の近似概念といえる。しかし、国際社会の行為体はいまや国家だけではない。多国籍企業や国際機関等国際社会に大きな影響を及ぼす行為体が多数存在する。現実の国際関係を理解するためには、国家（政府）間の相互作用だけでなく、非国家行為体相互、また国家と非国家行為体との国境や国家的枠組みを越えた（transnationalあるいはsupranational）相互作用も含めて考えねばならず、しかもそこでは政治のみならず経済、文化等あらゆるレベルの交流・接触が不断に繰り返されている。それゆえ、国際関係論とは「国際社会を形成する国家を含む各種行為体相互の関係についての学問」と定義づけられる。

　国家間の政治行為にとどまらず、種々の行為体の種々の活動を対象に収めるため、国際関係論の守備範囲は国際政治学に比して広範なものとなる。またその分析手法においては、政治学、経済学、社会学、文化人類学等々隣接諸科学との密接な連携の下に多彩なアプローチが求められることから、国際関係論は総合的（comprehensive）かつ学際的（interdisciplinary）色彩の強い広領域の学問である。

2 国際関係の主体

●行為体としての主権国家

　国際関係の主たる行為体は主権国家である。主権国家（sovereign state）の構成要素は、「人民（people）」「領土（territory）」「政府（government）」、それに「主権（sovereignty）」の四つである。

　第一の要素である「人民（people）」は、具体的にはnationという概念で把握される。わが国では、nationは「国民ないし民族」、あるいは「国家」と訳され

るが、それは「一定の地域に長期間、共同の生活を営むことによって、地縁、血縁、言語、信仰、習慣、風俗等各種の文化内容の全部若しくは大部を共有し、同一の歴史と伝統と運命のもとに"われわれ"という共通の集団帰属感情（a sense of common identity）によって結ばれるようになった人間集団の最大単位」と定義できる[1]。本来nationは自然発生的な種族を意味する概念であったが、やがてそれは近代における「自決の単位」となり、種族、血統からなる血縁共同体の概念とは必ずしも一致しなくなる。そしてnationを基盤とする国家（state）が「国民（民族）国家（nation state）」であり、そこでは一国民・一民族が一国家を構成するという擬制の下に、自らの国家に対する帰属意識としてのナショナリズム（nationalism）が醸成される。このナショナリズムが、ほかのnationやnation stateとの峻別あるいは競争・対抗の意識となって作用することになる[2]。

　もっとも、純粋に一民族（nation）が一国家（state）を形成するケースは現実には極く稀だ[3]。国家の多くは、様々な民族集団を大なり小なりその内部に抱える多民族国家（multi-national state）である場合が多い。国家（state）としての体は整えられていても民族分布との齟齬などから凝集力のあるナショナリズムが芽生えにくい新興アフリカ諸国や、逆に民族的一体感があっても国家として承認されていない集団（クルド民族等）も存在する。人民の要件は、各国ともその国内法で定めており、わが国では日本国憲法第10条が「日本国民たる要件は、法律でこれを定める」とし、国籍法（1950年）が制定されている。

　第二の要素は領土（territory）である。「国家は領土にその自然的基礎を有」（ブルンチェリ）し、如何なる政治団体、社会共同体も一定の領土を占有しない限りは国家といえない。領土（主権のおよぶ空間的限界）には、一定区域の陸地（領陸）とそれに近接する海面（領海）、更にそれらの上空（領空）が含まれる。19世紀末まで沿岸から排他的に支配できる領海の幅は一般に3海里だったが、その後、6ないし12海里と国により主張が異なるようになったため、第3次国連海洋法会議の結果成立した国連海洋法条約によって12海里に統一された。但し、領海内においても沿岸国の平和、秩序または安全を害しない限り、全ての外国船舶の無害通行権が認められている。領空については、宇宙条約（1967年）によって国家による宇宙空間の領有が禁じられたため、領空の上限は人工衛星の最低軌道以下の空間とされる。

　第三の要素である「政府（government）」とは、領域及び人民に対して統治作

図1-1 各種海域の概念

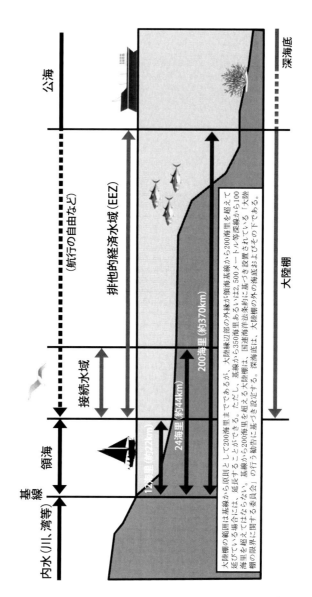

(出所)『外交青書 2014年版』

用を行う唯一の集権的機関を意味する。「一国一政府」が原則だが、現実には他国から承認された正統政府と（その敵対勢力あるいは第三国から支援された）事実上の政府が対立併存するケースもある。第四に、国家は対外的に全く独立するとともに、対内的に絶対最高の権力を持つ必要がある。それが主権（sovereignty）であり、政治権力の源泉となる。国家主権の絶対性を説いたボーダンによれば、主権とは「市民及び臣民に対する最高の権力であり、法律によって制限されない国家の絶対かつ永久的な権力」である。主権は「対内主権」と「対外主権」に分けられる。対内主権とは、一国の内部において国家の意志に反して国家の権力を制限する如何なるものも存在しないということ、対外主権とは一国の国内外の事項に関して国家が国外の他の権力主体から独立しているとの意味である（国家主権の二面性）。

　こうした四つの要素を備え、かつ他の国家から承認を得た行為体が主権国家として認知される。主権国家には国際法上の権利と義務が認められており、独立権、平等権、不可侵権、名誉権、外交交渉権等の基本権を有するとともに、国際法の尊重、不干渉、人権尊重、紛争の平和解決等の義務を負っている。1816年当時、世界全体で23しかなかった主権国家は、1900年に42、1945年には64、そして1985年には161か国と増え続け、冷戦後の現在、その数は200に迫る域に達している。

●非国家アクター：領土を持たない行為体

　主権国家にとって代わり得る力を持つには至っていないが、国際関係に大きな影響を及ぼす国家以外の行為体は増えており、しかもその地位・発言力は高まりをみせている。そうした非国家アクターには、国家の代表から構成され、その分担金等で運営されている政府間国際機構（Intergovernmental Organization：IGO）や非政府間の（国際）機構（［International］Nongovernmental Organization：INGO、NGO）[4]、さらに、巨大な資本と組織、ネットワークを擁する多国籍企業（Multinational Corporation：MNC）、宗教組織、地方自治体、テロリスト集団等が含まれる。このうちIGOには国際通貨基金（IMF）や世界銀行（IBRD）、国連貿易開発会議（UNCTAD）等が含まれるが、その代表はいうまでもなく普遍的一般的機構としての国際連合である。IGOはその活動対象地域から、地域的国際機構と普遍的国際機構に、活動目的から専門的技術的国際機構と一般的政治的国際機構に類

型化できる。

　NGOでは、人権問題で活躍するアムネスティ・インターナショナル、国際法律家協会、SOSトーチャー、障害者インターナショナル、環境保護分野でのグリーンピース、さらに紛争地域に医師を派遣する「国境なき医師団」等が有名だが、その活動分野は、人権擁護や軍縮をはじめ、難民救済、飢餓・貧困への援助、環境保護など多岐にわたっている。NGOは、国連NGOとそれ以外のNGOに区別される。国連NGOとは、国連憲章第71条の規定に基づいて経済社会理事会との間に取り決めを結び、あるいは国連の軍縮特別委員会、人権特別委員会、開発特別委員会等に認知された民間の国際・国内組織である。

　一般にNGOは、その組織・規模から小回りの効いた活動が可能で、運営コストも低廉に済むというメリットを有している。これに対し政府代表からなる国連等のIGOは構成各国の利益主張の場となり、国家間の利害が衝突して機能麻痺に陥ることも多い。そのため、NGOが市民的・国際的立場からの発言や活動を展開することで、身動きのとれない国家やIGOに協力し、あるいはその補完・代替機能を果たすケースが増えている。対人地雷禁止条約の成立は、その代表例である。地球上では20分に一人、対人地雷による死傷者が出ているといわれるが、対人地雷の使用、開発、生産、貯蔵、保有、移譲等を禁止するこの画期的な条約が1997年に100か国以上の参加を得て締結された（99年発効）のは、大国の力ではなく、地雷禁止国際キャンペーン（International Campaign to Ban Landmines：ICBL）を推し進めたNGOグループの地道な努力の成果であった。

　ところで人口100万人当たりのNGOの数で比べると、わが国は北欧諸国の未だ1/30程度に過ぎず、NGO後進国といわれてきた。これは、日本人の排他的、非国際的な国民性や、個人救済を重視する仏教的精神構造等が背景となって、欧米のキリスト教社会では一般的な不特定多数に対する慈善や篤志的活動への理解と実践が遅れたためであるが、阪神・東日本大震災などを契機に、日本でもボランティアやNGO活動が活発化しつつある。

　IGO、NGOに加え、IBMやGE、ロイヤルダッチシェル、ボーダーフォン、エクソンモービル等巨大資本を背景に国境を超えた経済活動を行う多国籍企業の存在も無視できない。多国籍企業の経済力は中小国家のそれを遥かに凌駕している。例えば1998年における世界各国のGNPと多国籍企業の売上高・営業収入を比較すると、経済力の上位100位のうち半分近い49を多国籍企業が占めて

いる。多国籍企業は、その保有する膨大な資金量によって世界経済を左右するばかりでなく、世界各地に展開する現地法人や子会社を統制することで雇用や通貨等各国の経済政策にも大きな影響を与える。さらにチリのアジェンデ政権転覆工作にアメリカのITTが深く関与していた事例が示すように、多国籍企業が自らの経営戦略を有利に進めるため、贈収賄や裏工作等の手段を用いて第三世界諸国等に政治的な影響力を行使するケースも多い。

　このほか、地方自治体の国境を越えた活動も活発化している（自治体外交）。国際機関や外国政府に派遣される自治体職員や海外に設置される駐在事務所の数は増加傾向にある。諸外国との姉妹都市交流は、相互理解の促進やコミュニケーションネットワークの緊密化等政府間接触だけでは十分にカバーできない分野を補足する機能を担っている。その蓄積された行政ノウハウを活かし、途上国に対する開発援助に乗り出す自治体も多い。

3　国際体系

●国際体系の類型

　国際体系（International System）とは、国際関係の各行為体が互いに様々に影響を及ぼし合う相互作用のパターンやタイプ、パワー分布の状態をいう。一般に国際政治におけるパワーセンターである極（polarity）の多寡から、単極（unipolar）（＝階層型）、二極（bipolar）、三極（tripolar）、それに多極（multipolar）に分類される。単極（一極）とは一つの突出した力（覇権国家）の存在する国際システムの構造である。反対に、力が拡散した国際システムの構造は多極構造と呼ばれる。多極構造では、各国は勢力を均衡させるためにそれぞれ多様な同盟を組み、同盟の組み替えは柔軟に行われる（バランスオブパワー）。これに対し二〜三極は、二〜三つの主要な力の中心（大国か緊密な同盟網）が存在する構造である。

　ホルスティは支配と影響力のパターンを基準に、国際体系を①階層型②分散型③分散＝ブロック型④分極型の四つに類型化する。[5] 階層型体系の特徴は、力と影響力が一つの単位に集中することにあり、中心的単位は小単位を設け、小単位がそのリーダーシップと支配に挑戦しようとする場合はこれを厳しく罰する。中心的単位は、報酬の提供や威嚇と処罰を行い、あるいは主従関係の神聖

さを強調する公定の神話と儀式を広めることで秩序と安定を維持する。体系内の相互作用とコミュニケーションも階層的原則に従って行なわれる。この例としてホルスティは中国の西周時代を挙げるが、後述する冊封秩序もこれに含まれよう。

　第二の分散型体系の特質は、力と影響力が相互に作用する単位の間に広く分散されることにある。比較的多数の政治単位はほぼ同等の規模と軍事力を持ち、地域的同盟の盟主は存在しても、永続的に体系全体を支配する国家はいない。外交的軍事的同盟は頻繁に結成され、開放的で共通の目的が達成されると急速に分解し、同盟がブロック化することはない。同盟の基礎となる利益は急速に変わり、加盟国は経済的あるいはイデオロギー的に互いに依存しておらず同盟は不安定である。単位間のコミュニケーションと相互作用は広く行なわれ、特定の経済的、イデオロギー的対立はなく同盟は流動的である。春秋時代の中国、ＢＣ９～５世紀のギリシャ、15世紀前半のイタリア都市国家、18世紀～19世紀のヨーロッパがこれに該たる。

　第三の分散＝ブロック体系は、分散体系に類似するが、ブロック構成国がブロックの指導国に依存服従する傾向があり、反対ブロックの構成国あるいは非ブロック国とあまり関係をもたない点が異なっている。ＢＣ５世紀以後のギリシャ都市国家、19世紀末と第２次世界大戦勃発前のヨーロッパや非同盟諸国が東西二大ブロック指導国の軍事外交的優位を切り崩した1955年以後の冷戦構造がその例である。

　最後の分極体系は、軍事力と外交的指導権が二つのブロックの指導国に集中する。指導国は報酬と処罰の脅迫の二つを併用して小単位を支配または指導す

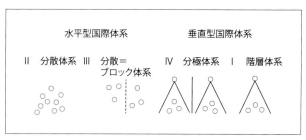

図1-2　ホルスティの国際システムモデル

（出所）浦野起央『国際関係理論史』（勁草書房、1997年）271-2頁

る。相互作用とコミュニケーションは主として対立するブロックの指導国間と、各ブロック指導国とその従属国家の間に行なわれる。分極体系内の対立と争点は、強いイデオロギー一色を帯びる傾向がある。ホルスティは、フランス革命戦争とナポレオン戦争当時のヨーロッパ、第1次世界大戦の直前、それに冷戦初期をこの例に挙げている。歴史的文脈は異なっても国際体系の類型は繰り返し世界史上に出現すること、各々の歴史的事例は分散型から分散＝ブロックあるいは分極に変化する傾向があるとホルスティは指摘する。

　冷戦終焉後の国際世界をどう見るかについては、冷戦の勝者アメリカが唯一の超大国であることを強調する単極論、依然として米露の核抑止が国際秩序の基本を維持しているとする米露二極論、台頭著しい中国と支配に陰りが見え始めるアメリカの米中二極論、さらに米中露の三極論や政治、軍事、経済の分野毎にアクターや極の数が異なる異層多重構造論などがある。

●国際関係の分析レベル：国際システム・国家・個人

　国際関係や国際政治を、どのような視点から分析するかという問題がある。先述の国際システム（国際体系）に加え、国家、個人という三つの分析レベルが考えられる。例えば、覇権国家の出現を阻止するため各国は互いに連合し、バランサーは均衡を回復するために弱者の側に味方するといった古典的な勢力均衡の理論は、政治単位である国家の行動を均衡または不均衡という体系全体の状態の中で説明するもので、分析レベルを国際システムに置いている。ここでは個人の性格や国内諸般勢力の動き、イデオロギー等には触れられていない。第二の国家レベルの分析では、国家の行動を国際環境（国際体系）よりも、政策決定に影響を及ぼす国内環境に力点を置いた説明が試みられる。第三の個人レベルでは、政策決定の権限を持つ人々のパーソナリティや価値観、信条、理念、イデオロギー等に分析の焦点が当てられる。

　国際システムによる分析は、長期的な視点で国際政治の過程を眺めるのに適しており、国家レベルの分析は個別具体的な政策が決定されるまでの日々の動きを解析する際に効果を発揮するが、各分析レベルのどれか一つだけで複雑な国際関係の全てを説明し尽くすことはできない。例えばアメリカの外交政策を分析する場合、二極か多極かといった国際体系からアプローチするか、米国内の政治経済的動向に重点を置くか、さらには大統領の思考やパーソナリティ、価

値観といった個人レベルに着目するか等いずれの視点も国際関係分析には有益であり、各分析レベルを相排斥するものと捉えず、互いを補いあう形で活かす姿勢が大切である。

4　ウェストファリアシステム

●主権国家体制の誕生

　国家と国家の関係－従来それは外交関係と呼ばれてきた－が成り立つには、国家の形成がその前提となる。一口に国家といっても、長い人類の歴史の中で、政治集団としての国家には種々の類型が存在した。例えばギリシャの都市国家や、ローマ帝国、モンゴル帝国等異民族支配の帝国、中国の歴代王朝、さらにはヨーロッパ中世の封建（領封）国家等統治の形態や領域の広狭は様々である。

　今日のような近代国家、つまり、形式的に対等平等な主権国家（sovereign state）を行為体とする国際関係のシステムが生まれたのは、ドイツ 30 年戦争を終結させたウェストファリア条約がその契機となった。ヨーロッパでは 16 世紀以降、宗教戦争が各地で頻発したが、それは本来の宗教教義をめぐる対立から次第に教皇権と世俗権力の対立へと変質していった。ヨーロッパ全土を二分する大戦争となった 30 年戦争も、表面上は新教対旧教という宗教戦争の構図を見せながら、実際には各国の政治的利害と覇権獲得の野望がぶつかる戦争にほかならなかった。ローマ教皇という普遍的宗教権威との対峙を通して、世俗国家は自らを独立した統治権のある権力実態へと成長させていったのだ。その際、国王権力の中央集権化を理論的に支えたのが、ボシュエらの王権神授説であった。そして中欧の大半を廃墟となした戦争の後、ウェストファリアで開かれた講和会議でも話合いの中心は各国の政治的利害の調整であり、その集成がウェストファリア条約であった。

　同条約では、どの宗教を採るかを決めるのは当該地域を治める世俗的支配者（主権者）の権限とし、国王の宗教を基にその国民の宗教を決めることによって、隣国の王侯や皇帝、教皇といった域外権威の介入は排除された。当時最大の問題であった宗派の決定に対する外部関与を封じ込めたことで、ヨーロッパには互いに他国の内政問題には干渉しないというルールが確立した。また神聖ロー

マ帝国はその構成国に服従を強要することが出来なくなった。さらに主権国家だけに条約締結権限が認められ、主権の無い政治単位（例えば封建諸侯や自治都市、フランス内の公国等）は条約の締結や国際機構への加盟等国際社会の法的主体となり得ないものとされた。

こうして、それまでの統一・普遍的な中世キリスト教的権威と秩序が崩壊し、ヨーロッパには複数の主権国家からなる主権国家体制が誕生する。西欧国家体系（western state system）あるいはウェストファリアシステムと呼ばれるこの国際システムにあっては、主権国家のみが国際体系を構成する単位とされた。各主権国家はそれぞれ中央集権的な統治機構を備え、国の内外に対して絶対的排他的な権利（主権）を有し、国内的には中世まで存在していた封建諸侯の地方割拠を一掃するとともに、対外的にはローマ教皇や神聖ローマ皇帝、さらには他の国家の干渉を排除した。現実の影響力の大小は別にして、主権国家相互の関係は法的形式的にはすべて対等平等とされ、異民族間の支配服従関係が前提となる古代帝国とはその性格を異にするものであった。

ところで、主権性や領域性を備えた近代主権国家がその姿を表した17〜18世紀のヨーロッパは、絶対主義国家の時代であった。中世のヨーロッパは国家と国家の境界線が明瞭でなく、排他性の緩やかな政治社会だった。それが絶対主義の時代に入り、絶対王政の下に領域主権の原則が確立することで、近代国家としての政治的纏まりが強まっていく。この領域性の下、18世紀後半から19世紀にかけてのブルジョワ革命は、君主主権から国民主権への転換をもたらし、国民主権の確立が国民的自覚、すなわち主権国家に対する政治的忠誠と構成員間の連帯意識や精神的一体感を醸成するナショナリズムを生み出した。以後、国家（state）は民族化（nationalised）の動きを強め、ナショナリズムの感情を伴った主権国家としての近代国民（民族）国家がウェストファリアシステムの主役となる。

シューマンはこうした「国家主権」の概念に加え、「国際法の原則」と「勢力均衡」の三つが西欧国家体系の土台となったことを指摘する。[(6)]ヨーロパでは古代から中世にかけて、戦争には「正しい戦争」と「不正な戦争」の二種類があるとの考え（正戦論）が支配していた。しかし近世に入り宗教的権威から解放された世俗的な主権国家体制の下で、各国家がそれぞれ自らの正義と国益を主張して戦いを繰り返すようになった。そのため主権国家間の戦争のルールを新た

に規定する必要から、国際法が発展していった。また各主権国家は軍備増強に努めるとともに同盟関係の構築等合衡連携を繰り広げたが、その際、国家間の力の均衡を保ち、特定の一国が強大化して自らの存続を脅かすことがないよう腐心がなされた。これが、勢力均衡（バランスオブパワー）の原理へと発展した。かくして国際システムの構成要素としての主権国家の存在、主権国家の行動規範たる国際法の整備、それに主権国家間の力関係の態様あるいは行動原理としての勢力均衡の各要素が、17世紀以降の西欧国家体系を形成するフレームワークとなったのである。

●国際政治体系と国内政治体系

　先に国家主権の二面性について触れたが、これは、主権国家を取り巻く生存環境が国家の内と外とでは大きな相違を呈しているために生まれるものである。両者はともに政治システムの一形態であるが、国際政治体系（国際社会）には国内政治体系の前提となる2つのファクターが欠けている。一つは生活共同体という社会的基礎、もう一つは政府という統一された政治構造である。

　国際社会は他から独立した主権を保持する諸国家の集群であり、国内社会のような構成員相互の社会文化的連係性が乏しく、強制力を伴った法体系も存在しない。国家が国際法の制約を受け、国際条約遵守の義務を負うといっても、それはまあくまで国家が自己の意志によって、自己に制約を課しているに過ぎないのである。全ての国家が（対外）主権を保持している限りは、個々の政府が国際政治体系の内部において至高であり、いわば部分が全体に優先することになる。つまり、国内の政治体系が強力に中央集権化されているのに対し、国際政治体系とは高度に分権化されたいわばアナーキーに近い世界で、国家権力を抑制し得るだけの世界的な公権力は存在しない。

　ホッブズは『リバイアサン』の中でこのような国際社会を捉えて、「自分たちすべてを畏怖させるような共通の権力がない間は、人間は戦争と呼ばれる状態、万人の万人に対する戦争状態にある」と表現したが、秩序なきリバイアサン的世界にあっては、公権力の不在ゆえに利益の対立が暴力行使の形で解決され易い。それゆえ各国家はその安全や独立、富の獲得といった価値の追求にあたり、他国の善意や法規範だけに自らの身を委ねるわけにはいかない。ジョン・ハーツは「歴史を通じて、人類に最良の防御と安全とを提供し得る単位こそが、常

にその時々における基本的政治単位となった[7]」ことを説いたが、人々が国家に主権性を付与したのも、それが生存のための最適社会単位ゆえであった。もっとも、相互依存の高まりや通信交通手段の進歩に伴い、国際・国内政治体系の境をなす国境の"非浸透性"が浸蝕され、国内と国外、国内政治と国際政治の峻別が難しくなっており、こうした環境変容は、主権国家の持つ"安全保障適性"や"人民防御適性"を変容させている。

●ウェストファリアシステムの史的変遷

民族を基礎単位とする主権国家の併存からなる西欧国家体系も、時代の変遷にともなってその性格は変化してきた。概ねそれは、絶対主義（17〜18世紀）⇨ブルジョワ革命と国民国家の登場（19世紀）⇨帝国主義（19世紀後半〜第2次世界大戦）⇨冷戦（第2次世界大戦後〜ソ連の崩壊まで）の各時期に区分できる。

（17〜18世紀：絶対主義）

先述のように、西欧国家体系が誕生した当初、即ち、近代主権国家システムの出発時における国家とは絶対主義国家であって、今日、国家の通常の形態と認識されている国民国家（nation state）、つまり「国境線によって区切られた一定の領域からなり、主権を備え、しかもその中に住む国民の間に国民的一体性の意識が共有されている国家」は未だ成立していなかった。

絶対主義国家にあっては「一国民としての意識の共有」が芽生えておらず、国王や廷臣が国家運営を独占していた。そこでは宮廷外交が活発に展開され、国家間の戦争では傭兵や常備軍が主役だった。もっともホルスティが指摘するように、絶対主義国家が支配した18世紀ヨーロッパ世界は比較的安定した国際体系が維持された。その理由としては①各国（君主）間におけるキリスト教的世界主義の絆の存在②王位正統性と王位継承原則の存在③限定戦争④（各国の力が均等であったため、全体構造を覆すことなく）同盟の変動が容易に行えたこと等が挙げられる。

（19世紀：国民国家の登場）

絶対主義国家によって近代主権国家の枠組みが作られたが、フランス革命を代表とする市民革命を重大な契機として、国民意識（ナショナリズム）が徐々に育まれることで絶対国家は国民国家へと変貌を遂げていく。そして、政治単位としての"国家（state）"と生活単位としての"国民（nation）"の結合体である国

民国家は、産業革命がもたらしたブルジョア階層の台頭によってその基盤が強化されていった。市民革命と産業革命という二大革命（ブルジョワ革命）が、国民国家を誕生、隆盛させたのである。

　そこでは、国家に対する国民の帰属意識を高めるため、シンボルとなるもの（国旗、国歌、祝日等）が定められた。学校では全国統一のカリキュラムの下に理科や数学等の普遍的な科目に加えて自国に焦点を絞った歴史教育が施され、成人男子は等しく徴募され、名誉ある義務として国の機関たる軍隊に入ることが求められた。さらに国家としての共通語が地域語（ブルターニュ語、ウエールズ語、カタロニア語等）を駆逐する等領域内の人民を統合し、単一の国民を生み出すための同化政策が推し進められた。こうして国家による心理操作や教育、さらにはメディアの活用等によって“想像の共同体”（ベネディクト・アンダーソン）[8]としての国民（nation）及びそれを精神面で支えるナショナリズム（nationalism）の意識が西ヨーロッパ各国で強固なものとなり、一国民が一民族を形成すべきであるという一国民一国家の考え方が民族自決の名の下に正当化されていった。

　一方、フランス革命やナポレオン戦争による政治的混乱は、“ヨーロッパ協調（コンサート・オブ・ヨーロッパ）の下“ウイーン体制”によって沈静化された。50年代のクリミア戦争、60〜70年代初頭の普墺・普仏戦争を除いて、約1世紀にわたりヨーロッパでは大きな戦争が回避され、古典的な勢力均衡体系が成熟を見たのであった。

（19世紀後半〜20世紀前半：帝国主義）

　1870年代以降、欧州列強は市場を求めてアジア・アフリカへ膨脹し、植民地獲得競争を繰り広げる帝国主義の時代に入った。産業革命の結果として、軍事的な優劣が鮮明化し、西欧国家体系の非西欧地域への強制化が進展した。欧州域内では植民地を巡る国家間の対抗意識が高まり、排外的な新聞や熱狂的な愛国主義者の圧力団体に煽られ、国家主義的な大衆ナショナリズムの感情が急激に強まり、ナショナリズムが後押しするかたちで大衆民主主義が普及していった。

　20世紀に入ると、大衆ナショナリズムの高揚と破壊力の向上は人類初の世界戦争を誘発、その結果、オスマントルコ、ロシア、それにオーストリア・ハンガリーの各帝国が崩壊し、帝国統治のシステムに代わって民族自決意識に支えられた民族国家システムが隆盛する。その一方、民主主義の大衆化はファシズ

ムやナチズムを生み出した。またロシア革命に代表されるように共産主義思想が国家の行動を強く規定し始める。ナショナリズムとイデオロギー、それに科学技術の進歩が国際関係に大きな影響を与え、国際体系の不安定化要因として作用するようになったのだ。

（20 世紀後半：冷戦体制下）

第 2 次世界大戦後、アメリカやロシアという欧州域外の国家が国際社会で支配的な地位を占めるようになった。核兵器に代表される戦争技術の発達により国家の脆弱性が進む一方、植民地の独立や新興国家の誕生によって、国際関係に参加する主権国家の数が飛躍的に増加した（西欧主権国家体制の世界規模化）。しかも、そこにはかってヨーロッパ世界に存在したキリスト教的絆のような、国家間を繋ぐ共通の文化や伝統等は存在せず、現代国際社会は、背景となる宗教、文化を異にする多様な政治共同体が併存する世界となっている。

また、この時期世界を覆った冷戦の構造的特徴として、①米ソ二大陣営の対立であること②イデオロギー的色彩の色濃い対立であること③両陣営の統合度が極めて高いこと、さらに④厳しくはあるが、非戦闘的な緊張・対立が続いたこと等が指摘できる。冷戦が繰り広げられた約半世紀の間、相互核抑止によって、地域紛争は多発したものの大規模な全面戦争は防止され、"長期の平和（long peace）"が実現した。

5　非西欧世界の国際体系

以上述べた西欧国家体系やネイションモデルが現代国際関係の根幹をなしているが、帝国主義を背景に西欧世界秩序がグローバル化する以前は、西欧流の国際システムが国際体系の全てではなかった。その他にも、例えば東アジア国際体系あるいはイスラム的な国際体系が併存していたのである。

●冊封システム：華夷秩序の東アジア国際体系

東アジアの伝統的な国際体とは、中国を中心とした中華世界における朝貢・冊封の関係から形成されていた。それは、中華世界の頂点に位置する中国皇帝に対し、中国の周辺諸国が貢物を献上して臣従の礼を尽くし（朝貢）、これに対

して皇帝は回賜と呼ばれる返礼のしるしを授け、彼らを各地域の王に任命する（冊封）という中華思想に基づいたシステムである。この中国中心の国際秩序たる華夷秩序にあっては、中心的国家は唯一中国だけであり、中華以外の地域は、四夷すなわち東夷・西戎・南蛮・北狄と意識された。これは、常に中国を世界の中心とし、異民族に対する差別・蔑視を前提とした秩序観であるが、但しそれは中国の他国に対する絶対的支配の関係を必ずしも意味するものではなく、中国の優越性を承認するという枠組みの中にあっては、互いの独自性や多様性もそれなりに共存が許された「緩やかな階層的秩序」であった。

　即ち、「上国」である中国は、朝貢してきた国に対して実質的な支配を及ぼすことはなく、皇帝から与えられた暦（正朔）を用いる等両国の関係を律する儀礼の繁雑な手続きを履行すれば、周辺諸国の自主は保障され、内政・外交への干渉はほとんど受けず、外敵に対しては皇帝の保護が約束されるのが原則だった。したがって、表画的儀礼的に入貢義務を受け容れさえすれば、周辺諸国は圧倒的な大国中国の直接の影響に晒されること無く、必要な範囲で中国との交流を確保しながら自らの習俗・文化を保持することができた。逆にいえば、周辺諸国は自らの独自性と自主性を守ために朝貢国の列に加わったのである。そのような意味では、この関係は境界維持のための装置だった。また定められた儀礼の体系を守る限り、互いに敵対しあい必要以上に緊張が高まることはないとの想定が働くことで、この関係は双方にとって軍事力に必要以上の負担が掛らない安価な安全保障のための装置でもあった。周辺に巡らされた朝貢国は、中国にとっては「藩屏」「屏蔽」として緩衝国にもなっていた。

　しかも、中国の朝貢国と認められ、定められた時期とルートを守って朝貢の儀礼を踏めば、皇帝からの回賜の他に、中国への入港地や北京など定められた場所において定められた期間に限り、（中国側が提供してくれるため）中国国内の輸送・移動コストを負担すること無く、無関税あるいは優遇関税で貿易することが皇帝の恩恵として認められた。これがいわゆる朝貢貿易であり、関税を課される民間貿易に比べ優遇される貿易であった。朝貢する側は繁瑣な儀礼の手続きを交易の代償と割り切るならば、中国皇帝の権威の下で保障された安全を享受しながら、中国の産物ばかりでなく、その権威の下に統合されたネットワークを通じて中国に集まってきた各地の特産物を定期的・恒常的に入手することもできた。また非中国文化圏の国が貿易目的で中国を訪れる場合、例えばシャ

ム（タイ）等は定められた煩瑣な儀礼を履行するため、中国人商人や華僑に対中国関係の実務を委ねていた。これは中国からすれば、遠隔地の貴重な物産を恒常的に確保出来るだけでなく、南洋に出た中国人商人や華僑の掌握にも好都合であった。各国が漂流民を送還する際にも、このネットワークは利用された。

　要するに、朝貢－冊封関係を基盤とする華夷秩序の支配する世界とは、中国が、隣接する外側の地域・民族を自らの領域として囲い込むというよりは、各地域に内在する多様な地域論理を容認したうえで、皇帝の権威の下にこれを整序・管理し、緩やかに統合しようとするかなり自律度合の高い交流ネットワーク空間ということができる。但し、『人臣義として外交無し』といわれるように、この関係はそれぞれの君主間の関係とされ、どちらか一方の君主が交代する毎に改めて関係は結び直された。双方の国家間関係を君臣関係に擬制するもので、上下の論理が働く不平等な国際関係であったことを見落としてはならない。日・中間で冊封の関係が明確な形をとったのは、後漢に朝貢し「漢倭奴国王」の金印を下賜された奴国や倭国王師升等、「親魏倭王」の称を受けた卑弥呼、中国南朝の諸国に入貢した倭の五王、足利義満以下の室町政権の首領等であった。

　定められた儀礼を踏めば、宗主国は朝貢国の内政・外交には関与しないので、中国に脅威を与えない限り、中国以外との関係は排除されることはなかつた。そのため、この秩序においては「両属」の現象も広く認められていた。また周辺の国々が自らの対外関係や国内秩序を構築する際、この華夷秩序を援用し、中国に代えて自らを中心に据えた階層的な関係が構想された。朝鮮の小中華（漢族の明朝から満州の清族への交代は、周辺諸国においては、中華から夷狄へと認識され、中国本土において中華が滅亡したいま、自分こそが明朝を正当に受け継ぐ中華文明の王朝、すなわち小中華であるとの意識が生まれた。この意識は特に朝鮮に強かった）、日本型華夷秩序（蝦夷や隼人を蕃族、琉球やアイヌなどを朝貢国とみたてることによって、朝廷や幕府を中心に構想した世界秩序。文化的優越性に根拠を持った本来の華夷秩序とは異なり、「武威」や天皇の「万世一系」が根拠とされた）、ベトナムの「南の中国」（19 世紀のベトナム阮朝は、中国に朝貢し、「越南国王」の冊封を受けながら、それ以外の対外関係においては「大南国皇帝」を自称して、すべて朝貢関係として処理した）等がそれである。

●イスラムの国際システム

政治と宗教の分離を認めないイスラム世界における国際秩序の体系は、ムス

リムの支配下においてイスラム法（シャリーア）が実践されている「イスラムの家（ダール・アルイスラーム）」の概念で示される世界であった。これはイスラム勢力の支配圏と言い換えることもできるが、この世界は未だムスリム支配が及ばず、異教徒が対立して戦争の絶えない「戦争の家（ダール・アルハルブ）」の世界と峻別された。

「戦争の家」とは違い、「イスラームの家」は、一つの政治共同体として、唯一人の指導者の下にあると考えられ、理念上は複数の政治体が併存する状況は本来想定されてはいない。だがムハンマドの没後、アッバース王朝まではイスラム世界はこの姿を保っていたが、10世紀以降相次いで地方王朝（ダウラ）が誕生すると、イスラム共同体は一つとの理想は崩れる。そこで、イスラム共同体の指導者はあくまで一人だが、ダウラのような現実の複数の政治体の指導者は、この一人の指導者の統治権の一部を委譲されたと解釈されるようになった。こうした擬制によって、ムガール帝国やオスマン帝国が併存し得たように、様々な人種を含む大きな纏まりをもった政治共同体としてダール・アルイスラームを捉えることが可能となった。

もっとも、仮にイスラム共同体は一つだとしても、その指導者を誰と見るかの解釈を巡り、ダマスカス総督ムアーウイをたてるスンニー派とモハメッドの従兄弟で第4代カリフのアリーとするシーア派の対立が生まれ、一枚岩の教義体系ではなくなってしまった。イスラム国際体系も東アジア国際体系のいずれも、西欧国家体系に見られた「排他的主権国家」の概念はとらず、また国家間の関係を律する「国際法」の観念や「勢力均衡」的発想も生まれなかった。

6　ウェストファリアシステムの変容

●主権国家を取り巻く求心力と遠心力

現代の国際社会は、輸送手段や通信・情報技術の飛躍的な発達を背景に、国境を越えての経済を中心とした相互依存関係や人的・物的な交流は急速な進展を見せている。なかでもIT技術の目覚ましい発達・普及は、既存の領土管轄や国境障壁を乗り越えるエレクロニクス空間を猛烈な勢いで拡大させている。経済・社会活動の仮想現実化（ヴァーチャライゼーション）はその代表である。こう

した動きに伴い、主権国家の枠を越えた企業活動の多様・多国籍化が進む一方、国際機関や非営利的政治・社会団体の数も増加し、その取り扱う分野も多岐にわたる等非国家行為体の存在感は日増しに高まり、もはや主権国家が国際関係の唯一のアクターでないことは明らかである。

また国際社会における行為体の増加に加え、主権国家に作用する「遠心力」と「求心力」という相反する力の存在にも留意する必要がある。「遠心力」とは、中央国家権力に逆ベクトルとして作用するエネルギーのことで、国民一人一人の価値観の多様化や個人主義の高まり、あるいは多民族国家における民族意識や分離主義、エスノナショナリズムの高揚等がこれに含まれる。国民国家（nation state）とはいいながら、実際には強制や征服、あるいは機械的な線引きで国境が策定された国が多く、単一民族で構成されている国は極く稀である。世界200の国々のうち、民族的な同質性を兼ね備えているのは1割にも満たず、民族集団が単一であるのはさらにその半分以下に過ぎない。アフリカでは、千に上る民族が40程度の主権国家に押し込められているのが実態だ。「民族・国民（nation）」と「国家（state）」という言葉はしばしば同義的に用いられるが、多くの国では、そこに住む全ての住民や民族の代表がその国の政治的権威を構成しておらず、国家と民族・国民が一つの統一体とはなっていないのである。

つまり、国民国家の大半は少数民族をその内部に抱えた多民族（multi national ないしmulti ethnic）国家であり、これまで国家的な抑圧やイデオロギー統制によって抑えられてきたマイノリティグループ（少数民族）の民族自決や民主化要求の動きが、冷戦の終焉に伴い一挙に顕在化した（エスノナショナリズム[11]）。ユーゴスラビアの解体やチェコの国家分裂をはじめ、スリランカにおけるタミル人の闘争やスペインのバスク独立、カナダにおけるケベック州離脱運動、パダニア連邦共和国樹立をめざす北部イタリアの独立運動、イングランドに対するスコットランドの独立運動等々少数民族の分離独立（ethnocessionalism）の動きや強烈な自民族中心主義（ethnocentrism）は、今後益々強まることが予想される[12]。120以上の民族を内部に抱える旧ソ連邦・ロシアは"民族の火薬庫"だ。コーカサス地方では、頻繁に民族紛争が生起している。これまでのロシア人優越主義への反発・憎悪に加えて、中央アジアのイスラム系住民とヨーロッパ地域のスラブ民族との間には連帯意識が乏しく、今後も不安定な状況が続くであろう。50以上の少数民族を抱える中国も、同様の問題に直面している。

ダウ・ローネンは、フランス革命以来の民族自決の歴史を5段階に分け、現下のエスニック運動を①19世紀後半の独伊に見られるナショナリズムと民族自決②マルクス主義者の唱えた階級闘争③ウィルソン大統領の提唱した東欧を中心とする少数民族の自決④第2次世界大戦後のアジア・アフリカでの反植民地化（非ヨーロッパの自決）に続く5番目の自決であり、それが「自己を律し、自己の生活を支配する」個人アイデンティティ確立の自決である点に特色があると説くが、21世紀は国民国家という擬制的枠組みを超越した形でエスニックな民族問題が顕在化し、国際関係に大きな影響を及ぼす時代になろう。それゆえポストウェストファリアシステムにおける国家は、主権と民族の適合性の保持、言い換えれば民族の多様さに対する許容性の高い政治システムであることが求められる。

　他方、グローバル化や相互依存の進展を背景に、遠心力とは逆の方向からも国家の力を制限するエネルギーが作用している。それは、国家間の位相距離を縮め、国家横断的に各々の主権行使を制限する力のベクトル（「求心力」）である。ヨーロッパにおけるEUの統合・拡大をはじめ、アメリカでは米加自由貿易圏や北米自由貿易圏（NAFTA）の発効、アジアでも、東南アジア諸国連合（ASEAN）の発展やアジア太平洋経済協力会議（APEC）の発足等広域経済圏の樹立をめざす動きが活発化している。こうした国境を越えた市場の拡大・一体化や地域統合に向けての躍動は、その代表である（地域主義の台頭）。

　また国連をはじめとする国際機関や地域機構の機能強化も進んでいる。国際刑事裁判所や国連人権理事会の設置、ボスニア・ヘルツェゴビナやコソボ、クルド人問題を巡るNATO、EU、OSCEの取り組み等国際機関や地域機構が主権国家固有の領域とされた人権分野に影響力を拡げつつあるのはその一例だ。近

表1-1　ケベックの人は自分をどうみなすか

	全体	仏系	非仏系
ケベック人とだけ感じる	16.9	20.7	0.7
まずケベック人、それからカナダ人	30.7	34.7	13.9
ケベック人であり、同等にカナダ人でもある	33.0	30.4	44.2
まずカナダ人、それからケベック人	12.1	7.8	30.0
カナダ人とだけ感じる	6.5	5.5	11.2

数字は%、1998年6月下旬公表の地元世論調査から

代においては国民国家という枠組みにおいて、政治・経済的な単位と文化共同体の範囲は概ね重なり合うべきものであったが、いまや相互依存の進展により、経済、さらに政治的な単位も膨脹し、それと同時に文化共同体の範囲は収縮化に向かうことで、両者の亀裂が日々拡大しつつある。そしてこの歪みから、マイノリティやエスニックをめぐる民族紛争等新たな紛争の火種が生み出されるのである。

　遠心力と求心力という180度指向の異なる二つのベクトルは、単に主権国家の枠組みを引き裂き、揺さぶるだけではない。一方のベクトルの増大は他のベクトルにも影響を及ぼし、その活動を活発化させるとともに、それがまた他のベクトルを増大させるのである。[14] 例えば、経済統合の進展とそれが生み出す広域自由経済圏への参加期待性があるからこそ、かっては経済的に自立し得なかった小ユニットの樹立をめざす動きも現実化するのであり（例えばスコットランド独立運動）、同じことは、経済的要因のみならず精神面においても妥当する。グローバリゼーションの傾向が強まれば強まるほど、それに比例して拡大空間の中での自身の位置喪失を防ごうと視座確立を求める動きが活発化する。アイデンティティを求める動きは、文化平準化に対する反発のベクトルでもある。グローバルスタンダードの受容が論議されるにつれてエスノナショナリズムが刺激され、あるいは原理主義が勢いを得るのも同様の理由からである。

●いまも高い主権国家の意義

　国家以外のアクターの台頭や、その政治的至高性を制約する大きなベクトルの存在によって、いまや主権国家のみが国民の忠誠心を独占する状況は失われつつある。かかる構造変化を受けて、17世紀以来続いた主権国家を主体とするウェストファリアシステムは事実上崩壊し、時代的要請に応えられない主権国家は既にその機能を終えたとの指摘も一部ではなされている。しかし、この結論は早計に過ぎる。[15]

　創設後70年を経た国際連合を見ても、明石元国連UNTAC特別代表が「国連は器であり、魂を入れるのはあくまで加盟国だ。加盟国の支持があれば大いに活躍するし、なければ単なる会議場となってしまう」と指摘するように、強制力を持たない国連の運営は各主権国家の思惑に依存せざるを得ないのが実情だ。多国籍企業の伸張によるボーダーレスエコノミーの現象も、各国が貿易の自由

化に制約や規制を加えれば状況は一変する。また多国籍企業の活動が世界に拡がりを見せても、経営の本体はあくまでアメリカをはじめ極く一部の先進国に限られ、研究開発のような中枢的機能は強い国内統制の下に置かれている。しかもその活動は各国の安全保障や雇用、経済政策、あるいは発展途上国の開発計画等と衝突し、さらに為替レートの変動や親会社子・会社関係を通じて国際的な自由競争を阻害するなど国際経済を不安定化させることも頻繁である。そもそも多国籍企業は私益追求のための組織であって、公益確保をめざすものではない。さらに、経済のボーダーレス化が直ちに文化や国民意識のボーダーレス化をもたらすわけでもない。

　非国家アクターの影響力が強まりつつあるとの認識は正しいが、その力は目的・機能のいずれにおいても未だ限定的かつ秩序攪乱的で、国家主権の発動によって制御、調整されている。主権国家とそれ以外のアクターの発揮し得る機能は、決して対等ではない。相互依存が進めば進む程複雑な利害の対立も増加し、その解決の主役になり得るのは依然として主権国家をおいてほかにない。ジョン・ハーツが述べたように、核の時代に入り、主権国家には、その構成員の生存を十分に保障する力はなくなった。だが、そうであるにも拘らず主権国家の数は今日も増加を続けており、国家形成の動きには衰えが見えない。それは未だ主権国家に価値と魅力が伴っているからであり、主権国家に代わり得る有効な制度やシステムの創設に人類は未だ成功していないからである。

●レジームとグローバルガバナンス

　さらに現代の国際関係を理解するうえで忘れてならないのは、求心力を生み出す一因ともなったグローバルプロブレム（地球規模問題）の存在である。グローバルプロブレムとは、①その性質上複数国間の関係が前提となり一国単位の問題とは見なし得ないもの②その影響が一国の範囲を越えるもの③制度的には個別各国的な問題であっても、規範意識等の観点から世界的な対処が必要となるものを指す。一般には①核戦争や核拡散の恐怖②テロリズム③人口の増加と資源の枯渇④環境や生態系の破壊、それに⑤差別・虐待などの人権侵害⑥武器・兵器の密輸⑦難民⑧第三世界の貧困、飢餓⑨エイズ等の感染症⑩麻薬、人身売買等の国際組織犯罪等がその代表とされる。

　いずれもこの惑星を一つの有機体として捉えた"地球システム"そのものの存

否に関わる問題であり、地域・貧富を問わず、地球上の全ての社会に等しく影響を及ぼし、しかも各問題は相互に密接に絡みあってもいる。しかも見落してならないのは、グローバルプロブレムと称される"新たな脅威"は、資源、領土をめぐる地域紛争や大規模戦争等の伝統的な脅威に取ってかわったのではなく、それらと並行して出現している点だ。脅威の質が変化しただけではなく、脅威の拡散、多様化が進展しているのだ。

　こうした状況に対応すべく、70年代半ば以降、国際秩序のあり方に関し、世界秩序モデル（world order model project：WOMP）や国際レジーム（international regime）、あるいはグローバルガバナンス（global governance）等様々な理論が提唱されている。このうち世界秩序モデルの構築は、国家中心パラダイムの超越をめざすもので現実性に欠ける[17]。これに対し現実主義理論では説明しにくい程多数の国際協力や国家間協調が生まれている現状に焦点を当て、相互依存体制下の協力の可能性を探るため相互依存論者（ネオリベラリズム）が提唱するのが国際レジーム論である。国際レジームとは「国際関係のある一定の問題領域において、各アクターの期待が収束敽する明示的、暗示的な原則、規範、ルール、それに政策決定手続きの総体[18]」と定義されるが、要するに当事者間に利害の対立が生じた場合も、それに従って各々が行動すれば、参加者がポジティブノンゼロサムに利益を享受しうる協調行動のための一種のルールであり、かつそれは損得勘定から生まれる一過性、短期的な妥協や合意とは異なり、ある程度安定的、継続的に機能し得るものである[19]。

　一方グローバルガバナンス（global governance）の概念は、国際的な広がりをもつ各国共通の問題を管理・対処するための手法やルールの重層・多面的なシステム構築をめざし、国家から個人まで公的私的を問わずあらゆる組織、制度、機構を総体的な枠組みとして把握しようとするもので[20]、国家間解決に限らず、あらゆる活動主体を地球規模問題解決の重要なアクターとして能動的に取り組もうとする点、世界政府や世界連邦を構想するものではなく、各主体各手段間の有機的システム的連携をめざす柔軟なメカニズムを志向する点に特徴がある。そこでは、レジームの機能発揮が期待されることになる。

　レジームやグローバルガバナンス論は、ともに主権国家的秩序の限界を補おうとする発想だが、前者の場合、国家とレジームの関係、あるいはレジームの利害調整機能やその運用ルール等が明確でない。後者の場合、ともすればNGO

やIGOが重視され、特に国連の機能強化に期待と論議が集まりやすい。しかし、主権国家抜きの、あるいは主権国家を殊更無視した改革は非現実的である。めざすべきは、分業と補完の精神に基づき、国家機能の活用を含め異層な各アクターの長所を活かすシステムと理論の構築である。現代における主権国家は、一方でそのシステム変容を追認しつつも、他方では自らのイニシアチブ発揮によって他のアクターとの強固な連携体制の構築に取り組むなど地球問題の解決や国際社会の平和と安定の実現のために大きな責務と役割を担っているのである。

[注 釈]
(1) フランケルは、「nation（国民ないし民族）」には以下の六つの特徴が備わっているとする。①一つの政府を共有するという観念を持つこと②個々の構成員間の接触が、ある程度の規模と密度を持っていること③ある程度確定された領土を持っていること④言語、人種、宗教、民族性など、他の民族や集団と区別し得るような特性を持っていること⑤構成員すべてに共通する一定の利害関心があること⑥構成員に一定の強度の共通の感情あるいは意思があること。Ｊ．フランケル『国際関係論』田中治男訳（東京大学出版会、1972年）23〜4頁。アントニー・D・スミスは①歴史上の領域、もしくは故国②共通の神話と歴史的記憶③共通の大衆的・公的な文化④全構成員にとっての共通の法的権利と義務⑤構成員にとっての領域的な移動可能性のある共通の経済の6点を挙げる。アントニー・D・スミス『ナショナリズムの生命力』高柳先男訳（晶文社、1998年）39頁。
(2) アントニー・D・スミスはナショナリズムを「ある人間集団のために、自治、統一、アイデンティティを獲得し維持しようとして、現に『ネイション』を構成しているか、将来構成する可能性のある集団の成員の一部によるイデオロギー運動」と定義する。アントニー・D・スミス、前掲書、135頁。
(3) ある調査では、132の主権国家のうち、同質の民族で構成されている国はわずか12、全人口に対する主たる民族のウエートが90％以上を占めている国も25に過ぎないという。Arnfinn Jorgensen-Dahl,"Forces of Fragmention in the International System:The Case of Ethno-Nationalism,"Orbis 19,no.2 (Summer 1975), pp.653-654.
(4) あるデータによれば、第1次世界大戦勃発直前、世界に存在したIGOは49、INGOの数は170であったが、1940年には80と約500、さらに1980年代後半には300と4200にそれぞれ急増した。Charles W.Kegley,Jr.and EugeneR.Wittkopf,World Politics, 3rd (London, Macmillan, 1989), p.132.
(5) K.J.ホルスティ『国際政治の理論』宮里政玄訳（勁草書房、1972年）118〜122頁。
(6) Ｆ．Ｌ．シューマン『国際政治（上）』長井信一訳（東京大学出版会、1973年）71頁。
(7) John H.Herz,"The Rise and Demise of the Territorial State", James N.Rosenau ed.,International Politics and Foreign PoLlicy (New York,Free Press,1961), pp.80-86.

(8) Benedict Anderson,Imagined Communities:Reflections on the Origin and Spread of Nationalism (London,Verso,1991). 邦訳はベネディクト・アンダーソン『増補　想像の共同体』白石さや他訳（ＮＴＴ出版、1997 年）

(9) 以下は主として茂木敏夫『変容する近代東アジアの国際秩序』（山川出版社、1997 年）4 ～ 11 頁に拠る。

(10) そもそも伝統的な中国の領域観は、いわゆる王土思想として説明される。有徳者たる皇帝の徳は普遍的であり、中心から同心円的に無限に広がっていき、その徳に感化され、教化を受け入れた者が、「近き者説（よろこ）び、遠き者（慕い）来たる」（『論語』子路）といわれるように、自発的にしたい寄ってきて、皇帝の統治の恩恵に浴すことによって、彼らの生活空間が皇帝の統治する領域として暫定的に定まることになる。一応境界は定められ、そこを版図（「疆域」）とするが、それは近代国家の国境線のように絶対的なわけではなくまた近代国家の領土支配のように、そこに全面にわたって均質に、権力は自らの意思を浸透させようとするわけではない。したがって版図のなかにあっても例外的に教化を受け入れない頑迷な民の存在も排除されず、彼らは教化の外にあるすなわち「化外」の民とされ、皇帝の統治の恩恵に与かれないことになる。

(11) 「民族、国民（nation）」に対して、「エスニシティ（ethnicity）」ないし「エスニック集団（ethnic group)」の概念定義は一様ではないが、阿部らは、「いずれかの国民国家に長期にわたって居住し、場合によってはその国家の国籍を持ちながら、その国民国家の支配的なネイションとは異なる集合的アイデンティティを持つと自覚した相対的に少数の集団」であり、集合的アイデンティティの中身は民族としてのnation に近いことが多いが、より具体的・生得的・排他的要素に力点の置かれるケースが多いとする。阿部斉・高橋和夫編著『国際関係論』（放送大学教育振興会、1997 年）145 ～ 6 頁。武者小路公秀氏は、nation state を形成する集団を「民族」と呼び、それ以外の近代国家においてマイノリティとして扱われている集団をエスニーと捉え、エスニック集団を①近代化を経験せず、自己の伝統的なライフスタイルを維持してきた「先住エスニー」（インディオやアボリジニー等）②自民族固有の民族国家の形成・発展に失敗し、他民族主体の国民国家に包摂され、その中で少数民族の扱いを受けてきた「国家未形成エスニー」（クルド族等）③開発途上国から先進国に移住した「移住エスニー」（ドイツのトルコ人、フランスの北アフリカ系移民、米国のラテン系移民等）の三つに類型化する。武者小路公秀『転換期の国際政治』（岩波書店、1996年）98 ～ 104 頁。

(12) 山内昌之氏は、民族紛争を以下の５つのタイプに分類する。①自治や独立を達成して主権国家を作ろうとする民族自決・分離独立問題（中国のチベットや新疆、ロシア連邦のチェチェニアやタタールスタン、カナダの仏語圏ケベック、クルド人問題等）②境界区分の見直しを求める国境・帰属変更問題（オセチア共和国の境界をめぐるロシアとグルジアの対立、ナゴルノ・カラバフの帰属をめぐるアルメニアとアゼルバイジャンの紛争等）③主権国家の中で国民としての権利を無視された少数ないし先住民族の不満問題（オーストラ

リアのアボリジニ、アメリカのネイティブアメリカン等）④独立しても国民になる中心の民族がないために、部族対立等を繰り返して、多数の集団が公権力の掌握をめぐって争う国民形成（統合）問題（旧ユーゴのボスニア・ヘルツェゴビナ内戦等）⑤移民や難民が引き起こす外国人労働者問題（ドイツのトルコ人等ＥＵ諸国におけるアジア・アフリカ系定住外国人）山内昌之『民族問題入門』（中央公論社、1996 年）25 ～ 28 頁。

(13) ダウ・ローネン『自決とは何か』浦野起央他訳（刀水書房、1988 年）39 頁以下。

(14) ローゼナウは、求心力と遠心力という二つの力のいずれか一方が他方に優位することにはならず、かつ、この両ベクトルは今後とも長期にわたり主権国家に作用し続けると論じている。James N.Rosenau,Turbulence in World Politics（New York,Harvester Wheatsheaf, 1990）, pp.445-461.価値の多元性を重視するアイザイア・バーリンの考えを基礎にジョン・グレイは、人類の普遍的進歩を信じる啓蒙的思考（＝誤ったユートピアニズム）の影響を受けて、現下のグローバル化（アメリカナイゼーション）を人類社会が一つの普遍的な文明に向かって収斂、進歩する過程と錯覚し、社会や文化の多様性を喪失させている危険性に警鐘を鳴らしている。ジョン・グレイ『グローバリズムという幻想』石塚雅彦訳（日本経済新聞社、1999 年）。

(15) Hedly Bull,"The State's Positive Roll in World Politics", Deadalus, 108（Fall,1979）, pp.111-123.

(16) John Herz,"Rise and Demise of the Territorial State",World Politics vol. Ⅸ（1957）, pp.473-493. この論文でハーツは、大砲の発達によって中世ヨーロッパにおける封建諸侯の小領域ではもはや領民の安全保障を全うできなくなり、主たる政治共同体の座をより広大な絶対国家に譲ったように、核兵器の出現によって主権国家システムは時代遅れとなり、ユニバーサリズムが進展していくと断言した。だが、その後の核手詰まり状況等をふまえ、なお主権国家が重要な役割を担っていると、ハーツはその主張を改めた。John Herz,"The Territorial State Revised",Polity（Fall,1968）, pp.11-34.

(17) 集合的暴力の極小化や経済的安寧、社会的・政治的正義、環境バランスそれに参加民主主義の極大化をめざす、リチャード・フォークらの新世界秩序モデルの構想等がある。Richard Falk,A Study of Future Worlds（New York,Free Pres,1975）, pp.11-32.

(18) Stephen D.Krasner, "Structual Causes and Regime Consequence", International Organization, No36（Spring 1982）, p.186,and Id.,ed.,International Regimes（Ithaca, CoenellUniv.Press,1983）, p.2.

(19) クラズナーは、レジームを、国益やパワーという国際政治上の基本的要因と、国家の行動及び結果とを結ぶ媒介変数と捉えるが、こうしたレジームに対しては、①国家の行動は総べてパワーや影響力で説明でき、レジーム概念の必要性を否定する立場②国際関係をはじめ全ての政治システムにレジームの存在を肯定する立場③一定の条件下でレジームが機能することを認める立場等様々である。レジームを肯定するにせよ、その機能領域は一般的な政治・経済分野が中心となり、協力よりも対立の論理が支配的な安全保障分野での成

立は容易ではない。

(20) James N.Rosenau,"Governance,Order and Change in World Politics, "Governance without Governmant:Order and Change in World Politics,ed,James N.Rosenau and Ernst-Otto Czempiel (Cambridge,Cambridge Univ.Press,1994), p.4.

第2章

国際関係理論の発展

1 国際関係理論の史的潮流

●第1次世界大戦後：理想主義の隆盛

国際関係論は20世紀初頭に生まれた極めて若い学問分野である。19世紀までの伝統的な政治外交システムが崩壊し、ヨーロッパは人類初の世界大戦を経験した。人類史上類例のない程の犠牲者と破壊を招いたこのような戦争を二度と繰り返してはならない。こうした反省と平和への希求、そして平和実現のための処方探求の熱意から生まれたのが国際関係論である。

第1次世界大戦が学問誕生の契機であったことからも窺えるように、国際関係研究の最重要課題は平和の確保、即ち戦争の再来を防止するためのシステム作りにあった。第1次世界大戦は国家の総力を挙げた戦いとなった。また銃前・銃後の区別が無くなり一般市民を巻き込む戦争でもあった。戦争様相の変化を踏まえ、新たな平和システムを考察するためには、政治・軍事の狭い枠を超えて経済や歴史、法学等幅広い総合的なアプローチが必要となった。この「学際性」に加えて、学問成立当初の国際関係研究は次のような特色を帯びていた。

① 国際法や国際組織・国際機構論に関心が注がれたこと

② 自由主義（liberalism）あるいは理想主義（idealism）的な思想が支配的となり、道徳的・規範的な方法論が主流をなす傾向が強まったこと（ユートピアニズムの支配）。

③ 国際主義が強調され、国際的（インターナショナル）であることが善とされる風潮が強まったこと

さらに、軍縮や紛争の平和的解決、国際連盟を代表とする国際組織の意義を過大評価した反面、国家間における権力闘争の実態が軽視され、実証的な分析や現実妥当的な方法論研究が欠如しがちとなったのもこの時代の特徴であった。『大いなる幻想』を著したノーマン・エンジェルやショットウェル等がこの期の代表者である。

● 1930年代：現実主義への移行

やがて大恐慌の到来とファシズムの台頭によって国際的危機が連続する1930年代に入ると、20年代の理想主義やユートピアニズム、国際法・国際機構論偏重の姿勢に対する反省が生まれた。そして国際問題研究の核心は力（パワー）に

根ざした研究たるべきとの認識が強まり、国家間のパワーを巡る争いとして国際関係や国際政治を把握する現実主義（realism）の立場が登場した。

その代表作として、アメリカではフレデリック・シューマンの『国際政治』[1]、イギリスではE・H・カーの『危機の二十年』[2]を挙げることができる。このうちシューマンは自著の中で、現代国際社会を理解する最良の方法は歴史的及び文化的発展の過程を知ることであるとし、国際社会としての西欧国家システム（western state system）を分析した。シューマンによれば、国際社会の本質はパワーをめぐる闘争であり、それはナショナリズムや帝国主義の形をとって現実の政治に現れること、また西欧国際社会は勢力均衡の国家システムであることに特色があると指摘した。

一方、カーは、諸制度が国際社会のルールを作るという考えを幻想とし、力に関するリベラリズムの思想を排斥したニーバーの研究に触発されて『危機の二十年』を著した。同書は、理想主義の失敗ともいうべき第2次世界大戦の勃発直前に発表され、その原稿が印刷所に手渡されたのはドイツ軍がポーランドに上陸する数週間前であった。この本の中でカーは「およそ健全な政治思想は、ユートピアニズムとリアリズムの両要素、即ちパワーと道徳的価値観を備えなければならない」と述べ、相反しがちな政治と道徳の両立を説きながらも、世論の正統性や民主主義的合理性、さらに利益調和に対する過信を前提としたユートピアニズムの欠陥とその非現実性を鋭く指摘した。

●第2次世界大戦後：現実主義の優位

第2次大戦は1次大戦をさらに上回る惨禍をもたらしたが、平和が回復したのも束の間、世界は米ソ対立を軸とする冷戦に突入した。グローバルレベルのイデオロギー闘争である冷戦においては、平時と戦時の区別はなく、人類の絶滅をもたらす核兵器の開発競争が繰り広げられた。この厳しい国際情勢を背景に、かって主流をなしていた国際法や国際機構論研究は影を潜め、代わって国家間の政治を主な対象とする国際政治学が国際関係研究の中心となり、そこではパワーを重視する現実主義的なアプローチが支配的な地位を占めるようになった。

この現実主義的アプローチの代表者が、シカゴ大学教授のハンス・モーゲンソーである。モーゲンソーは、理想主義をユートピアニズム、センチメンタリ

ズム、法万能主義、道徳主義等と呼んでこれを退けるとともに、アメリカ外交に見られるウィルソン流の法律的、道徳主義的アプローチを批判した。その著書『諸国家間の政治』は、国際政治学のバイブル的存在となるが、その中で彼は「国際政治とは他のあらゆる政治と同様に権力闘争である」と捉え、国内政治と国際政治はともにパワーをめぐる争いという点では同じ現象であり、この二つの領域は道徳的、政治的、社会的条件が異なるためにその表現が異なるに過ぎないこと、パワーをめぐる国家間闘争の中にあって、国家は常に目標としての国益（ナショナルインタレスト）をそのパワーによって達成すべきであると論じた。[3]

　このほか、プロテスタント神学者で、モーゲンソーやキッシンジャーら欧州からの亡命政治学者にも強い影響を与え、アメリカにおける現実主義政治学の基礎を築いたラインハルト・ニーバー や、封じ込め政策の提唱者でアメリカ外交の伝統である法万能主義・道徳的アプローチ（理想主義）を批判したジョージ・ケナン 、フランスのレイモン・アロン等も現実主義の立場から論陣を張った。

●1960年代：制度主義・マルクス主義・行動科学の時代

　冷戦の激しさを背景に、国際関係研究は国際政治学、特にモーゲンソー流の権力政治（パワーポリティクス）論が中心となり、カーのように現実主義と理想主義の融合を目指すのではなく、両者は二率背反として対立的に理解された。また50年代後半から60年代にかけて、国際政治の構造が米ソ二極から多極へと変容し複雑化の様相を見せ始めたことや、国家の枠を超えた地域協力の動きが欧州で進んだこともあり、理想主義の系譜を受け継いだリベラリズムの立場から制度主義（institutionalism）が提唱された。

　それは国際機関の創設や国家間協力の推進により平和の実現をめざすもので、連邦主義やミトラニーの機能主義、それを批判的に発展させたハースの新機能主義、さらにドイッチェの相互作用主義が代表で、如何にして主権国家の統合を実現し平和を達成するかが考察の中心であった（国際統合論）。まず連邦主義的アプローチ（federalist approach）とは、超国家的な国際機構や連邦制度を構築することにより地域の政治・経済的な統合を図ろうとするものである。この立場は最も古くから存在し（14世紀のピエール・デュボアや17世紀のエメリック・クリュセ、それにエマニュエル・カント等）、最近ではエチオーネがこの代表に挙げられる。[4]だ

がこのアプローチは如何にして超国家機構を作り上げていけばよいかの説明に欠けている。

　次に機能主義的アプローチ（functionalist approach）は、非政治的な経済・社会の各個別分野での国家間協力・連帯の絆を太くし、そうした機能ごとの国際機構が政治共同体に発展すると考える立場である。機能主義は、統合に向かうメンバーの範囲をどう捉まえるかによって、ミトラニーに代表される古い機能主義とハース、ナイ、リンドバークらの新機能主義に分かれる。

　前者は統合の普遍性を強調し、機能別の国際機関が世界政府へ発展すると考えるもので、ディビッド・ミトラニーは郵便、電気通信、貿易、運輸等の分野での国際制度化の動きを捉え、こうした非論争的分野の協力が増大することで諸国家は相互依存の網の目に組み込まれ、やがて国境横断的な機能別国際機関が確立し、ひいては世界共同体が創設されると説いた。(5) これに対し後者は、統合の地域性、即ち地域統合をモデルに描く。そして『ヨーロッパの統一』を著したエルンスト・ハースは、ある領域で国家統合が実現すると、次第に他の領域に波及していくという「波及（spill over）効果」仮説を提唱し、経済領域における統合の進展が政治統合に波及することによって国際統合も可能になると主張した。(6) もっとも、戦後欧州統合の歴史を振り返れば、経済的統合と政治的統合は連続体で、経済統合が達成されれば政治統合も自動的に達成されるとの主張は楽観に過ぎるとの批判が出ている。

　ドイッチェの相互作用主義（交流主義）アプローチ（transnationalist approach）は、モノや金、コミュニケーション等国際交流の増大（電信・電話の使用頻度、通商貿易額、交通輸送量等）が不戦（安全保障）共同体の形成に繋がると指摘し、国家主権を乗り越えて形成される合成型安全保障共同体と国家主権を前提とした多元的安全保障共同体の2類型を提示した（『政治的共同体と北大西洋地域』）。(7)

　一方、自由主義対共産主義のイデオロギー対立が激化した影響から、理想主義の一変形として唯物史観に基づくマルクス主義の国際政治理論が勢いを得たのもこの時期の特色である。それは資本家と労働者の関係を先進国と途上国の関係に置き換え、戦後においても先進国が途上国を搾取し続けていると考えるもの（構造主義）で、R.プレビッシュは、資源・食糧などを輸出する「周辺（periphery）」（途上国）は工業化の進んだ「中心（center）」（先進国）に戦後も搾取され、交易条件は悪化し、経済的不安定と低開発に追い込まれると主張（中心・

42

周辺理論)、アミンやフランク、カルドーゾらは、ラテンアメリカ諸国をモデル
に、途上国は先進資本主義諸国を頂点とする世界経済秩序に継続的構造的に組
み込まれ支配されており、資本主義世界経済に留まる限り（社会主義化しない限
り）低開発・抑圧の状況から抜け出すことはできず、途上国の内部にも支配従
属の構造が存在すると論じた（従属理論dependency theory）。いずれも、南北格差
に対する南からの告発という視点に立つものである。

　このほか、ガルトゥングは暴力を「人間が影響力を行使されることにより、そ
の肉体的精神的実現の程度が潜在的な実現可能性よりも低くなること」と定義
したうえで、特定の個人や人間集団によって発生する「直接的暴力（通常の暴
力）」と、行使主体は特定出来ないが、資源配分の不平等や搾取、社会的不正義
等の社会構造の歪みによって生み出される飢餓や貧困、抑圧などの「間接的暴
力」に分け、直接的暴力が無い状態を消極的平和、間接的暴力が無い状態を積
極的平和と捉えた（『構造的暴力と平和』[8]）。

　さらに学問としての精緻さを求める立場から、現実主義の国際政治理論が基
本に据えるパワーや国益概念の抽象・曖昧さに批判が呈された。そしてより実
証・分析的な研究手法が関心を呼び、折からのコンピュータの誕生も影響し、数
学や統計学など自然科学の理論や手法を取り入れた行動科学（behavioral science）
的アプローチも注目を集めた[9]。行動論政治学を唱える行動主義者（behavioralist）
は、社会科学の概念化、変数の数量化、形式仮説の検証、原因・結果モデルの
構築を唱えたが、伝統主義者（traditionalist）は、歴史、法律、哲学等従来の研究
方法の相対的有用性を強調し、両者の間で国際政治理論の有用性を巡って大論
争が展開された。しかし70年代に入ると、提唱モデルの普遍性に限界が伴うこ
とや数量重視規範理論軽視の姿勢等が批判され、近代経済学とは対照的に、政
治分野では行動科学は勢いを失っていった。

● 1970 〜 80 年代：新自由主義・新現実主義・ネオマルクス主義

　70年代になると、相互依存関係の高まりやトランスナショナルな行動主体の
出現を踏まえ、多元主義（pluralism）あるいは制度主義の観点から、ロバート・
コヘインとジョセフ・ナイはレジームや感受性、脆弱性等の概念を提示しつつ、
現実主義に対して脱国家主義（transnationalism）の国際政治理論である「相互依
存論（interdepndency theory）」を提唱した。コヘインらの派は後述する「新現実主

義」に対し「新自由主義（neolibelarism）」、あるいは「新制度主義（neoinstitutionalism）」や「制度的自由主義（institutional liberalism）」と総称される。制度的と呼ばれるのは、仮に国際社会のアナーキー構造が変化しなくとも、国際条約や国際組織などの制度を通じた相互依存状況の管理によって不確実性を減らし、国際協調のインセンティブを高めることができると考えるからである。

　一方、現実主義の立場からは、ケネス・ウォルツが『国際政治の理論』を著し国家の行動を国際社会の構造から分析する「新現実主義（neorealism）」の理論を展開した。国家を国際関係の中心的アクターとして認識する点は新現実主義も従来の現実主義と同じだが、ウォルツは個人や個々の国家の内的特性ではなく、国際体系（システム）との関係から国家の行動が決せられるとした（構造的現実主義）。またウォルツは、互いの行動を予測しやすい点で、多極構造よりも二極構造の方がより安定的な勢力均衡状態だとする。新現実主義には、ジョン・ミアシャイマーやグリエコらが属する。

　またアメリカの衰退が盛んに論議された80年代には、ジョージ・モデルスキーらの「長波（覇権循環）理論（long cycle theory）」やキンドルバーガー、ロバート・ギルピンらの「覇権安定理論（hegemonic stability theory）」が登場する。長波理論とは、1500年以降の世界政治の構造がほぼ百年の周期で構造的に変化するという考え方で、モデルスキーは①1500年以降の世界政治には概ね百年を周期とする四つのサイクル（長波）が存在すること②各サイクルの覇権国は、16世紀のポルトガル、17世紀のオランダ、18～19世紀の英国、それに今世紀のアメリカであること③1サイクルはそれぞれ、旧来の覇権国家が新興国の挑戦を受けて戦う"世界戦争"、戦争に勝利した新興国が新たな覇権国となる"世界大国"、そのヘゲモニーが衰退する"非正当化"、さらに衰退しつつある覇権国家に新たな国が挑戦を開始する"分散化"という四つの局面から構成されること④ウォラスティンと同様、1サイクルがコンドラチェフ波（約50～60年周期）の2サイクルに当たること等を指摘した。

　これに対し覇権安定理論は、国際秩序は覇権国家が強大なとき程安定し、逆にその力が衰えると不安定になるとの考え方である。パワーを強制と利益の供給能力と捉えるギルピンは、これを世界規模で提供できる国を覇権国家と定義し、卓越した一国が覇権国家の地位につくと、そのパワーを背景に諸外国の参加を求め、自由貿易制度の維持・発展や安全保障の提供に務める結果、世界秩

序は現状維持、安定的に推移する。そして覇権国家の下で形成されるこの秩序は、他の国を圧倒する程度のパワーを覇権国家が供給し続けられる限りにおいてその安定を保ち続けることが可能だと論じた（『世界政治における戦争と変動』[13]）。いずれの理論も静的な現実主義のセオリーにダイナミズムを付与するとともに、無政府状態と認識されてきた国際社会に一定の秩序や規則性を見出そうとするものであった。

　ヨーロッパでは、国際関係を闘争とみる現実主義（ホッブズ的伝統）と普遍的共同体の実現を説く革命主義（カント的伝統）の中間に、国家間で形成される法的規制やルールを重視する合理主義（グロティウス的伝統）を位置づけ、これを重視するマーティン・ワイトやヘドリー・ブルらの英国学派が形成された。ブル

図2-1　主な国際関係理論

	現実主義	理想主義	マルクス主義
1920〜1930年代	カー、シューマン	エンジェル	
1950〜1960年代	勢力均衡論（モーゲンソー、ケナン）	制度主義（自由主義） （国際統合論） ├機能主義（ミトラニー） ├新機能主義（ハース） └相互作用（交流）主義（ドイッチェ）	構造主義 ┬中心周辺論（プレビッシュ） ├従属論（フランク、アミン） └構造的暴力論（ガルトウング）
キーワード	パワー、国家	国際組織、交流、非国家アクター	階級制、搾取
1970年代〜	新現実主義（ネオリアリズム）（構造的現実主義） ウォルツ、ミアシャイマー 覇権安定論（ギルピン、キンドルバーガー） 覇権循環論（モデルスキー） 文明の衝突論（ハンチントン）	新制度主義・多元主義（新自由主義） 相互依存論（コヘイン、ナイ） レジーム論（クラズナー） グローバルガバナンス論（ヤング） 民主的平和論（ラセット）	ネオマルクス主義 世界システム論（ウォラステイン）

は『国際社会論』の中で、国際社会はアナーキーだが無秩序ではなく、国際法や規範が形成され一定の社会秩序が生まれる（アナーキカルソサエティ）と論じた。

　他方、国際システム論を用いた新マルクス主義（neo Marxism）の立場から、イマニュエル・ウォラステインの「近代世界システム論（modern world system theory）」が注目を浴びた。これは50〜60年代に提唱された「中心・周辺」理論の二分法を三分法に発展させ、半周辺の概念を付け加えて世界経済システムの発展史を論じたものである。即ち、ウォラステインは世界を「広範な分業体制を基礎として経済的、物質的自給が可能で、またその内部に多数の文化を含んでいる」システムと捉え、この世界システムは歴史上、「世界帝国」と「世界経済」という二つの形態となって現われるとする。前者は、単一の分業体制下で政治的にも統一されているが、後者は政治的統合を欠く分業体制であり、近代以前の世界システムは、中国やエジプト、ローマ等いずれも最終的には「世界帝国」化したのに対し、15世紀末に成立した国民国家を担い手とする近代ヨーロッパの資本主義経済はその後、空間的拡大を続け、19世紀迄に地球全体を覆うようになったが、世界帝国化することはなく「世界経済」の状況にあるとする。そのうえで彼は、ヨーロッパ世界経済、即ち史的システムとしての資本主義の生成、発展を四つの時期に区分すると共に、発展の度合いから国家を中心（center）・半周辺（semi-periphery）・周辺（periphery）の三層に類型化し、中心に位置する先進資本主義諸国の興亡過程を描いた。

　その後、NIEsに見られるようにアジア諸国のめざましい経済発展により、中心・周辺理論の論理的妥当性に疑問が呈されるようになったが、ウォラステインの世界システム論は地球を“一つの世界”と捉える「グローバリズム」の拠り所となるとともに、先に見たモデルスキーらの新現実主義理論にも大きな影響を与えた。

●冷戦後

　冷戦の終焉に伴い、新現実主義及び新自由主義に対する全面的批判の理論として登場したのがコンストラクティビズム（constructivism：社会構成主義）である。新現実主義や新自由主義が、国家は合理的に定義された自己利益の極大化をめざして行動するものだという政策決定における合理的仮説を前提に、国際システム等の環境要因や制度を政策決定の主因とする（それ故に冷戦の終焉を予期でき

なかった）のに対して、社会構成主義は心理的・精神的な要素を重視し、国家間の相互作用を通して国際社会や自己に対して抱く認識や規範、価値観に基づいて国家は行動するという考え方をとり、これらの要因が政策決定にどのような影響を及ぼすか、あるいは国際的な規範がどのように形成され、それが為政者や国家の認識、行動を如何に規定していくのかといったプロセスに注目するアプローチである。『国際政治の社会理論』などを著したアレクサンダー・ウェントやジョン・ラギーらがこの派の代表者[16]。

またネオリベラリズムの視点からは、80年代以降ポスト冷戦期にかけて国際レジーム論[17]やグローバルガバナンス論、民主的平和論等の研究が進められている。国際レジーム論の立場からクラズナーは、レジームを「特定の政策領域で、国際関係の各主体が尊重する原則、規範、ルール、政策決定手続きの枠組み」と定義し、レジームが形成されれば覇権が存在していなくとも無秩序に陥ることなく、国際社会は安定すると説いた。民主主義国家の間では戦争の蓋然性が低いと論じる民主的平和論の代表には、ブルース・ラセットやマイケル・ドイルらがいる。さらに、冷戦終焉後の国際構造を見通そうと新たなパラダイム（理論的枠組み）も提唱されている。例えば、国益を巡る国家間対立に代わり、イスラム、中国（儒教）、西欧キリスト教の各文明圏の対立抗争を新たな紛争軸に据えるサミュエル・ハンチントンの「文明の衝突論[18]」やフランシス・フクヤマの「歴史の終焉論」等はその一例である。ジェンダー論やフェミニズム等ポストモダンの立場から国際関係を分析する試みも活発化している。

このように、現代の国際関係理論は従来の現実主義、理想主義のアプローチが細分多様化しているが、それらの諸理論を大きく分ければ、現実主義、制度（多元）主義[19]、それにマルクス（構造）主義の三つに整理できる。現実主義が"抑止や同盟、安全保障、アナーキー"を重視するのに対し、制度主義は"相互依存や脱国家、国際機構、国際制度"が、マルクス主義では"搾取と従属"がキーワードとなる[20]。以下、伝統的な現実主義理論と、多元主義の観点からその修正を迫る脱国家主義の国際政治理論を比較しつつ、現代の国際関係における機能原理とウェストファリアシステムの現状及び問題点を考察する。

2 現実主義（リアリズム）とパワーポリティクス

　国際政治の理論には、伝統的に理想主義（ユートピアニズム）と現実主義（リアリズム）という二つの流れが存在するが、第1次世界大戦後の一時期を除き、常に支配的であったのは現実主義の発想であった。そもそも政治認識としての現実主義の起源は古く、『戦史』を著したツキュディディスに早くもその嚆矢を見出すことができる。同書においてツキュディディスはアテネとスパルタの闘いを叙述したが、彼の目的は当時の出来事を単に記録に留めることではなく、この戦争を通じて権力と闘争に関する歴史の教訓を未来の政治家に伝えることであった。「戦争を不可避なものとしたのは、アテネのパワーの増大と、それがスパルタにもたらすことになった恐怖であった」という彼の簡潔な一文は、現代にも通じる政治的現実主義の表明といえる。ツキュディディスは、戦争が実際にどのようにして起こり、かつどのようにすれば避けられたかを、パワーの変動を基本に据えて現実主義的観点から研究した最初の歴史家であった。

　次いで挙げるべきは、ルネサンス期イタリアの政治哲学者マキャベリである。都市国家が如何にしてその生存を全うできるかに強い関心を寄せたマキャベリは、当時フィレンツェの支配者であったロレンツォ・ディ・メディチに捧げた

表2-1　国際政治認識の比較

リアリズム（現実主義）に代表される 伝統的国際政治理論	項　目	トランスナショナリズム（相互依存論） に代表される新たな国際政治論
絶えざる国家と国家の生存競争（国益をめぐる力と力の対立の世界：パワーポリティクス）	国際政治の支配原理	利害対立はあっても、相互依存と核抑止の存在により、より協調的
（単一の行為主体としての）主権国家	国際政治のアクター	主権国家とNGO、IGO、MNC等の非国家行為体の双方 主権国家は複数の構成要素から形成される
パワーの基本	国際政治における軍事力の価値	相対的な価値の低下 （経済力のウエートが向上）
国防、安全保障	国家にとっての主要問題	一概に序列化できず
アナーキー	国際政治の構造	ポリアーキー
ニーバー、モーゲンソー、カー、アロン、ウォルツ、ホフマン、ギルピン	代表的論者	コヘイン、ナイ、ハース、ミトラニー

『君主論』において、君主がその権力を獲得・維持し、伸張する方法論を展開した。その中で彼は、国家の生存という重い責任を背負う君主には、そうした責務を負わない他の人々には許されない行動も正当化されること、かかる目的を達成するために必要とあれば、如何なる手段の行使も正当化されること等を主張した。

さらに17世紀、イギリスのトマス・ホッブズは、英語による初の政治理論書である『リバイアサン』を著し、社会の創造に先立って人間は自然状態、即ち「暴力による死という絶えざる恐怖と危険があり、孤独で貧困で不潔で野蛮でそして短い人生」を強いる「万人の万人に対する闘争」状態の中で生きていると仮定し、この自然状態（無政府状態）を終わらせるには、社会秩序を保つリバイアサン（国家権威）に全権力を掌握させることに人々が同意しなければならないとして、強力で中央集権的な政治権威の確立を訴えた。このほか、戦争を政治の延長と捉えたドイツのクラウゼヴィッツ等も現実主義の政治思想家と位置づけることができる。

その後、20世紀に入り二度の世界大戦を契機に、カー、シューマン、モーゲンソー等現実主義者（realist）と呼ばれる英米の国際政治学者によって近代国際政治思想としての現実主義が確立、体系化された。彼ら伝統（古典）的現実主義者によれば、国際社会は主権国家システム、つまりウェストファリア会議以降確立した、主権（sovereignty）を有する国家—とくに国民国家（nation state）—による政府間外交によって営まれるとの前提に立ち、主権国家のみを国際政治のアクターとする。第二に彼らは、国家を「単一かつ合理的な行為体」として考察する。国内政治において意見や立場の相違が見られても、（合理的なプロセスに則って）政府が国家としての政策を打ち出すことで、統合された一つの単位である国家のみが外の世界と向き合うものと考えるのである。

さらに現実主義者は、国際社会を“不信の体系”と把握したうえで、国家の政策目標の中で最も重要な課題は、闘争状態下にある国際環境の下で自己の生存を図ること（国家安全保障）にあるとする。現実主義者にとって国家の目的は、自国の利益、すなわち国益を維持・増強することだが、例えば世界政府のように国家の上に君臨し、秩序を維持してくれる存在がなく、現実の国際社会は無秩序状態にあるため、国家にとって一番重要なことは「生き残る」こと、即ち生存（サバイバル）である。それゆえ安全保障が最重要課題とされ、軍事や戦略は

高次元の政治（high politics）、経済や社会問題等はさほど重要でない低次元の政治（low politics）と見なされるのである。

リアリストのこうした思考は、「人間とは自己的で、権力欲が強い攻撃的な生物だ」という人間性悪観をその根底に抱き、「国家の最大の責務は国家自体を保持することで、国家の存続は国民一人一人の生死よりも重要なものである」とのヘーゲル的信念の影響を受けたものといえる。彼らに言わしめれば「国家にとってのモラルとは国家の存続」を意味する。国が個人や集団の自由を無視、阻害することはモラル上正しいことではないが、国家にとって最も大切なモラルは国家の生存であり、それなくして個人の安全も成立しないと主張する。それは、安全保障を全うするため、軍事力を主体とした「パワーの獲得」こそが国益の中心をなすとの認識にも通じる（パワーポリティクス）。『リバイアサン』でホッブスが描いたように、リアリストにとって国と国の関係はまさに「万人の万人に対する闘争」の自然状態と認識され、そこに協調関係が生まれることはなく、国際社会とは、国家と国家が覇権を巡り権力闘争を演ずる場と見なされるのだ。

現実主義国際政治理論の先鞭をつけたカーは、パワーが政治の中心的要素であることを認め、

「政治は、それゆえ、ある意味では常に権力政治である。普通の習慣では、"政治的"という言葉を用いるのは、国家の行為のすべてに対してではなくて、力の衝突にかかる問題に対してである。……（中略）…… 国家相互の関係において、その国家権力に係わる問題、あるいは係わると考えられる問題が起こるやいなや、その事柄は直ちに政治的となる。政治を専ら力の関係においてのみ定義することは十分なものとはいえないけれども、他方、力が常に政治の本質的な一要素であるということはできる」[22]
と説いた。

さらに現実主義理論を体系化したモーゲンソーは、前述のように、国際政治も国内政治もその本質はいずれも「力のための闘争」という点で同一であり、ただ、共通規範や世界政府の不在など国際社会には暴力に対する制御機能が少なく、そのためパワーというものが"暴力"という、より露骨な形でその姿を表し易いと論じたうえで、国家にとってパワーは常に"直接の獲得目的"となり、一国の対外政策の行動基準は「パワーによって定義される国益である」こと、勢力均衡は相対的な安定と平和を保障する永続的な原理であり、国家は国家間の

パワーを正しく秤量し、勢力の均衡・維持を図ることによってその生存と繁栄に努めるべきであると主張した。

モーゲンソー国際政治理論の核心は、次のようなものである

(1) 政治の本質は、「他者の精神と行動に対する支配」であるパワー（力）をめぐる権力闘争である

(2) 国際政治も、主権国家間の"パワー即ち国力をめぐる闘争"である

(3) パワーによって定義される"国益の概念"が、国家間闘争の指針となる

(4) "勢力均衡"は相対的な安定と平和を保障する永続的原理である

(5) 外交は、国家間のパワーを正しく秤量し、勢力の均衡、維持を図ることによって国家の生存を確保するための政治的技術である

(6) 適切な外交と勢力均衡により、国家はその生存と安全保障という死活的な国益の確保に努めるべきである

3　トランスナショナリズム

現実主義の国際政治理論が産声を上げるきっかけとなったのは、理想主義への懐疑とその敗北にあった。国家と国家の関係を道徳や法規範、国際機構によって律し、あるいは密室外交や政治指導者の恣意を排除し、軍縮を唱えれば平和を確保できるとの理想主義の考え方は、国際連盟の創設やケロッグブリアン協定等を生み出したが、国際連盟はやがて機能麻痺に陥り、ファシズムの興隆、そして第2次世界大戦の勃発を阻むことはできなかったのである。

戦後、理想主義に対する批判と反省から、現実主義の考えが国際政治学において力を得った。そして冷戦期を通じて、現実主義の支配的な地位は変わることがなかったが、その後の国際政治・経済構造の動態的な変動に伴い、現実主義者の政治観やその思い描いた国際社会像と実態との間にいまや大きなズレのあることが指摘されるようになった。例えば、現実主義にあっては「国家」、中でも大国の行動が中心に据えられ、しかも「対立と闘争」に関わる側面が重視されたが、国際世界の現実を見れば、新興独立諸国の国際政治における発言権は高まり、また経済的相互依存の進展につれて非国家アクターの果たす役割も無視出来なくなっている。さらに、国家と国家が深く関わりあって相互に協力

している姿をしばしば目にするようにもなった。

「もしも、国際政治が（現実主義者のいうように）戦争状態を意味するのであれば、共通の目的に基づいて制度化された国際的な協力組織は、厳しい権力闘争の間には存在しえない。そうなると現在我々が目にしているような、貿易、金融、健康問題、テレコミュニケーション、環境保護といった多様な問題領域で観察される広範な国際協定はあり得ないということになってしまう」（コヘイン）[23]

国際社会の基本構造に生起しつつある変質・変容は、次のように整理できる。

(1) 唯一の国際主体としての国家⇨多国籍企業、国際機関（IGO）、非政府組織（NGO）等国家以外の国際主体の増加とその影響力の増大

(2) 同質的存在としての、かつパワー分布の相対的均等な国家群の存在→主権国家の増加に伴う国家の規模、能力及び役割の多様化、階層化

(3) 国家に正統に代表された政府間の相互作用としての国家間政治→国際主体の多様化と相互依存の進展に伴う相互作用の多次元化及び流動化（国際問題の国内化、国内問題の国際化）

(4) 国力拡充のための最重要手段としての軍事力⇨核兵器の出現（破壊力の著しい向上）による軍事力有効機能領域の減少

(5) 領土支配主義⇨自由貿易体制の確立に伴う貿易主義の台頭（軍事力に代わり経済力の果たす役割の高まり）

こうした国際社会におけるシステム変容をふまえ、コヘインとナイは伝統的なパワーポリティクスの理論を修正し、多元主義的な観点から"相互依存の国際政治理論"を提唱した（『権力と相互依存』）。彼らによれば、現実の国際社会では国家やそれ以外の各種アクターは強い相互依存の関係にある。コヘインとナイはそれを複合的相互依存（complex interdependence）という概念で捉えたうえで、

(1) 政府エリート間のみならず、国際組織や非政府間にも多角的な交渉のチャネルが形成されており、もはや主権国家は国際政治の唯一のアクターではなくなっている

(2) 国家間に存在する諸問題にハイポリシーやローポリシーといった明確なヒエラルキーがつけられず、軍事、安全保障問題が必ずしも最優先の課題とはならない

(3) 軍事力の物理的使用の効果は大きく低下しており、複合相互依存が支配的な状況の下では、国家が域内の他の政府に対し軍事力の直接的な行使に踏

み切ることはない

とする。

　コヘインら多元主義者の国際政治理論に従えば、主権国家以外の社会集団も国際政治の主要なアクターとされ、他方、国家は単一の合理的な行為体ではなく、それは影響力を行使しようとする個々の官僚組織や利益集団、個人等から構成され、その行為は国家を形作る各構成要素間の衝突、交渉、妥協の結果によって決まるものと認識する。[38]さらに、国内政治と国際政治の区分は曖昧化し、また諸問題間にヒエラルキーを欠くことから、政府にとっては、めざすべき戦略目標（彼らの言葉によれば課題設定＝agenda setting）とそのコントロールが極めて重要であり、しかも軍事力の価値が相対的に低下しているため、目的達成のための手段選択と資源配分は非常に難しいテーマになる。

　さらにコヘインらは、相互依存には非対称性があり、相互依存によって受ける利益とそれを断ち切った際に蒙る損失は当事国間で不均等なことを指摘し、相互依存を感受性相互依存（sensitivity interdependence）と脆弱性相互依存（vulnerability interdependence）に分類する。前者は、既存の政策枠組みを前提にしたときの相互依存切断に伴うコストやリスクの大きさであり、後者は切断に対応した政策変更後のそれである。例えば国家がエネルギー資源等その繁栄にとって重要な物資を或る一国に大きく依存している場合程関係を切断した際の相互依存の感受性は高いが、輸入の多角・分散化を進め、あるいは代替エネルギーの開発に努めることによって、相互依存の脆弱性を低下させることが可能となる。それゆえ、広いオプションを持ち、万一国際環境が変化した場合も政策転換等により、相互依存切断の状況に柔軟に対処し、脆弱性の克服に取り組むことが国家の安全保障や対外交渉力の強化に繋がると論じた。[24]古典的なパワーポリティクスの考え方とコハインらの相互依存論に代表される多元主義（制度主義）的な国際政治理論を比較すれば、表2－1のようになろう。

4　ビリヤードモデルからプレートテクトニクスモデルへ

　「人間の一般的性向は、次から次へと権力を追及するあくことなき欲求であり、それが消滅するのは死においてのみであ」る。そして唯一制限のない至高の権

力だけがこの永続的な内戦を防ぐことができるのであり、それゆえあらゆる国家は永遠に「武装した闘志のごとくお互いに対峙しなければ」ならないと説いたのはホッブズだが、現実主義者の多くは、国際社会を未だにこのホッブズ的アナーキーが機能する場と捉え、国家の上に位する規範や組織が無い以上、国と国との関係は無秩序の中で生成され、それは軍事暴力を主体としたパワーとパワーのぶつかり合いによって規定されるパワーポリティックの世界だと捉える。

　即ち、現実主義者の国際政治イメージに拠れば、

　「国家体系には共同体の要素はなく、国家そのものより大きな規模の道義的、法的、あるいは倫理的秩序は存在しない。ホッブズ的現実政治の世界では、唯一の抑制要因は抑止に根ざしたものだけである。抑止は節度を作り出すが、節度は決して人間愛あるいは共同体意識を作り出すことはない。アナーキーとは、対外的な抑制手段に欠ける個々の国家の集団以上のものである。すなわちそれは本質的に安全が欠乏している集団を意味[25]」するのだ。

　しかし、国際政治の基本原理を弱肉強食の生存競争に求めようとするツキュディディス以来の現実主義的な政治理論だけで、現代の複雑な国際関係を説明し尽くすことには大きな限界がある。例えばアメリカと英・加の関係やヨーロッパ諸国相互の関わり方――ドイチェのいう「安全共同体（security community）」――を見てもわかるように、現代の国際関係を律するルールは、必ずしも“対立と抗争”をその基調としているわけではない。各国がそれぞれ自己の目指すべきゴールを抱き、その実現に向けて努力を傾注するのは従来と同様だが、その過程で他の国と利害が相反するような事態に至ったとしても、そのことをもって直ちに両国が食うか食われるかの闘争を繰り広げるわけではない。世界が無秩序な戦争状態にあるとのイメージは、国際紛争を解決する手段は軍事力以外にはありえないという単純かつ危険な思考を正当化させてしまうことにもなる。現代における国家と国家の関係は、ビリヤードボールのようにいつもぶつかり衝突していると捉える（ビリヤードモデル）よりは、むしろプレートテクトニクスのように、相互の力のバランスや分布が著しく不均衡となった時に初めて歪みとしての地震、つまり戦争や秩序の大変動が生起すると見た方がより実態に近い。

　しかも、モーゲンソーのようにパワーを軍事力と同視したり、あるいはそれ

を闘争・対立の概念としてのみ理解する現実主義者の発想も、パワーの捉えかたが狭きに失している。パワーには軍事以外の多数のファクターが包含されており、また和解や協力という側面を併せ持っていることを見落としてはならない。国際政治は常にゼロサムゲームであり、一国の利得は即他国の損失に通じると主張する向きもなくはないが、トマス・シェリングが指摘するように、実際の国家関係にあっては―戦争の場合ですら―対立と協調の両側面が必ず併存しており、それは決してゼロサムではなく、ノンゼロサムあるいはミックスドモーティブ（mixed motive）が機能する世界である。国家が価値体系であると同時に一つの利益体系でもある以上、対立よりも協力、和解の方がメリットが多いと判断した場合には、昨日までの敵とも平然と協調を図るものである。さらに、経済国家の台頭が物語るように、軍事力行使コストの沸騰や核の恐怖、人権意識の向上に伴い、現代国家の多くは努めて平和裡に互いの利害を調整するようになっている。

　国際政治も政治現象の一つである以上、権力闘争の側面を否定し去ることはできないが、パワーポリティクスをもって"暴力ないし暴力的対峙の世界"と狭くイメージするならば、現代の国際社会においてはそうした破壊的色彩は次第に影を潜め、より説得的、協調的なルールが作用する場へと、その性格を変容させつつある。現代の国際社会は、ホッブズがいうような無秩序な社会ではない。ヘドリー・ブルは、秩序を「社会生活において、基本的、本来的あるいは普遍的目標を維持する人間活動のパターン」と捉え、基本的、本来的、普遍的目標を生存の維持、契約の遵守、所有の安定としたうえで、近代主権国家システムからなる現在の国際社会には、こうした目標を維持する活動パターンが既に存在していると指摘する（『国際社会論：アナーキカルソサイティ』[26]）。

　ブルは、これまでの近代国際システムの把握にあたっては、先のホッブズ的な立場の他にも、国境を越えた（＝トランスナショナルな）人間個々人からなる社会的連帯や普遍共同体（universal community）の存在を重視し、団結の要素を強調するカント流の見方や、ホッブズ的イメージを認めつつも、経済的、社会的交流を通じて国家間の協力やルール化（法の整備や制度化）を進めることで共存は可能とするグロティウス的な見方が存在すること、現実の国際社会においてはこれら三要素のいずれもが併存し、時代によりこのうちのいずれかが強く機能するが、基本的には常に国家間に協力の要素が存在しており、秩序の維持には、

まず当事者間に共通の利益や価値観が存在すること、第二に規則が存在すること、そして第三に制度が伴っていることが必要と論じる。[27]

　そのうえでブルは、近代国際システムには、際限無い国家間暴力に対する不安感から国家の生存や契約遵守、所有の安定確保という共通認識が構成メンバーの各国家に生まれており、また各国は共通の規則に拘束され、更に共通の制度運営にあたっているとして、国際社会における秩序の存在を肯定するのである。ここでいう規則とは、主権国家の概念や内政不干渉あるいは外交使節に係るルールなどの基本的国際法のことを指し、また国際社会における秩序維持のための制度としては主権国家自身がその代表であるが、それ以外に勢力均衡原理、国際法、外交、戦争、大国の五つがこれに含まれるとする。[28]

　主権国家を統括する上位の政治組織は未だ存在しないが、その事実をもって直ちに現代の国際社会を、絶対的対立と無秩序が支配する世界と捉えることは正しい見方とは言えない。ブルが強調するように、そこには既に一定の秩序原理が機能しており、アナーキーではあっても、絶対的闘争の自然状態では決してないのである。

5　建設的リアリズムの構築をめざして

　以上、眺めたように、現代の国際社会は伝統的・古典的な現実主義者がその立論の大前提としていた絶対的無秩序の世界では既にないし、軍事力万能（パワー＝軍事力）の時代も過ぎ去った。だが他方、一時期相互依存論者が強調した程には主権国家の存在価値は凋落してはおらず、国家という社会システムはいまなお現実の国際関係において重要な機能を果たし続けている。今日の国際社会はなおウェストファリアシステムをその基調とし、パワーをめぐる国家間のせめぎあいがプレーの基本ルールとして生き続けているが、一方、時代が下るにつれて国家内部の政治権力の行使がモデレートなものとなってきたように、国際政治も徐々にその荒々しい性格を修正させつつある。しかも、新興国家の誕生や少数民族の分離・独立、さらにＮＧＯの活発化等プレーヤーの数が急増を続け、それと同時に"統合と分離"の相反するベクトルが主権国家に作用し続ける等国際関係の構造と原理は複雑多様化の様相を呈している。

　コヘインらも、現在の国際社会全体が複合相互依存の関係を形成していると

は見ておらず、その提起した相互依存モデルと伝統的理論の双方が現実の世界では併存していることを認めているが、国家戦略の主流がこれまでの領土主義から貿易主義へ移りつつあるのと軌を一にして、現下の国際政治構造は、軍事大国が支配的であった下に機能していた伝統的なリアリズムの理論が、―それ自身ドラスティクな面がよりマイルドへと変容しつつ―なお基盤として機能しながらも、それに貿易国家の時代がもたらした相互依存の新秩序論が併存する複雑、過渡期的な状況にあるものとみるべきであろう。

　明快・単一なパラダイムだけでは規定し尽くせないこうした複雑、流動的な状態が今後どのように推移して行くかは、貿易国家時代の進捗や将来の科学技術の発達、社会システムの変化等によって左右されるため、それを今ここで的確に予測することは難しい。例えば主権国家システムに代わるべきものとして、古くから説かれてきた“世界政府”の構想が近い将来現実化する兆候は無く、新たな国際パラダイムを求めての研究も未だ明確な未来像を描ききってはいない。

　我々は、プレーヤーの増加と併せ、求心力（統合）と遠心力（分離）という相反する二つのベクトルのヘーゲル的アウフヘーベンの地平にこそ、国際社会の新たなアクターの姿とそこに生きる人間一人一人の存在証明を見出すべきである。21世紀の政治共同体、恐らくその姿は、小規模のコミュニティ的な自治単位を多数その内部に含む、これまでの主権国家の枠を越えた広域かつ緩やかな連合体、いわば国家連邦的な政治機構の出現となって具現化するものと思われる。広域連邦体が、防衛、外交等主としてスケールメリットによって解決したほうが効率的な問題の処理に当たる一方、経済や文化等日々の人間活動の基本は、主権国家よりも空間的に狭隘なローカルコミュニティーをベースに行われるものと思われる。

　これは、宗教と政治、つまり聖と俗とが分離していたヨーロッパ中世の政治システムに一見近似するが、中世のヨーロッパでは、聖が集権的で俗がフラグメンタルであったのに対し、将来世界ではイデオロギーや民族的連帯感等内心にかかる面が逆に分権的な様相を示し、その中で価値の多元性と文化的多様性が確保されるのではないかと想起される。こうした環境では市民一人一人の帰属意識やアイデンティティも多元重層化し、そこで求められるのはグローバル、ローカル双方に対する能動的なアプローチである（global-local nexusないしglocalism）。

　ドイチェが指摘しているように、近未来において、現在のウェストファリア

システムに完全にとって代わる全く新しいシステムが一挙に誕生することはありえない。[30]我々は、超長期的なシステム転換に言及する前にまず、現下の過渡期的な国際関係秩序の中で、ウェストファリアシステムの変質や枠組み変化がどのような形で進行しているか冷静に分析し、それに伴う秩序不安定化に迅速に対応し、国際システムの安定と構成各国の生存・繁栄の途を探るべきであり、また現状のシステム変化をあくまでも客観的に見澄ますことによって、国際システムの招来像を見出すこともはじめて可能となるのである。

　国際システムの過渡期に生きる我々としては、一方で現実の世界を直視せねばならず、と同時に、新たなパラダイムに向けての潮流や胎動に凝視する姿勢をも併せ持たねばならない。E・H・カーは、政治の世界は、ユートピアとリアリティという決して交わることのない相異なる二つの要素から成り立っているとしたうえで、力の要素を無視することがユートピア的であるなら、およそ世界秩序における道義の要素を無視する現実主義も非現実的なリアリズムだと論じる。

　「ユートピアンは、未来に眼を向けて、創造的な自然さで思考する。リアリストは、過去に根をもとめて、因果関係をとおして思考する。だが、およそ健全な人間の行為、したがって健全な思考はすべて、ユートピアとリアリティとの平衡、自由意志と決定論とのそれを保持するものであるはずである。徹底したリアリストは、事態の因果的生起を全く無条件に受け入れるために、現実が変革できることを認めようがなくなるのである。根っからのユートピアンは、因果的生起を否認することで、彼が変革を強く求めている現実を知りその変革手順をつかむつてを見失ってしまうことになる。ユートピアンに特有の欠点はその主張の一本調子なところであり、リアリストに固有の欠陥はその思考が何も生まないことである。」[31]

　さらにカーは、

　「われわれは、健全な政治思考の根拠は、ユートピアとリアリティとの両要素に求められなければならない…。ユートピアニズムが、特権階級の利益を包み隠す装いとして仕えるだけの、中味のない、しかも許しがたい見せかけのものとなっている場合には、リアリストは、その外衣を剥がすために欠かせない働きをする。しかし、全くのリアリズムは、いかなる種類の国際社会の成立をも不可能とする露骨な権力闘争をむき出すだけである。今行き渡っているユート

ピアをリアリズムの武器で打倒したうえに、われわれは、われわれ自身の新し
いユートピアを建てる必要がある」[(32)]

とし、理想主義と現実主義の調和、言い換えれば現実主義に立脚した理想主義
的アプローチこそが重要だと指摘した。このカーの指摘は、今日においても妥
当するものである。

　リアリズムに立脚しつつも、安易にそれに埋没することなく、現に起きつつ
ある変化や将来に向かっての潮流をしっかりと見極め、国際社会の安定と発展
に寄与し、さらにはその流れを促し得るような建設的な理論構築をめざしての
模索が、今後とも続けられねばなるまい。

［注 釈］

(1)　Frederick.L.Schuman,InternationalPolitics:Anarchy and Order in the World Society
(New York,McGraw-Hill,1933), F.L.シューマン『国際政治（上・下）』長井信一訳（東京大
学出版会、1973 年）。

(2)　Edward Hallet Carr,The Twenty Year's Crisis 1919-1939:An Intruduction to theStudy of
International Relations (London,Macmillan,1939), E.H.カー『危機の二十年』井上茂訳（岩
波書店、1952 年）。

(3)　Hans J.Morgenthau,Politics among Nations:The Struggle for Power and Peace (New
York,Alfred A.Knopf,1948), ハンス・J．モーゲンソー『国際政治』現代平和研究会訳（福
村出版、1986 年）。

(4)　Amitai Etzioni,"The Dialectics of Supranational Unification,"American Political Science
Review,Vol.L Ⅵ ,No.4,December1962.

(5)　David Mitrany,A Working Peace System:An Argument for the Functional Development
of International Organization (London,Oxford Univ.Press,1943).

(6)　Ernst Hass,The Uniting of Europe:Political,Social and Economic Forces 1950 ～ 1957
(Stanford,Stanford Univ.Press,1958).

(7)　Karl W. Deutsch, Sidney A. Bunrell, Robert A. Kann, and Maurice Lee, Jr., Political
Community and the North Atlantic Area: International Organization in the Light of
Historical Experience (Princeton,Princeton Univ Press, 1957), Karl W.Deutsch,
"Communication Theory and Political Integration",Philip E.Jacob and James V.
Toscano,eds,The Integration of political Communities (Philadelphia,Lipponcott,1964),
pp.46-74.

(8)　ヨハン・ガルトゥング『構造的暴力と平和』高柳先男他訳（中央大学出版部、1991 年）

(9)　行動科学国際政治学の代表には、デイビッド・シンガーやケネス・ボールディング、ト
マス・シェリング等が挙げられる。J.David Singer,ed,Human Behavior and International

第2章　国際関係理論の発展　59

Politics（Chicago,Rand McNally,1965）, Kenneth E.Boulding,Conflict and Defense:A General Theory（New York,Harper&Row,1962）, Thomas C.Schelling,The Strategy of Conflict（Cambridge,Harvard Univ.Press,1960）.

（10）「新自由主義（neoliberalism）ないし新自由主義制度論（neoliberal institutionalism）」は、リアリズムと同様に国際社会のアナーキー性やプレーヤーとしての主権国家の重要性は肯定するが、アナーキーにおいても、言い換えれば各国家の自己的行為の相互作用の過程にあっても協調は可能であるとし、国際組織や国際制度の役割を重視する。新自由主義は、「囚人のディレンマ」の状況が不断に繰り返される国家関係においてはレジームが機能し、あるいは国際組織等が制度的ルールを提供することによって国家間協調の維持を下支えするシステムが存在する場合、両国が協調してディレンマを乗り越える途を選ぶようになると論じる。Karen Mingst,Essentials of International Relations（New York, W・W・Norton、1999）、pp.66-70.これに対し新現実主義者は、たとえ囚人のディレンマ状況が反復されたとしても、国家は絶対的のみならず、他国との相互関係の中で常に"相対的"な優位を自国の国益として追い求めるものであり、協調は決して容易ではないと再反論する。

（11）Kenneth N.Waltz,Theory of International Politics（New York,Random House,1979）.新現実主義から派生した理論に、防御的現実主義（Defensive realism）と攻撃的現実主義（Offensive realism）がある。前者は、国際協力の可能性を楽観視し、最低限の安全保障を確保して勢力均衡を維持するという理論（ケネス・ウォルツ）で、後者は国際社会の無政府状態を対立の原因とみなし、将来にかけて国家が生存に必要とする力の総量を予想できないため、自身の生存を目指す国家は現状の勢力均衡では満足できず、覇権の最大化を目指すという考え方である。ミアシャイマーはこの派に属す。

（12）George Modelski,"The Long Cycle of Global Politics and the Nation-State",Comparative Studies in Society and History20,no2（April,1978）, pp.214-35.

（13）オーガンスキーのパワー交代論をベースに、ギルピンはミクロ経済学にいう合理的アクターとしての国家モデルを前提に5つの命題を提示する。①国際システムは如何なる国家も変化に利益を見出さない場合安定する②期待利益が期待コストを上回る場合、国家は国際システムを変えようとする③国家は、変革に伴う限界コストが限界利益を上回るか、等しくなるまでは領土、政治、経済的拡大を通して、国際システムの変革を求める④変革に伴うコストと利益が均衡に達した後は現状維持のための経済的コストは、現状を支える経済的能力を上回りがちになる⑤国際システムの不均衡解消されない場合、システムは変革し、パワーの再配分を反映した新たな均衡が生まれる。そして通信・輸送手段や軍事、科学技術の発達経済的な変化や国家間の成長差、それに国内政治システムが国際システムを変革する際のコスト利益計算に影響を与えること、また歴史上発生したシステムの不均衡解消の主要手段は世界戦争（hegemonic war）であったとし、さらに命題④に関し、覇権国の経済成長率の低下、プロテクションレントの上昇や、他国に対する経済的技術的優位の喪失等7つの要因がそのステータス維持を困難にすると述べ、挑戦国の秩序変革欲求に

覇権国が対処する方法として、秩序維持のための資源確保とコミットメントの縮小の二つがあるという。前者には増税やインフレ政策、後者には①挑戦国の撃破、弱体化による現状維持コスト増加の防止②一層の覇権拡大による維持コストの削減③文字通り対外コミットメントの縮小が含まれる。だがギルピンによれば、これらの政策を採ることで一時的に覇権国は現状維持コストを切り詰めることに成功するが、それは永続的ではなく、システム不均衡の増大はくい止められず、最終的には世界戦争によって新秩序が生み出されると結論づける。Robert Gilpin,War and Chnage in World Politics (Cambridge,cambridge Univ Press,1981), pp.10-11,186—.

(14) Ｉ．ウォラスティン『近代世界システム』川北稔訳（岩波書店、1981 年）280 頁。

(15) ウォラスティンは「中心地域を構成する強国のうちでも一国の経済力が圧倒的に強くなり、その国の商品が辺境や半辺境においてはもとより、他の中核諸国においても十分に競争力を持ち得るようになった状態」をヘゲモニーと定義し、1625 ～ 75 年頃のオランダ、1815 ～ 73 年の英国、1945 ～ 67 年のアメリカがそれに該当すること、ヘゲモニー国家（ヘゲモン）とは、世界的な自由貿易体制によって最大の利益を握り得る国で、自由貿易主義の旗手となる傾向があること、いずれも 30 年近い「世界戦争」（30 年戦争、1792 ～ 1815 年のナポレオン戦争、1914 ～ 1945 年の 20 世紀戦争）により、大陸国家（ハプスブルク、フランス、ドイツ）の挑戦を退けた海洋国家であることを指摘した。またヘゲモニーの起源の決定的な要素は「世界市場において農業－工業生産の競争が行われ、そこでの有利な地歩を獲得すること」にあり、生産の優位性は、タイムラグを伴ってまず商業の優位性を、次いで金融の優位性を生み出す。そして軍事的優位性は、商業の優位性と同時に生じ、それは生産の優位性よりも遅いが、金融の優位性よりは早いと論じた。イマニエル・ウォラスティン編『世界システム（1）ワールドエコノミー』山田鋭夫他訳（藤原書店、1991 年）49 頁。さらにウォラスティンは、ヘゲモニーの生成は単なる軍事的勝利ではなく、基本的には生産力の優位という経済力の如何に関わっていること、それは生産設備の老朽化と生産コストの上昇により次第に失われていくこと、さらに後者の要因が課税強化等政治的軍事的支配権を守るための高い経済コスト（大国のオーバーコミットメント）と結びつき、ヘゲモニーの喪失に至ると指摘した。Ｉ．ウォラスティン『史的システムとしての資本主義』川北稔訳（岩波書店、1985 年）77 頁。

(16) コンストラクティビズムを論じたものとして、Alexander Wendt,"Anarchy is what states make of it: the social construction of power politics" International Organization, vol. 46, no. 2, 1992, Social Theory of International Politics, (Cambridge,Cambridge Univ Press, 1999).

(17) 一定の条件下でレジームが機能することを認めるコヘインは、国際秩序というレジームを築き上げる時には覇権国家の存在が不可欠だが、一旦成立したレジームを維持、運営するコストは、それを作り上げる時よりも少なくて済むため、覇権国の影響力が低下しても、各国が協調体制を続けることでそれを維持できると考えた。彼によれば、安定的な国際通

貨システム、自由貿易体制、それに安定的石油供給の三つを柱としたアメリカのヘゲモニーは 1950 年代に確立するが、その後のパワー低下により 1983 年迄にアメリカはいずれの優位も喪失してしまった。しかし、ヘゲモニーと国家間の協調は必ずしも相対立するものではなく、アメリカのヘゲモニーの下で各国の協調体制が進展したように、両者は相互補完的に作用するとしたうえで、ヘゲモニーもレジームもともに秩序安定に寄与するが、併存する必要はなく、アメリカのヘゲモニーの下に確立された安定的秩序は既にレジーム化しており、ヘゲモニーを喪失した 20 世紀後半以降の世界も、国家間協調によってこのレジームを維持していけば秩序の安定を保つことは十分に可能だと主張し国際協調の重要性を力説する。Robert O.Keohane,After Hegemoney (Princeton,princeton Univ Press,1984), p.186—,240.

(18) ハンチントンは、20 世紀末～ 21 世紀における世界の主要文明として、西欧、儒教、日本、イスラム、ヒンズー、スラブ、ラテンアメリカの七つ（アフリカ文明を付け加えることも可）を挙げ、このうち軍事化を強めたイスラム文明と儒教文明が西欧文明に挑戦するようになり、これが世界紛争の基本構造を形作ると論じた。ハンチントンの仮説は、アジアの経済的躍進や中国軍事脅威論、さらにイスラム圏における原理主義運動や核への接近等々の傾向を全て西欧社会に対する挑戦とマクロに捉えるもので、国際社会における西欧の相対的な地位の低下に対する西欧人の苛立ちの現れともいえる。だが、文明という曖昧なクライテリアが独立した対立・紛争基軸になるとは考え難く、センセーショナルではあっても学問的な実証性には乏しい。文明の衝突論については Samuel P.Huntington,The Clash of Civilization and The Remaking of World Order (New York,Simon &Schuster, 1996).

(19) マルクス主義およびネオ・マルクス主義（批判的平和研究のグループも含む）は、国際政治を中心部に位置する先進国家の周辺部地域の第三世界に対する支配と従属の関係から捉える「支配・従属論」に立脚し、国際政治のプレーヤーは「階級／国家」、機能原理は「帝国主義」、過程は「搾取と支配」、そして結果は「中心・周辺間の闘争、後者の前者に対する抵抗」と捉える。

(20) 三者の概略比較については、Richard Little & Michael Smith,ed,Perspectives on World Politics, 2nd (New York,1991), pp.1-17.ホルスティは、現実主義論、多元的相互依存論、従属論に加え、アナーキーな国際社会にあっても国際法や勢力均衡等一定のルールや慣行が機能していることに着目する「グロチウス（国際社会）モデル」、それにグローバリズムの観点から、世界を相互に絡みあう一つの社会とみる「世界社会モデル」の五つのモデルを提示。ビオティやカウピは、国家中心的か、多元的地球中心的かという観点から、現実主義、多元主義、グローバリズムに、英国学派のマーティン・ワイトは政治思想史的見地から、国際政治を国家と国家の闘争状態が支配する無秩序なアナーキーの世界と捉えるホッブズ的な現実主義の伝統、アナーキー性を認めつつも国際的なルールの共存を主張するグロチウス的な制度主義の伝統、それに世界を人類共同体と捉え道徳的要素を重視するカン

ト的な多元・脱国家・自由主義の伝統に三分類する。K.J.Holsti,International Politics:A Framework for Analysis,6th (Englewood Cliffs,Prentice Hall,1992), pp.66-78.Paul R.Viotti and Mark V.Kauppi,International Relations Theory,2nd (New York,Macmillan,1993), p.2.Martin Wight,InternationalTheory:TheThreeTraditions (Leicester,Leicester Univ. Press,1991). こうした種々の立場を踏まえて、現代国際関係の理論を①国際政治を国家と国家の闘争状態が支配する無秩序なアナーキーの世界と捉えるホッブズ的な現実主義、②世界を人類共同体と捉え道徳的要素を重視するカント的な多元・脱国家・自由主義、③ホッブズ的なアナーキー性を認めつつも、国際的なルールの共存を主張するグロチウス的な制度主義、④マルクス的な従属主義（構造主義）、それに⑤グローバル主義の５つのモデルに分類することも可能である。

(21) Kenneth N.Waltz,Theory of International Politics (Massachusetts,Addison-Wesley Publishing,1979), p.91-92.

(22) E・H・カー『危機の二十年』井上勇訳（岩波書店、1952 年）139 頁。

(23) Robert O.Keohane,After Hegemony (Princeton,Princeton Univ.Press,1984), p.7.

(24) Robert O.Keohane and Joseph S.Nye,Power and Interdependence (Boston,Little Brown,1977), pp.11—,23—

(25) K・J・ホルスティ「国家体系とその批判者」武者小路公秀他編『転換期世界の理論的枠組み I 』（有信堂高文社、1987 年）236 頁。

(26) Hedley Bull,The Anarchical Society (London,Macmilan,1977), pp.5.

(27) Ibid.,pp.24-27.

(28) Ibid.,pp.41-52,65-76.

(29) ヘドリー・ブルは「新しき中世」化の動きとして、①求心力（地域統合を通しての国家統合）②遠心力（分離主義運動等による国家の分裂）に加え③国家以外の集団による国際的暴力行使の復活④トランスナショナル組織の登場⑤技術の発達による世界の一体化、の五つの傾向を指摘する。Ibid.,pp.264-276.

(30) カール・ドイッチェ『ナショナリズムとその将来』勝村茂他訳（勁草書房、1975 年）第 6 章、Karl W.Deutsch,"Learning-State and the Self-Transformation of Politics",Miriam Campanella ,ed.,Between Rationality and Cognition (Torino,Albert Meynier,1988), pp.71-97.

(31) E.H.カー、前掲書、39 頁。

(32) E.H.カー、前掲書、181 ～ 2 頁。

第3章

国力とパワー

1 国際政治におけるパワー

●パワーとは

主権国家は国際法上互いに対等である。だが、現実の国際関係は必ずしも平等なものとはなっていない。広大な領土を持ち、あるいは豊富な天然資源を産しながら国際社会で高いステータスを得られず他国への従属を強いられる国がある一方で、経済や産業が振るわないにも拘わらず大国としての地位を保ち、他国に強い影響を及ぼす国も厳に存在する。こうした差違が生まれるのは、それぞれの国家が発揮するパワー（力）に大小優劣があるためである。国家が自らの力、即ち国力を正しく評価し、かつその力を強大化させるためには、パワーとは如何なる概念かを理解する必要がある。

国際政治であれ国内政治であれ、政治とは「パワーの追求及び行使をめぐって営まれる人間行動」（フランケル）であり、「パワー（力）」は、政治学の最も重要な概念の一つだ。ロバート・ダールは「Aの働きがなければBは行わなかったであろうことをBに行わせる限りにおいて、AはBに対してパワーを有している[1]」と定義する。モーゲンソーはパワーとは「人の他の人の心と行動に対するコントロール」を意味し、政治的パワーは、公的な権力所有者間あるいは彼らと一般大衆との相互的コントロールの関係であること、国際政治と国内政治の本質はパワーをめぐる闘争である点で同一であり、ただ一方は国内を、他方は国際領域を舞台にする違いがあるだけと主張する[2]。タルコット・パーソンズは、経済において貨幣が相互信用に基づいた物と物との一般交換機能を果たしている点との比較から、パワーを「政治における正当化された一般的交換機能を発揮するもの」と捉えた。ドイッチェも、パワーの獲得によって重要な価値が手に入り目標が達成できる点からパワーを一種の"通貨"として理解し、経済活動では「信用」が通貨の機能発揮の前提であるように、パワーにあっては軍事力や経済力の他に同盟の形成等外交の「技術」が大きなウェートを占めると述べている[3]。

かように様々に定義されてきたが、パワーを考える際には以下の諸点に留意しなければならない。

(1) パワーは目的概念ではなく手段概念であること

(2) パワーは軍事力に限定されるものではないこと

(3) パワーは対立・闘争の概念と同義ではないこと

モーゲンソーは、パワーが常に直接の目的であると述べたが、パワーはあくまで何らかの国家目標を達成するための手段とみるべきである。パワーの獲得それ自身が目的になれば、国家は"パワーのためにパワーを獲得"する権力至上主義に堕してしまう 。また軍事力は国家活動における重要な要素だが、パワーはそれに尽きない。「軍事力と政治権力とは区別されなければなら」（モーゲンソー）ない。さらに、パワーを対立の概念と狭く理解する立場も正しくない。対立や闘争の局面でパワーの存在が露になることは多いが、協力や和解など日々の政治活動にもパワーは機能している。

●パワー分析

本書ではパワーを「他の行為主体を自らの意思に従わせ、あるいは誘導する力」と定義し、それを「潜在的パワー（potential power）」と「顕在的パワー（actual power）」の二つの側面から眺めることにする。顕在的パワーは「影響力（influence）」とも称される。一方、潜在的パワーは"影響力"の根源であり、一般に国家の能力（capability）＝国力（national capability）と呼ばれる。[4]一国がどれだけのことをなし得るか、という観点からパワーを捉えたもので、パワーの静的な局面である。

国力は、一国の諸力（国力の要素）の総体からなるが、[5]それら諸要素は「触知的要因（tangible factor）」と「非触知的要因（intangible factor）」に大別できる。触知的要因とは国力を構成する要素の中の主として物質的・物理的なもの、つまりハードであり、非触知的要因は精神的、無形的要素、即ちソフトにあたる。

触知的要因には次のようなものが含まれる。

(1) 自然条件

(2) 人口

(3) 経済力

(4) 軍事力

(5) 技術力

これに対し、非触知的要因には次の五つが含まれる。(1)(2)は一国の政治に（政治的要因）、(3)～(5)は社会・文化のあり様に関わる（社会的要因）が、いずれも影響力の効果的発揮のために触知的要因を有効に活用するための重要なファクタ

ーである。

(1) 政体・政治制度

(2) 政府の質（政治力）

(3) 国民性、国民の資質、士気

(4) 文化、歴史的伝統

(5) 社会構造

　触知的要因と非触知的要因とは、物理（質）的⇔精神的、計量的⇔非計量的の相違はあるが、相互に密接に関わり合い別個無関係ではない。

　ポテンシャルパワーたる国力が、現実の国際関係の行方を直接に左右するわけではない。より重要なのは影響力、即ち「他国の行動に直接影響を及ぼす力」である。それは国力を前提に、それを特定の国家政策遂行の有効な手段として個別具体的に活用したものである。影響力は(1)目的に対する手段であり、(2)能力に基づいており、(3)相手国との関係でその大小が決まる相対的なものである。

　ある男がピストルを使って銀行強盗に成功したと仮定するならば、彼がピストルを用いて銀行員に影響を与えた行為とピストルそのものとが同義語ではないように、能力（ピストル）に基づいてはいても、能力それ自体と影響力（金の強奪）とは別物だ。しかも影響力とは、A→Bへの一方通行ではなく、A⇔Bであり、その大きさも相手側との相関関係によって決せられる。さらに影響力が相手の我に対する評価である以上、自己が認識する自己の力と相手が認識する自己の力との間には間隙が生ずる。いわゆるクレデビリティの問題である。

　ホルスティは、影響力の大小を決する変数として

(1) 国家の追求する目的の型

(2) 自由に使用できる能力の質と量

(3) 目的のために能力を活用する技術

(4) 脅迫と報酬（アメとムチ）のクレデビリティ

(5) 必要性、あるいは依存の度合

(6) 相手国政策決定者の感受性の度合い

の六つを挙げる。[6] (3)と(4)は、投入する資源を如何に効果的に用いるかという政治技量（political skill）—スマートパワーとも呼ばれる—の問題である。影響力は瞬間的、目的的、個別的な力であるため、一国の影響といってもその大小は目的毎に、しかも時々刻々変化することを忘れてはならない。

第3章　国力とパワー　67

　要約すると、影響力とは手段であり、能力に基づいたものであり、それは関係と過程を含む相対的な、また相手の評価の上に成り立つ。一国の影響力は、触知的要因と非触知的要因の相乗積で決まる。Tがいかに高くともIが0ならばNIも0になる。逆の場合も同様である。つまり一国の影響力は、その国の有形・無形の全てのファクターによって決せられ、単に経済力や軍事力のみが大きくても、あるいは反対に交渉力や国民の意志が如何に強くても、それだけでは十分ではない。あくまで、両者の有機的結合が必要となるのである。

　　　$NI = f(H, S)$　すなわち　　$NI = f(T, I)$
　　　　　　　　　　　NI：Natioanl　Influence
　　　　　　　　　　　S：ソフト
　　　　　　　　　　　H：ハード
　　　　　　　　　　　T：触知的要因
　　　　　　　　　　　I：非触知的要因

2　国力の要素

●触知的要因：ハード
＜自然条件＞

　自然条件は、地理的要因と経済地理（資源及びその分布状況）から成る。地理的要因には、位置（location）、広さ（size）、地形（shape）、気候（climate）等が含まれる。このうち位置に関して国家は、海との関係から海洋国家と大陸国家に分けられる。海洋国家とは、交通路および海洋資源獲得の場として海洋の利用が容易であり、かつその利点を十分に活用している国を、大陸国家とは、海洋の利用が不可能か、容易でないか、あるいは容易であってもそれを十分に活かしていない国をいう。島嶼国家が前者の、陸封国家が後者の典型である。海洋国家としての長所は

(1)　陸地面積に比して長い海岸線をもち、遠国との経済交流が容易である　「海洋の秩序は海商秩序である」（マイケル・ハワード）と言われるように、海上運送は陸上運送より安価で、他国の領域を通過せずに遠国との交易が可能となるため通商貿易が盛んになる

(2) 遠距離地域との交流が可能となるため、多くの情報や文明に触れ易く、進取の気性、オープンな文化を生むことが多い

(3) 隣国と地続きでないため、大陸国に比べて守りやすく攻めにくい

(4) 海洋資源の利用が可能

　短所としては孤立性や島国根性、異文明許容性の低さやパワーポリテイックス認識の軽視に陥る危険性等があげられる。

　他方、大陸国家は安全度が海洋国家よりも低く、より大きい軍事負担を強いられやすい。多数国家の複雑な政治工作に巻き込まれる可能性も大きいが、パワーポリテイックスに精通し、戦略的には内線の利を有することが多い。海洋国家の代表にはイギリス、アメリカ、大陸国家の代表にはロシアと中国が挙げられる。もっとも全ての国がいずれかに明確に分類できるものではない。フランスなどは純然たる海洋国家でもなければ大陸国家でもなく、国土の二辺を陸地に、他の二辺を海洋に接しており、その歴史をみてもブルボン王朝からナポオン時代にかけてはヨーロッパの陸軍国として大陸国家の雄であり、また17世紀半ばまでは地中海の覇権を握り続るなど海洋国家の側面も併せ持っていた。

　わが国の場合は、島国であるとともに大陸にも近接する地理的特性ゆえに、明治維新以降、海洋国家に徹するか、大陸国家として大陸への進出を国策の中心に据えるかをめぐり、国論の分裂を招いた。特に日露戦争以降は、「国防大方針に関する意見書」を書いた松石安治大佐、あるいは「帝国国防方針案」を著わした田中義一中佐など陸軍による大陸国家論の考えと、日本を海洋国家として捉え、いたずらに大陸に発展することは本土の防衛を手薄にするばかりでなく、大陸諸国との抗争を引き起こすだけであるとした佐藤鉄太郎中佐をはじめとする海軍の考え方が併存対立した。その結果、大陸国家と海洋国家のいずれに位置づけるかの問題は北進か南進か、あるいは陸主海従か海主陸従かという形で日本の戦略目標を定まり難いものとなし、その後の破局を招いた。一国の命運を決する大きな戦いが海戦であったか陸戦であったか、は海洋国家か大陸国家かを判断する一つのメルクマールとなる。

＜人口＞

　国力はその国の人口の多寡と関連する。歴史的に見ても人口の増減と国家の興隆には一定の相関関係が見出せる。ヨーロッパ大陸の軍事的覇権を握っていたブルボン王朝下のフランスは、当時ヨーロッパ最大の人口を擁していた。そ

のフランスをドイツが破った19世紀末には、ドイツの人口がフランスを上回っていた。大英帝国の世界的膨脹は、その軍事・政治的な成功に加え、18世紀中葉における乳幼児死亡率の急激な低下によるところも大きい。

また単なる数の多寡だけでなく年齢別構成も問題となる。青・壮年比率が高い国程就労働人口も多く、経済活動や兵員確保が有利になる。ところが先進工業諸国の多くは平均寿命が大きく伸びて、人口構成の高齢化が目立つ。特にわが国では急速な高齢化が進んでいる。65歳以上の全人口に占める比率（老年人口比率）が8～9%から15%前後に達するのに、スウェーデンが100年、フランスは150年、英国は40年かかったが、日本の場合は僅か20年であった。

現在の人口規模ばかりでなく、今後の推移、つまり人口増減率もその国の伸長と関わっている。フランスが衰退し、ドイツが台頭した19世紀後半から20世紀前半は、フランスの出生率がダウンし、逆にドイツの人口が急速に増大した時期であった。質も問題になる。これは非接知的要因に関わるが、近代的生産活動には教育水準と技能の高さが求められる（マンパワー・スキルの重要性）。

＜経済力＞

E・H・カーは、国際政治における力として「軍事力」、「世論を支配する力」とともに「経済力」をあげるが、経済力は国力を決定する極めて重要な要素の一つである。経済力には農業生産力や工業生産力のほか、外貨保有量や自国通貨の強さも含まれる。一国の軍事動員力（戦争潜在力：war potential）を支えるのも経済力である。もっとも、経済的に富む国がイコール大国ではない。資本主義国家の場合、経済活動の主体は民間企業であり国家ではないからだ。また経済関係は基本的には相互利益になる協力関係であって、対立を起こさぬよう役立てることはできても、一旦対立が起きた場合にはその有効性は低下する。国際政治における大国は「対立関係が生じた時、自らの意思を押し通す能力を持った国」と定義できるが、経済力は大きいが軍事力は小さい"経済大国"は、真の大国とは言い難い。

＜軍事力＞

古来、大国とは軍事大国を意味した。現代ではパワー＝軍事力ではなくなったが、軍事力の行使がいまも国際政治における有効な決済手段である以上、国力の重要な要素であることに変わりはない。軍事力の大小を決める要因としてモーゲンソーは、軍隊の技術革新、リーダーシップ、軍隊の質と量を挙げ、ク[7]

ラインは"戦闘能力（combat capability）"は兵員の質、兵器の効率、後方基盤と兵站支援組織の質の四つで決まるというが[8]、真の軍事力を評定するためには、軍隊の大きさ（兵力規模）という量的ファクターに加えて、その国の軍隊の質的ファクター、つまり軍事戦略、軍事機構、装備の近代性、兵員の質、リーダーシップの優劣等が鍵となる。

　軍事戦略の真価は、時代に即応した軍事力を選択せしめるところにある。第1次世界大戦型の塹壕戦を想定し、機動力への配慮を怠ったフランスの軍事戦略が第2次世界大戦での同国の敗北を早めたように、誤った、あるいは時代遅れの戦略は軍事力の価値を大きく減殺させる。軍事機構の優劣は、有事に使用可能な一定水準の能力を常時維持しておけるかどうか（即応性）、付与された任務にうまく反応し、戦闘の最中刻々と変化する状況に対応できるかどうか（指揮・統制）、そして政治の軍事に対するコントロールが有効に行き届いているか（管理効率）等によって決まる。

＜技術力＞

　技術水準の高さは一国の経済成長力を支えるだけでなく、社会開発の原動力ともなり、さらに軍事分野での優位をもたらす。他国にない高度先端技術の保持は、対外交渉での重要な切り札ともなり得る。山下奉文大将は敗戦後、その処刑に臨み、義務の履行、幼児教育の重要性と並び科学教育の振興が将来の日本にとって大切だと語った。物的資源が乏しいわが国にあっては、ノウハウも含め高い技術力の確保は国家の至上課題である。

●非触知的要因：ソフト

＜政体・政治制度＞

　ここでは、独裁政と民主政の優劣が問題となる。前者は、トップダウンで国民の意志を無視しても迅速な政策決定及びその実施が容易である。これに対し民主政の場合にはまず国民を説得しなければならず、これは遅々とした困難な過程であり徒労に終わることも多い。しかしながら、即効性だけで政治の力を決めることはできない。民主政は、個人の自発性の尊重と奨励において秀でており、その成果として社会の中に広汎な対抗力・復原力とリーダーシップの予備力を養成し得る。治者の錯誤の是正、リーダーの交替、新たな課題や状況に適した新リーダーの輩出において民主政は独裁政に優越する。さらに、人々の

積極的な同意によって政権の安定性は確保され、また一旦合意が得られれば苦難に耐える強い力を社会に与える等多くの点で独裁政に勝っている。

＜政府の質＞

政治的リーダーシップや政治・外交の技術（governmental skill）、情報の収集・分析力（intelligence）、行政機構の優劣等が含まれる。これらは一国の統治能力、政策決定能力、政権の安定性を決する根本要因であり、その国の政治家や官僚の質によって規定されるところが大きい。

＜国民性・国民の資質・士気＞

国民性（アメリカ人の持つ創造力や創意、ロシア人のもつ忍耐力やねばり強さ、ドイツ人の勤勉さや規律正しさ等々）は、その国の政策決定や思考方法に大きな影響を及ぼす。国民性はその国の自然環境や歴史、伝統、国家政策の中から醸成されるものである。多くの人間が狭い空間にひしめきあって住み暮らしてきたことから、日本では最低限の暮らしやすさを確保しようとすればいきおい一人一人が自制し、他者への配慮を心がけねばならない。それゆえ日本人にとっては「調和」「協調性」「思いやり」が最も尊重される美徳となり、反対に「対決」が忌み嫌われることになった。気候温暖な地域で農耕に従事し、仏教徒でもある日本人は、平和、安定、調和こそが社会のノーマルな姿で、戦争や葛藤・混乱、矛盾・対立は社会あるいは人生の例外的な現象と考えがちだ。そのようなハプニング、例えば台風、地震、外敵の侵略等の事態に平時から対策を構築する姿勢が弱く、そうしたタブーに思い煩い頭を悩ますことは避け、一瞬でも長く忘れておきたい、また嫌なことを考えねばそうした事象も生起すまい、というのが日本人の思考パターンであり、人生の送り方になっている。「国民が平時・戦時に政府の政策を支持する決意の程度」たる国民の士気も、世論の形をとることでその国の力を決定づける。モーゲンソーも、国民の士気がなければ、国力は単なる物質力か、それとも実現を空しく待つ一つの潜在力に過ぎないと述べている。[9]

＜文化・歴史的伝統＞

一国の文化や歴史的伝統等の無形要因、例えば過去において他国の侵略に毅然と立ち向かい独立を全うした民族体験や、他国に類を見ない独創的文化の存在はその国の力を高める。

＜社会構造＞

人種・民族・宗教的な等質性や社会制度の安定性、国民の教育水準の高さ、所

得分配の公平さ等の社会構造も国力を決める大切なファクターだ。少数民族問題や人種対立の存在、あるいは言語の多岐性等は一国の国力を減ずる要因となろう。

3　影響力の行使

●行使類型

　国家が他の政治単位に対して影響力を行使する目的は①～させる②～させない③今のままを保たせるの三つに、また行使の意図からは①他国からの脅威に対抗する等防衛的色彩の強いもの、逆に②自国の発展拡大を狙う能動的・攻撃的なもの、あるいは③現状維持をめざすものに分類できる。次に影響力行使の手法は

　⑴　説得

　⑵　報酬の約束

　⑶　報酬の供与

　⑷　脅し

　⑸　非暴力的不利益行為の実施

　⑹　武力行使

の六つに分けられる。[10]

　「説得」とは、報酬を与えたり脅したりはせず、提案しあるいは提案について討議することで望ましい反応を引き出す方法である。その際、国家間には共感テーマが国内ほど多く存在しないため、核戦争への恐怖とか人類としての一体性、同胞意識等を呼びかけのスローガンに用いることが多い。「報酬の約束」とは、もしBがAの望み通りにすれば、AはBのために何かをすることである。約束が効果的であるためには、その内容が相手に信じられるものであり（クレデビリティの存在）、かつアピールするものでなければならず、クレデビリティの高低は国家の能力と意志に左右される。「報酬の供与」とは、相手が当方の望み通りのことをする前に、報酬を与えることをいう。これは自己のクレデビリティや信頼性があまり高くないか、当事国双方が猜疑心に取り憑かれているような場合に用いられることが多い。

「脅し」には「積極的脅迫」と「剥奪の脅迫」の２型がある。前者は、関税を引き上げる、貿易をボイコットする、輸出を禁止する、武力を行使すると脅すような場合。後者はA国のB国向け対外援助を断ち切るとか、A国がB国に与えている報酬その他の利益を保留する場合を指す。脅しは「直接的脅迫」と「間接的脅迫（圧力）」にも分類できる。直接的脅迫とは、相手側に対して自己の意図をはっきりと伝達する方法で、逆に間接的脅迫とは、自己の狙いとその行動とを相手に対して明瞭にコミュニケートしないやり方である。暗黙のバーゲニングとも言える。前者の場合には要求をはっきりと明言することが前提であり、要求が履行されない場合、一定の結果が明示されている点で間接的脅迫とは異なっている。国境付近で行われる軍事演習や艦艇によるプレゼンス、あるいは記念日などに実施される大規模な軍事パレード等は間接的脅迫に当たるケースが多い。このほかにも「我が国は相手の侵害的行為を黙認するわけにはいかない」とか「相手の行為がもたらす重大な結果については、相手が全責任を負わねばならない」といった警告、相手国に対する強硬派として知られる人物を関係あるポストに就ける行為や、ニュースソースをぼかした形（あるいは非公式）での脅迫的内容の伝達、意図的なリーク等もこれに含まれる。

　国際的な規範意識の向上から、今日では露骨な脅迫は影を潜め、間接的脅迫あるいはそれに近い形態での脅し（ブラフ）がよく用いられる。この場合、相手国がどう受け止めるかによってその効果が大きく左右されるが、場合によっては、当方の予想以上の行動をとって大きな成果をあげることもある。何よりも行動の自由をキープしておけることが大きな利点である。「非暴力的不利益行為の実施」とは、脅しの内容を実行に移す場合である。「武力の行使」も相手に対する不利益行為の実施だが、物理的、暴力的行為である点で(5)とは異なる。

　どの手法を用いるかはその時々の国家関係の状況に左右されるが、両国の利害目的が一致し協力関係にある場合は約束や報酬が、逆に不一致が大きい対立関係では、脅しや不利益行為、武力行使が用いられる。六つの類型のうち、実際の国家関係に用いられる手段の90％以上は単純な説得に基づいたものである。

●行使手段の選択

　領土交渉では国土が、移民政策では国民（人口）が交渉の材料になるように、影響力行使の源泉や資源は国力の全要素が対象となるが、その中心となるのは

経済、軍事、政治の三つの力である。国家はこれらを別個独立に行使するのではなく、相互補完・相乗的に使用して自らの影響力を高めることが肝要だが、手段の選択・決定にあたっては、どれが自国にとって行使しやすいかという観点がまず考慮される。軍事力に優る国は軍事的手段に頼ることが多いし、経済的に劣勢な国が経済的手段を行使しても限界がある。同時に、行使先の状況によっても手段が規定される。経済開発に邁進している国には軍事力の行使よりも経済援助が効果的だし、逆に軍事大国に隣接する国には軍事援助や同盟支援が望まれるケースが多いであろう。手段選択は、自国と相手との相関関係の中で決せられる。

次に、各手段や力の間にはトレード・オフの関係がある。国家歳出のかなりの部分を軍備強化に注ぎ込む国では、そのしわ寄せが経済や社会資本に表れる。かってのソ連はGNPの 12 ～ 13％を軍事費に充てていたため、第三世界への経済援助もままならず、西側から穀物を輸入せねば国家が立ち至らなくなり、自らの総合的なバーゲニングパワーを大きく弱めてしまった。それゆえ、国家は各要素の最適な組合せ解を見出さねばならない。また軍事力を経済力で肩代わりできないように、各手段の有効機能領域には違いがあり、効果発揮に要する時間の長短にも差違がある。例えば効果の表れ方をみると、政治力、経済力の効果が出るのは軍事力の行使に比して長期的かつ間接的であることが多い。行使順序にも配慮が必要だ。交渉においては、当初から硬直性の強い力に依存し過ぎることを避け、柔軟な要素に優先度を与える方が得策である。軍事力のような最も硬直性の強い力は、いったん行使すると、途中で簡単にひっこめるわけにはいかなくなり、相手側もこちらの出方に応じて軍事力を発動しなければならない状況に追い込まれることになる。つまり軍事力は一種のグレシャムの法則を持っており、ある国が軍事力を多用すれば、軍事力（悪貨）は国際政治における協力、協調といった良貨を駆逐し、交渉を暴力闘争の場と変えてしまう。とりかえしのつかない、硬直性の強い要素を使う場合は、その先の結果まで読んだうえで決断しなければならないのである。

さらに、各手段の優劣あるいは有効領域は時代によっても変化する。かって国家が“力（パワー）のための闘争”で求めたものは軍事力、あるいは軍事力に転化し得る力であった。しかしパワー＝軍事力ではなく、経済の機能領域は拡がりを見せ、また国際関係が従前のような単なる政府間の接触に留まらず、相

手国の民衆や世論、国際機関等への働きかけが重要になっている状況の下で、
E・H・カーが言う「意見（世論）を支配する力（政治力）」の重要性が高まって
いる。

4 経済的手段

●貿易と援助

　他国に対する影響力行使手段として経済力が用いられる例は多い。使われる
類型も関税や禁輸、借款、投資、為替操作等多岐にわたるが、大きくは「貿易」
と「援助」に分けられる。

　「貿易」は、相手国における特定商品の必要性と自国経済への依存を利用して、
貿易上の利益の提供、あるいは不利益実施の脅しを用いて自己の目的を達成す
ることである。貿易には①関税率操作②輸入割当て③ボイコット④通商の停止
（禁輸）・制限⑤借款、信用供与、通貨操作⑥ブラックリスト⑦輸出入ライセンス
の付与・剥奪⑧資産の凍結・没収⑨国際機関への分担金支払いの留保等の手段
が含まれる。また戦時においては封鎖、ブラックリスト、先買い、報酬等があ
る。第4次中東戦争におけるアラブ産油国の石油戦略やソ連のアフガニスタン
侵略、イラクのクウェート侵略の際に西側諸国が発動した経済制裁措置は貿易
の停止・制限の一例である。かってのココム、チンコム等は通商制限の制度化
といえる。

●経済制裁

　経済制裁は古くから実施されてきた戦術の一つである。ナポレオンによる大
陸封鎖や第1次世界大戦下の英国の対独海上封鎖等は有名だが、イタリアのエ
チオピア侵略に対する国際連盟の対イタリア制裁（1935年）や白人支配の正当化
を図る南ローデシアに対する国連の制裁（1966年）のように国際組織のイニシア
ティブにより集団安全保障措置の一環として実施されたものも存する（国際連盟
規約16条、国連憲章第41条参照）。近年でも、アフガニスタン侵攻に対するアメリ
カの対ソ経済制裁をはじめ、クウェート侵略を行ったイラク（1990年）、核開発
を続ける北朝鮮やイランに対する国連の経済制裁、クリミアを併合したロシア

に対する欧米の経済制裁（2014年）等軍事力の行使に代わって経済制裁が多用されている。その背景には軍事力使用に伴う経費の重負担や世論の批判、あるいは核エスカレーションに対する政策決定者の考慮がある。

　もっとも、経済制裁に軍事力のような物理力による即効性（瞬時における自己意志の強制）は期待できない。長い時間をかけて相手の行動を維持あるいは変更させる効果は認められるが、既に相手が実力を行使した場合、破壊された秩序・体制を回復する手段として経済制裁用いてもその効果は限定的なものとなる。また経済関係は当事者相互の利益となる協力関係であり、制裁の実施によって制裁国自身も相当の経済的コストを強いられる（ブーメラン効果）。軍事力の行使とは違い（資本主義国では）経済主体と国家は別人格のため、自国の企業や産業に打撃を与えることが多いのだ。しかも被制裁国が第三国との経済関係を活用することで、制裁の効果は減殺される。こうした欠点を補うには、一国だけの制裁実施に留まらず多数の国を加えた集団的制裁措置が必要となるが、各国の思惑の相違や抜けがけが生じ、制裁参加国の拡大やその足並みをそろえることは容易ではない。

　さらに、用いる対象品目の性質によっても制裁の効果は大きく左右される。例えば、アラブの石油戦略が成功を収めた要因として、石油の地域的偏在や代替性の小ささ、あるいは当該国家の石油管理能力の高さ等が指摘できる。これに対しアメリカは、アフガニスタン侵攻に対する対ソ経済制裁措置（1980年1月）として穀物を活用した。だが、制裁物資としての食糧は①腐敗しやすく保存管理が困難②食糧生産量が気候に左右されやすい③多くの代替物の存在④原則として全ての国で生産し得る等の点で石油とは異なっていた。しかもアラブ産油国とは違い、政府の穀物戦略の発動にアメリカの農民は強く反発した。そのうえオーストラリア、ＥＣ諸国、カナダは、対ソ穀物輸出をそれまでの伝統的水準に止めるとアメリカに約しながら、実際には「伝統的水準」を独自に解釈し、アメリカの予想を上回る穀物をソ連に輸出、さらにアルゼンチンやブラジルが制裁に参加しなかったため、カーター大統領が予想した効果は上げられなかった。1980年における西側の対ソ穀物輸出量は79年の2485万ｔから2870万ｔへと逆に増加し、レーガン政権発足後の81年4月アメリカ自身も穀物禁輸の解除に追い込まれてしまった。

　このアメリカの失敗を踏まえ、パールバーグは穀物戦略を有効たらしめる条

件として

(1) フード・パワーを使用する国の国内政治システムにおいて、戦略決定者が穀物の輸出　量や対象国等のコントロールを十分になしうること

(2) 第三国、多国籍企業の協力が得られること

(3) 被制裁国の政治・経済システムに対して穀物輸入量の減少が、十分かつ適切な効果を及ぼし得ること

の三点を挙げている。結局、経済制裁を有効となすには

(1) 代替可能性の小さい財を選ぶこと

(2) 第三国からの支援を防止すること

(3) 長期的な実施に耐えるだけの国内システムの整備（耐久力の保持）等への配慮が必要となる。こうしてみると、経済制裁とは強者の戦略であること、世界的な規模で実施する必要があり、自由貿易体制に悪影響を及ぼす危険が伴うことに留意しなければならない。

●援助

「援助」は歴史を通じて国家間で行われる有力な影響力行使の手段であった。17〜18世紀、さらには19世紀初頭のヨーロッパ諸国、特に英・仏の両国にあっては自己の同盟関係を強化し、あるいは同盟国を支援するために「補助金」を支払っている。例えばイギリスが、フランスと戦いヨーロッパのパワーバランスを保っていたプロシャのフリードリッヒ大王に金を支払い、またナポレオンに対する第3次対仏同盟戦争（1804〜5年）で同盟諸国に6千ポンドを支給したのはその一例である。ただ、かっての「援助」は専ら有事に行われることが多く、平時にあっても「援助」が活発化するのは第2次世界大戦以降である。

「援助」の類型として、ホルスティは軍事援助、技術援助、贈与、開発借款を、モーゲンソーは人道的援助、存立維持援助、軍事援助、贈賄、威信高揚援助、経済開発のための援助の六つに区分するが、大きくはODAに代表される経済・技術援助（第7章参照）と軍事援助に大別できる。援助の目的は大別して人道目的、政治・軍事目的、経済目的の三つが考えられるが、各国の行う援助は後二者の性格を有するものが大部分を占めている。経済援助だからといって経済目的のみを有しているわけではない。政治目的を併せ持つものもあり、表面上は純然たる経済援助の体を装っていても、その実が政治目的に置かれている「威

信高揚援助」などはその例である。

威信高揚目的の援助は、経済援助ばかりでなく近代兵器の供与という軍事援助の形をとることも多い。威信高揚援助の利点としては①援助供与の見返りに一定の政治的利益が得られる②援助受入国の威信が高揚されれば援助供与国の威信も高まる③比較的安上がりであること等があげられる。

5　政治的手段

政治的手段の代表は外交や交渉である。だが、それが政治力の全てではない。一国の政治力は「交渉」と「それ以外の政治的手段」(「狭義の政治的手段」)に分けられる。前者は次章で扱うので、ここでは後者を取り上げる。

協議の政治的手段は「心理情報的手段」と「秘密行動」に大別できる。セシル・クラブは心理情報的手段を「心理戦争 (psychological warfare)」と「正常な情報・宣伝計画 (normal informational and propaganda programs)」に分類する[13]。前者は文字どおり敵対国との戦争の一類型であり、軍事力の行使と関連して、あるいはそれに代わるものとして行われる活動で、後者は自国の存在をアピールしたり、特定の政策に対する支持を得るための一般的な情報提供や宣伝活動全般を指す。文化・人材交流等他国との相互理解を深める活動の多くはこれに含まれる。もっとも、実際の政府活動では両者のいずれに属するか曖昧なものが多い。

他方、秘密行動 (clandestine actions ないし covert operations) には、騒動・ストライキないしサボタージュの裏工作、国内外の不平集団へのアドバイザーや資金の提供、武器の売却、政治的スキャンダルのでっちあげ、政治的暗殺、破壊活動、ゲリラ戦やクーデターへの支援、サイバー攻撃、非公然軍事介入、それにテロリズム等の手法が用いられる。テロリズムは本来、強力な影響力を持たない小集団が国家や政府等の政治権力者に対して行う"弱者の戦法"だが、リビアによるパンナム航空機爆破事件 (1988年) のように国家が自らの政治目的達成のためにテロ集団を支援・利用することも多い (国家テロリズム)。

6 軍事的手段

　軍事力は、暴力が政治的に性格付けられた「強制力」であり、絶対的直接的な支配を可能にする唯一の手段である。それゆえ国家間の利害対立を決済する最終の手段―戦争―として頻繁に用いられてきた。戦争が有効性をもち得たのは、その行使に訴えても、失うものよりも得るものの方が多かったからにほかならない。しかし、20世紀に入り二度の世界大戦を経て、軍事力を取り巻く環境や有用性は大きく変化した。

　まず軍事技術の急激な進歩により、その破壊力は著しく拡大した。なかでも絶大な破壊力を持つ核兵器の出現は、一国の存続や戦勝の域を超えて人類の絶滅を招来する危険を生み出し、政治的決済手段としての軍事力の有効性を大きく減殺させた。また兵器の近代化はその高額化をもたらし、軍事力の保有・行使に要するコストは莫大な金額に達している。さらに戦争のもたらす人的物的被害の甚大さや人権意識の向上は、暴力の行使を厳しく抑制する要因となった。しかもパクスアメリカーナの覇権秩序や相互依存の進展による自由貿易体制の発展は、軍事の力を借りずとも経済自身の力で国家に富や繁栄をもたらすことができるようになった。こうした環境変化に伴い、影響力行使手段としての軍事力の有効領域や使用可能性は従来よりも小さくなってしまった。

　しかしその反面、以下の諸点を見落とすこともできない。その第一は、第三世界をめぐる紛争が決して減少してはいないという事実である。冷戦が終焉し、大国の代理戦争的な地域紛争は影を潜めたが、エスノナショナリズムの高揚や宗教問題等冷戦構造の下で押さえ込まれていた対立因子が表面化し、東欧や中東をはじめアジア、アフリカの各地ではいまも軍事紛争が多発している。第二に、北朝鮮や中国、フセイン政権下のイラクやイラン、核開発競争を続けるインド・パキスタン等今日も軍事力に大きな意義を認め、福祉や民生の安定よりも領土や影響力の拡大、富国強兵の実現のため軍事力の行使も厭わぬ国や勢力が厳に世界には存在する。発展段階の差異により、軍事力の有用性に対する認識も国によって異なっているのだ。軍事力保有主体としての主権国家の増加や大量破壊兵器を含む軍事技術の拡散も国際秩序を不安定化させる要因である。

表3−1　軍事力の機能

	暴力的	非暴力的
攻勢的	攻撃（侵略）	強　要
防勢的	防御（対処）	抑　止

何よりも、人類は未だ軍事力にとって代わり得るだけの直接的決済手段を見出してはいない。軍事力を軽々に、また攻勢的な形で安易に行使することは難しくなったが、紛争の抑止や戦争が勃発した際の対処のための機能として、即ち、国家の安全を保障するという政治目的を達成するため、軍事力はいまもなお極めて重要な手段である。

　行使の目的と形態から軍事力の機能は表3-1のように整理できる。軍事力の非暴力的（心理的）行使は、軍事力の持つ破壊力によって威嚇し、他者に一定の政治的意志を強制するもので、「～するよう」に強制する「強要」と「～しないよう」に強制する「抑止」に分かれる。近年では、PKO等国際警察力として用いられるケースも増えている。

7　ソフトパワーの時代

　国家とパワーの関係を考察するにあたっては、①触知・非触知の各要因が果たす意義は決して一律ではなく、②それぞれの占める重要性の度合いが時代によっても変化することを理解せねばならない。例えば17世紀の重商主義者は、金銀の獲得を国力興隆の必須条件としたが、彼らには商業活動によるオランダの台頭を予測できなかった。人口の多寡や農業を重視した18世紀のフランスは、英国における産業革命や政治的安定がもつ意義の大きさを十分に理解し得ず、結局その後塵を拝さねばならなくなった。それゆえ各要因のウェートや、将来に向けてどれが国力や影響力の形成に大きな比重を有するようになるかを見極めることは、政策決定にあたっての肝要事である。

　現代では軍事力の機能が相対的に低下しつつある反面、経済力の果たす意義が日増しに高まっている。そのため世界秩序の安定化が図られ、今後とも貿易国家の隆盛が続く限りは、人口や領土の大小などに比して、経済力や生産性を支える技術力が重要性を高めていくことが予想される。テクノロジーこそが文明を作り出し、経済発展の規模と水準を決定することは歴史の証明するところである。但し、経済力や技術力の重要性もさることながら、より長期的な観点から国際社会の動きを見た場合、21世紀が脱工業化、情報化の時代になりつつあること、また民主主義や人権意識が一層普及するとともに、個人価値の向上

も進展するであろうこと等を考え併せれば、国力構成要因の中でも、ハードなものからよりソフトなファクター、つまり非触知的非強制的要因の持つ重みが増していくであろう。[14]例を挙げれば、情報に対するアクセスの高さや早さ、また通信・情報の時代に柔軟に対処できる社会・行政システムの構築力、さらには、普遍性が高く、他国からも魅力あるものと映るような文化や思想、イデオロギー、社会規範、そして何よりも民意を的確に政治に反映できる政体や統治システムの存在等である。諸外国にとって高い魅力と受容可能性を持つシステムソフトの開発能力こそ、21世紀における大国の必須条件といえる。

　このように、軍事よりも経済や技術、ハードよりもソフトファクターの重要性が高まるにつれ、影響力行使のパターンにも変化が生じる。相手方に対して威圧や脅し、さらには一方的な実力行使等強制力を伴う手段が影を潜め、非強制的な説得、勧誘などを主体とするアプローチ、即ち、人に「〜させる」色彩の濃いものから「〜したい」と思わせる戦術に、影響力行使の重点が移行するということである。ジョセフ・ナイは、将来的には、相手に対する強制力（彼はそれをcommand power と名づける）よりも相手を取り込む力、つまり「自らの欲する内容について相手方にもそれを欲せさせる」力が国際関係でより大きな役割を発揮すると指摘する。[15]「相手を取り込む力」とは、人の嗜好に対する影響力の行使であり、経済力もさることながら、相手を説得する技量をはじめ、思想や文化、国家・社会の制度・システムやビジョン、理念等がその担い手になる。近年、対外的影響力を高めるため、国力のソフトとハードを効果的に組み合わせる政治的技術をスマートパワーと呼ぶようになったが、これもソフトパワーの一例である。

8　日本の国力：現状と課題

　日本の国力はどうであろうか。国土の狭隘さや天然資源の乏しさ、国民の高い均質性等が指摘できるが、何といっても最大の特徴は、経済力の著しい突出ぶりである。戦後、平和国家を国是とし、軽武装を維持しつつ国力の全てを産業の復興に傾注した日本は、奇跡的ともいわれるめざましい経済的躍進を遂げ、一時は世界全体のＧＮＰの２割近い生産力を誇った。貿易・経常収支の黒字や

対外資産、対外直接投資の増大等教育水準の高さや国民の勤勉性といった非触知的要因の利点を活かし、日本の経済力は他を圧倒するものがあった。しかしバブル崩壊の後は、回復に長い年月を要した。さらに少子高齢化が急激に進行し、福祉の重負担や労働人口の減少、社会活力の低下といった難問に直面している。今後、少ない労働人口の中で高い経済力を維持していくには、労働力の質の向上や規格大量生産型から高付加価値型経済へのシフトを加速化させるとともに、高い技術力を維持する必要がある（生産大国から知的大国へ）。

　従来わが国は、基礎研究を土台にした画期的技術革新によって新製品を開発する西欧流のプロダクト・イノベーションのスタイルよりも、専ら先進国で生み出されたオリジナルな技術や知識を導入、生産工程や技術の改良によってそれを大量生産に結びつける応用・開発（プロセス・イノベーション）型の研究が主流をなしてきた。そのため経済大国となってからも、欧米諸国からは、日本民族はadopt,adapt,adept（採用、改造、精通熟練）の天才と揶揄されたり、他国のアイデアを企業化して一方的に利益を得ている"技術ただ乗り論"批判が噴出した。

　将来にわたって付加価値の高い製品を生み出し続けるには、応用技術よりも創造的な基礎研究に本腰を入れなければならない。そのためには、教育システム全般の大胆な見直しが必要である。educationの語源であるラテン語のeducereは、"導き出す"という意味を持っているが、日本の教育は、個々人の持つ創造性を引き出すeducationよりもteaching（教え）に片寄り過ぎてきた。また年功序列的で、しかも閉鎖性の強い日本の研究者養成制度を、よりオープンで競争原理が機能するシステムに改めるとともに、個性よりも協調性を重視しがちな教育哲学や、その背後にある国民性にも目を向ける必要がある。

　経済や技術の体質改善以上に急がれるのが、ソフト面の劣勢克服である。日本には、治安の良さや高い政治秩序の安定性等優れた面もあるが、国力形成にあたって重要度を増しつつある文化や思想、社会システムの発信力は乏しいのが現状だ。古来から諸外国のソフトの導入吸収には熱心であったが、積極的な発信活動を行ってこなかったこともあり、わが国の思想やイデオロギーは他国に理解され難く、広く世界に通用するだけの普遍性や開放性に乏しいとの評価も為されている。単に物を作り、あるいは資金・資本を操作運用するだけでは国際社会の尊敬は得られず、影響力の高揚も望めない。

　国際社会において自らの影響力を高め、国益を確保するためには、政治的技

量（political skill）の強化も重要な課題だ。ポリティカルスキルは、政府の質や政治システムの効率化等非触知的要因の如何にかかるものである。アーサー・ロールは、弱小国が大国とのバーゲニングで優位に立つには、大国相互の対立で漁夫の利を得るか、一方の大国と同盟を結び他の大国に対抗するかのいずれかの途しかないと述べているが[16]、日本のように触知的要因に制約が伴う国は、交渉力を強化して民主大国との安定的な同盟関係を築くとともに、他国の持つパワーを自己に有意義に活用し取り込む必要がある。ミカエル・ハンデルが指摘するように、同盟国からのコミットを確実なものとするには、相手国世論への積極的な働きかけや自国イメージの向上にも務めねばならない。日本がコミットするに値する国だと同盟国に評価されるためには、理念や価値（自由主義体制や民主主義精神、平和国家など）を共有する関係にあるとのシンパシーが国民相互に必要であり[17]、ここでも文化、思想、社会システム面の充実が鍵となる。

　ポリティカルスキルでいま一つ重要なのが、情報の収集、備蓄に係る機能、つまり「状況の評価に関連する情報を収集し、分析、備蓄を行い、それらを必要な時に利用する能力」である。そもそも国家戦略の遂行にあたっては、その前提として、国際関係全般をも含めた諸外国の情勢をできるだけ客観的かつ正確に、しかも迅速に把握できる態勢が敷かれていなければならない。だが、農耕民族的色彩が強いと言われるわが国の場合、相手の情報を積極的に収集する意欲に欠けるばかりか、そうした活動を罪悪視する傾向すらある。その裏返しで相手の情報活動に不感症となっている面もある。戦略大国になるためには、情報軽視の姿勢や意識は早急に改めなければならない。

［注 釈］
(1)　R.Dahl,"The Concept of Power,",Behavirol Science,1957.No.2,pp.202-203 .
(2)　ハンス．J．モーゲンソー『国際政治』現代平和研究会訳（福村出版、1986 年）31 頁。
(3)　Karl W.Deutsch,The Analysis of Internatiorl Relations,2nd（New Jersey,Prentice Ha11,1978）, p.23—
(4)　クノールは、推定的パワー（putative power）と現実的パワー（actualized power）に区分する。Klaus Knorr,Power and Wealth（London,Basic Books,1973）,pp.13-14,90.キンドルバーガーはパワーを「強さ（strength）プラスそれを効果的に用いる能力」と捉える。チャールズ・キンドルバーガー『パワーアンドマネー』益戸欽也訳（産業能率大学出版部、1984 年）89 頁。

(5) 国力の要素としてモーゲンソーは①地理②天然資源③工業力④軍備⑤人口⑥国民性⑦国民の士気⑧外交の質⑨政府の質の九つを、カーは①経済的要素②世論を制する力③軍事的要素の三つを挙げる。ハンス・Ｊ・モーゲンソー、前掲書、120頁以下。E.H.カー『危機の二十年』井上茂訳（岩波書店、1996年）198頁以下。

(6) K.J.ホルスティ『国際政治の理論』宮里政玄訳（剄草書房，1972年）265頁。

(7) ハンス．Ｊ．モーゲンソー、前掲書、162頁。

(8) レイ．Ｓ．クライン、前掲書、111頁以下。

(9) ハンス・Ｊ．モーゲンソー、前掲書、180頁。

(10) K.J.ホルスティ、前掲書、271頁。

(11) Robert L.Paarlberg,"Lessons of the Grain Embargo",Foreign Affairs,Fall 1980,p.150-

(12) ホルスティは、経済的強制措置を有効とする条件として、以下の諸点を挙げる。

　① 強制措置を発動する国と相手国との経済関係が、脆弱性の面で非対照的であること

　② 相手国が第三国から供給支援を受けたり、代替物を確保することが困難な立場にあること

　③ 相手国内部に大規模な反政府勢力が存在し、発動された経済措置に対して国内の政治的動揺が起こりやすいこと

　④ 相手国からの報復措置が甘受できる程度のものであること

　⑤ 相手国に国際世論の同情が集まらないこと

　⑥ 経済的強制措置と経済以外の発動施策とが連携すること

　⑦ 相手国の経済状態が、高いインフレや失業率に悩まされている等既に疲弊状態にあること

　K.J.Holsti,International Politics:A Framework for Analysis,6th（Englewood Cliffs,Prentice Hall,1992), p.190.

(13) Cecil V.Crabb,Jr.American Foreign Policy in the Nuclear Age,4th（New York,Harper & Row,1983), p.150.

(14) ダニエル・ベルは、蒸気機関の発明による第１次産業革命、電気と化学による第２次産業革命に続き、現代をエレクトロニクスを中心とする第３次技術革命の時代（脱工業化社会）と捉え、過去の革命が富の創造を目的としていたのに対し、今後は"人間精神の変革"という心の分野に踏み込むものとなり、情報、サービス、カルチャー等のソフトウエアが重要になると指摘した。またアルビン・トフラーは、農耕社会、産業社会に続く第三の波に入りつつあり、人間の個性が容認され、人種的、地域的、宗教的、さらに小集団の多様性を抑圧せずに包み込む文明が主流になると論じた。ダニエル・ベル『脱工業社会の到来』内田忠夫訳（ダイヤモンド社、1975年）、Ａ．トフラー『第三の波』徳岡孝夫監訳（中央公論社、1982年）。

(15) Joseph S.Nye,Bound to Lead（New York,Basic Books,1990), p.188,"Soft Power",Foreign Policy,No.80,1990,pp.159,166.

(16) Arthr Lall.Modern International Negotiations（New York,Columbia Univ.Press,1966),

p.338.

(17) Michael Handel,Weak States in the International System (London,Frank Cass,1981),
p.68.

第4章

外交とバーゲニング

1 外交

　国家をはじめとする各アクター（行為体）が国際社会の中で自らの利益や価値を獲得・維持するためには、他のアクターに影響力を行使し、自らの意図する方向に相手の行動を変え、あるいは逆に変えないよう働きかける必要がある。いわゆる外交活動である。外交（diplomacy）とは「外国交際」の略で、外国との交わりを意味する。H・ニコルソンは、①一国の対外政策（foreign policy）②交渉（negotiation）③交渉が行われる過程及び機構④外交官職⑤交渉における技量、駆け引きの才能、の五つの用法を挙げるが、国家政策を論じるのか、交渉の駆け引き技術を取り上げるのかによって、一国の「外交（対外）政策」あるいはそのサブ・システムたる「交渉のプロセス及び技術」のいずれかの意味で用いられるのが一般である。ここでは外交を「交渉による国際関係の処理であり、大・公使らによってこれらの関係が調整され処理される政策手法あるいはその技術」と定義する。

●外交の歴史

　近代外交の源流は、13～14世紀のイタリアに遡る。以後、外交の発展は3期に分かれる。第1期は、ルネサンス初頭以降、フランス革命、ナポレオン戦争を経てウィーン会議に至る19世紀初めまでの所謂古典外交形成の時代。第2期は19世紀半ば～第1次世界大戦までの国民国家形成の時代で、ベルサイユ会議をエピローグとする古典外交の成熟期。第3期は、第1次世界大戦以降現在に至る民主・公開外交の時代である。

　ヨーロッパ絶対主義の下で繰り広げられた第1期外交では、ルイ14世のフランスに代表されるように君主が外交権を掌握しており、「宮廷外交（Boudoir Diplomacy）」と呼ばれるように外交は宮廷を中心に展開され、君主の血縁関係が対外政策を左右することも多かった。そのため、外交使節の任用にあたっても、宮廷の雰囲気に相応しい立ち居振る舞いのできる貴族や、駐在国の宮廷の信任と好感を得るような人物が起用された。交渉の様式はイタリアで発達した慣行が引き継がれた。イタリアでは15世紀に常駐外交使節の派遣がみられたが、16世紀末には多くのヨーロッパ諸国間においてイタリアを真似て常駐使節の交換が行われるようになった。

当時における外交使節の主たる任務は、常備軍の状態等赴任先国の内情調査にあった（情報収集）。彼らは公文書を盗み出したり、廷臣の買収、王の寵臣の抱き込みを厭わず、あるいは駐在国宮廷の誘惑や買収に応じたごとく装いつつ、逆にそれを利用して重要情報を入手するような詭術を用いることも頻繁であったことから、この時代の外交官は「身分の高いスパイ（an honourable spy）」と評せられた。17世紀、英国王ジェームズ1世の大使としてヘンリー・ウォトンがドイツのアウグスブルグへ赴いた際、同地でアルバムに「大使とは自国の利益のために外国で嘘をいう目的で送られた誠実な人間を指す」と記した話は有名である。ベニスの外交団がもともと通商組織であったように、交易の拡大もその任務の一つであった

外交使節は大使（ambassador）と呼ばれることが多かったが、彼らは国家（君主）を代表する者であり、赴任先での扱いやステイタスは即自国の威信に関わる問題と考えられたため、各国使節の階級や席次、序列等を巡り国家間で激しいつばぜり合いが演じられた。30年戦争後に開かれたウェストファリア会議の場合、1641年に会議の招集が取り決められてから実際に会議が開かれるまでに4年の歳月を要したが、会議において各国使節の並ぶ順位や席次をどうするかなど参加国の合意を得ることに手間どったことも一因であった。

第2期に入ると、共和制の成立、市民ブルジョアジーの台頭により、宮廷外交、閨房外交の色彩は薄れ、外交の担い手は宮廷貴族から内閣や政府官僚、資本家勢力の手に移った。当時は勢力均衡華やかなりし時代のため、各国は不断に他国の動静を警戒する必要があり、外交使節の常駐化が一層進むとともに、席次や階級に関する争いを防止するため外交の手続きや慣習が制度化され、1818年のエクス・ラ・シャペル規則によって正式化された[2]。外交官職が、政治家と区別され独立の職業として認められるようになったのもこの頃である。

古典外交は第1次世界大戦の勃発とともに過ぎ去り、新外交の時代に突入する。E・H・カーは「1914年までは、国際関係の処理は外交官に任されていた。……1914～18年の戦争は、戦争が単に職業軍人のみに関係ある事態だとする見解に終止符を打ち、同時に……国際政治は職業的外交官の手に委ねておいてよいという漠然とした考えをも消散させた[3]」と述べるが、第3期には外交に対する一般大衆や世論の影響力が高まった。そして専門的訓練を受けた職業外交官による秘密主義に基づいたそれまでの古典外交を"旧外交（Old Diplomacy）"と

称してその廃止を唱え、世論に従って交渉を進める"民主外交（Democratic Diplomacy）"や"公開外交（Open Diplomacy）"といった"新外交（New Diplomacy）"の必要性が強調された。メッテルニヒのような旧派の外交官には、およそ公衆が一国の外交政策について意見や知識を持つべきとの考えは危険な幻想に過ぎないとの受けとめ方が支配的だった。それゆえ、ウィルソン大統領が14か条の宣言（1918年）の冒頭に説いた秘密協定の否定や公開での交渉という主張は、極めて斬新なものと映った。

　もっとも、民主・公開外交の出現は、政策決定の遅延化や世論操作の危険、さらには外交に対する民主的統制のあり方等新たな課題を生みだした。[3]民主・公開外交の必要性を説く場合、そこで意味する"外交"とは主に外交"政策"と理解すべきで、個別の"交渉"過程の細部に至るまで国民への公開や情報提供を認めることには問題があろう。その一方、外交に対する民主的統制を担保するため、外交文書の閲覧公開の制度化が必要である。

●外交のスタイル

　ニコルソンは外交のスタイルを、国家的威信、地位、豪華さといったものに強い関心を抱く「武人的あるいは勇将的」外交観と、パワーよりもインタレスト（利益）にウェートを置き、宥和、和解、妥協、信用に関心を抱く「通商的あるいは商人的」外交観に大別する。そして前者の代表にドイツをあげ、ここでは外交を「他の手段による戦争」とみなし、力を背景とした外交が展開されるのに対し、後者の代表たるイギリスでは、よりブルジョワ的、商業的な発想から外交を捉える傾向にあるとする。そしてニコルソンは、理想的な外交のタイプとしてアングロサクソン的な、即ち商人型外交を挙げる。

　商人型・軍人型の区分は、海洋国家型・大陸国家型の外交観とも言い換えることが可能で、さらには自由主義国型・共産（全体）主義国型の交渉態度にも相通じるところがある。「ソ連外交とは、戦時においてソビエト軍隊が果たすところの仕事を、平時において果たすものなのである」とリトビノフ外相は語ったが、共産主義あるいは独裁国家との交渉では「交渉が国家の力の関数である」ことを忘れてはならない。このほか、目標設定型・状況対応型の区分も可能だ。覇権国家の外交は目標設定型であり、状況対応型外交の典型は日本である。

●外交官の任務

外交官の任務としてホルスティは①国外における自国民と財産の保護②象徴的代表③情報の収集④助言の提供と全体的政策の形成の四つを、モーゲンソーは①象徴的機能②法律的機能③政治的機能の三つを挙げる[4]。象徴的機能とは、赴任先国における式典、レセプションへの出席や外務省の訪問等母国の象徴的代表として活動することを、法律的機能とは、国際会議や国連総会に出席し、自国を代表して投票したり、自国政府の法的代理人として条約の署名や批准書交換等の活動をすることを、政治的機能とは、自国の対外政策を形成する任務をそれぞれ意味している。

外交官に求められる資質とは何か。ニコルソンは①誠実②正確③冷静④善良な気質⑤忍耐⑥謙遜⑦忠誠の七つを挙げ[5]、「外交官として最もよくないのは宣教師、狂信家、並びに法律家（タイプ）である。最良の外交官は分別に富み人間味あふれる懐疑家である」と述べている。この点で、アメリカの外交担当者にロースクール出身の弁護士が多いことは留意さるべきである。法廷闘争を戦い抜いてきた経験から、ともすれば弁護士は理詰め一辺倒で相手を追い詰めることに関心が向かい、相互利益をもたらす合意の形成には不向きな面があるからだ。外交官のタイプについて加瀬俊一は、高度の政治的判断にたけている経論型外交官と、交渉技術に精通した折衝型に分けるが、前者の代表としてビスマルク、後者にはタレーランが挙げられる。

●外交の形式

外交には、出先大使館を通して相手国の外務大臣と交渉させる経路と、逆に自国にある相手国大使館と外交当局とが接触する二通りのチャネルがある。外交の形式には①会議外交②議会式外交③首脳会談、さらにサミット外交や弔問外交も生まれている。

会議外交とは、国際会議の形式をとる外交をいう。古くはウェストファリア会議やウィーン会議、ベルサイユ会議、国連海洋法会議等がこれに該たる。かっては二国間の外交が重視され、多国間の会議外交は大規模戦争終了後の平和会議等に限られていた。しかし相互依存の高まりや主権国家数の増大により、いまでは二国間よりも多国間の会議外交が頻繁に行われている。例えば16か国が当事者の場合、多国間交渉なら一回の交渉で済むものを、二国間の会議で行え

ば120回の話し合いが必要になり、効率面で問題がある。国の数が一つ増すごとに国と国との関係は幾何級数的に増えていく現実、二国間会議でも、議題は話し合っている当事国間の問題に尽きず多くの国に関わるイッシューが増えている実態に鑑みれば、今後も多国間会議は活発化するであろう。

次に国際連合における外交を議会式外交と呼ぶ。この特色は①公開の討論で行なわれること②表決で意思が決定されること③定期的・常設的な会合で、議事手続がはっきり決まっていることにある。議会式外交及び会議外交の欠点は、強い公開性を帯びていることから、譲歩や駆け引きが困難になり弾力性を欠く点、宣伝に利用されやすい点等が考えられる。一方、通信・輸送技術の発達は国家元首間の直接的コミュニケーションを増大させた。首脳会談あるいは頂上会談が増えた理由である。最高責任者同士が直接話し合うので大きな決断を下すことが可能だが、逆に失敗した場合の反作用も大きい。

第1次オイルショック後の世界経済不況に対する主要国協議の目的で1975年に開催されて以降制度化されたサミットは会議外交形式の首脳会談だが、広範な国際世論の形成や各国シェルパによる事務折衝の緊密化等の面で一定の効果をあげている（サミット外交）。国家元首・要人等の死去にあたり各国首脳がその葬儀参列のために集う際、会談の場をもつことがある（弔問外交）。旧ユーゴのチトー大統領、ソ連のブレジネフ書記長死亡の際に弔問外交が繰り広げられ、後者においてはグロムイコ外相と黄華外相の会談が催され、中ソの国交正常化問題が話し合われた。

2　外交政策の決定

●政策決定とは

R・C・スナイダーは、政策決定（decision making）を「幾つかの社会的に限定された一連の手段の中から、政策決定者によって想定された未来の状況を実現すべく意図された手段を選択することに帰着する過程」と捉え、H・A・サイモンはそれを①情報活動（政策決定に必要な情報・資料の収集）⇨②設計活動（政策目標の設定）⇨③選択活動（手段の選択やその方法についての対策）の3段階に分類する。要するに政策決定とは「状況を分析し、目標を設定し、その目標を実現する手段、方

途を選び出し決定する一連の活動」を意味する。そのプロセスは図4-1の通りである。

図4-1　国益と政策決定のプロセス

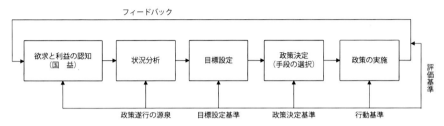

　開戦の決断や条約の締結など国家の政策を決定する立場にある者を「政策決定者（decisinon maker）」と呼ぶ。政策決定者は一般に憲法や法律で定められている。最高の政策決定者は大統領、首相、国王等政府の首長、元首であり、これに外交、軍事、経済、等各分野を担当する閣僚や官僚が関与する。政府のみで決定するケースもあるが、立法権や予算議決権、議院内閣制の下では内閣不信任案の提出、大統領制下では弾劾、告訴等の手段を行使することによって議会が関与することが多い。

●合理的政策モデル

　一連の政策決定プロセスを理論的、合理的に捉まえるならば、政策決定者は入手し得る全ての情報に基づき状況を的確に判断し、最大の利益を最小のコストで獲得できる合理的オプションを選択することになる（合理的政策モデル：rational policy model）。そこでは、国家は単一のアクターであり、行為の一つ一つは何らかの明確な要求に合うよう巧みに定式化された目的から生じ、その行為は当該問題に対する計算された反応であるという仮定が存在している。

　だが、実際の政策決定がこのように進むことはない。太平洋戦争開戦時の首相であった東条英機は「人間たまには清水の舞台から眼を瞑って飛び降りることも必要だ」と語ったが、この言葉は、日本の開戦決断に至るプロセスが、軍部の作り出した既成事実への対応に追われ、合理的かつ明確なビジョンなど存在しなかったことを示唆している。現実の政策決定は、外部あるいは後世の観察者には不可解な決断と映るケースが多い。それは、合理的政策モデルの限界

を物語っている。そこでグラハム・T・アリソンは、「合理的政策モデル」に加え、「組織過程モデル（organizational model）」および「官僚政治モデル（bureaucratic politics model）」の三つのモデルを提起する。

●組織過程モデル

　組織過程モデルとは、政策決定者を取り囲む組織の惰性によって決定が下されるというものである。合理的政策モデルでは、政策決定者は一人か、複数でもその全員が対外政策の目的や手段について意見を全く同一にするとの仮定に立っている。しかし現実の政府は、半自立的な行動様式を持つ大規模な官僚組織の緩やかな複合体から成り立っており、決定は決定者による合目的な計算に基づく選択の産物というよりは、硬直性の高い官僚機構が、予め定められた行動の標準作業手続き（SOP：standard operating procedure）に従いルーティン的に行動する中で下されると説く。組織過程モデルの特徴として、アリソンは以下の諸点を挙げる。[6]

(1) 紛争の疑似解決…政府は当面する複雑な問題を複数の組織に細分化して配分する。各組織は自己の標準作業手続きに従って、自己に関連する問題にのみその関心を集中し、与えられた問題を処理する。これは組織の偏狭主義を助長し、全体的な見地からの問題の検討を困難にする。

(2) 不確定性の回避…組織は専ら解決の目途のつきやすい当面急の問題解決を優先させ、不確定で流動的な将来に関する長期的な問題への対応をためらう。

(3) 問題に誘導された探索・・組織は、問題が実際に発生した時点で初めて解決への始動を開始し、その際も全ての選択肢への考慮を行わず、一応満足の行く選択肢が見つかればそれで探索を止める。

(4) 組織学習…組織は安全を志向し、新たな状況に対しても限定的な探索を通じて対応する。もっとも組織は積極的な解決への動機を全く欠いた反復体ではなく、大きな刺激（予算の大幅増、長期的予算の欠乏、業務遂行上の大失敗等）を加えられた時には、新たな対応を採る。但し、それもやがて標準的作業手続きに組み込まれ、組織の惰性へと化していく。このモデルの場合、政策決定者にとって行動選択の幅は狭く、大胆な政策転換を打ち出すことは困難である。

●官僚政治モデル

　組織過程モデルが政府機構のルーティン化傾向を重視するのに対し、機構内部で展開されるバーゲニングに注目したのが官僚政治モデルである。これは利害や関心、状況認識が異なる各省庁の高級官僚らが、それぞれのめざす目標実現に向けて互いに繰り広げる駆け引きや妥協の中から政策決定が下されるというものである。

　プレーヤーは政策決定過程に関与する諸個人であり、その行動はゲーム的状況を帯びる。即ち、報酬（利益付与）から処罰（利益剥奪）に至る様々な手段、例えば命令や説得、取引や交渉、威嚇や仕返しなどのテクニックが用いられ、その結果が政策となって表れると捉える。このモデルでは、国家の行動の源泉は抽象的な国益や国家理性ではなく、当該個人の政府機構内で占める「地位」に由来する利益ということになる。[17] 各プレーヤーの影響力は、

　(1) 情報を操作処理し得る範囲や能力

　(2) 政策決定の最高位にあるトップリーダーとの信頼関係

　(3) 当人の専門的能力や当該事案に対する積極的姿勢の度合い

　(4) マスコミや世論等政策決定機構外からの支持動員能力等の欠如

によって決せられる。

　1962年10月のキューバ危機におけるケネディ政権の対応（核戦争を回避しつつソ連製ミサイルを撤去させるため、キューバへの爆撃というオプションを採らず隔離政策を打ち出した）は合理的モデルでは、隔離政策が最も適した方法であるとの合理的判断が下された結果と捉えるのに対し、官僚政治モデルでは、エクスコムの内部における基地攻撃派（主として軍部強硬派）と隔離を主張する柔軟派の激しい討論、対立、駆け引きの帰結と見做す。官僚政治モデルは、政府部内の権力関係が多元・分極化している場合に有効といえる。

●政策決定に影響を与える要因

　もっとも、現実の政策決定には多様な要素が混在するため、アリソンの三モデルで全ての事例を説明し尽くことはできない。我々は政策決定者の決定に影響を与え、逆に彼を拘束する多様な要因の存在に目を向けねばならない。スコットは、決定を非合理なものとする障害要因を、主観的要因、一般文化要因、制度的要因とコミュニケーション要因に分類する。主観的要因とは、個人（政策決

定者）の経験・経歴、性格、欲求、持っている情報やそれを適切に解釈する能力、一般的文化的要因とは、当該国家に対し他の国が持つステレオタイプやナショナリズムを指す。制度的・コミュニケーション要因には組織によって教化された態度や価値、情報や意見の流れの影響、諸手続きのインパクト等が含まれ、これらは相互に作用しあっていると説く。ソレンセンも、アメリカ大統領の政策決定を拘束する要因に、その行動が容認される範囲、採りうる手段の制約、与えられている時間の制約、過去の公約の束縛、入手しうる情報の制約の五つを挙げる。[7] 一般に決定に影響を与えるファクターは「国内的影響要因」と「国際的影響要因」に大別でき、さらに以下のように類別できる。

国内的影響要因

(1) 心理的影響要因… 政策決定者のもつイメージや信条体系、歴史的類推、パーソナリティ

(2) 組織的影響要因… 政体・政治制度、行政機構、官僚制

(3) 規範的影響要因… イデオロギー、国内法、国家的役割

(4) 社会的影響要因… 政党、世論、オピニオン・リーダー、大衆運動、マスコミ、圧力団体、ロビイスト、国民性、国家の文化・歴史

(5) 物理的影響要因… 国力を形成する触知的要因（tangible factor）即ち、人口、自然条件、経済力、技術力、軍事力

(6) 時間的影響要因… 時間的制約、過去からの拘束

国際的影響要因… 国際体系、国家関係、国際法、国際世論・道義

これら複数の要因が政策決定に及ぼす影響の度合いは国により事案により多様であるが、概ね以下のような仮説が成り立つ。[8]

(1) 状況が重大あるいは危機的なとき程、決定過程に参加する者の数は少なくなる。

(2) 政策決定に関与する者の数が少ない程、彼らの行為には個人的な性癖、態度、信条、個人の政治的要求が政策に反映されやすい。

(3) 政策決定に関与する者の数が多い程、組織の価値や要求、伝統が反映されやすく、個人的な要素が及ぼす影響は小さくなる。

(4) 次の状況下においては、国際構造が国家の対外政策の目的やゴール設定を強く規定する①国際システムが二極化しているとき②世論の表出や国家主義的感覚が弱いとき③国家の能力が乏しく、陣営の指導国と脅威について

共通認識を抱いているとき④状況が重大でないとき

(5) 反対に、次の状況下においては、国家の対外政策が国際構造から受ける影響は小さい。①国際システムが分散化しているとき②大衆の態度や世論を含め、国内資源を一人の指導者が効果的に統制しているとき③個人的価値、個性の要求、政治的要求が外交政策を通して達成できるとき④当該国家が同盟内において指導的立場にないか、同盟に入っていないとき⑤危機的状況にあるとき

(6) 次の状況下においては、国内の要求が政策決定に大きく影響を及ぼす①国家が食糧と資源を外国に依存しているとき②政策決定者が世論に敏感なとき③領土が外部からの攻撃に脆弱であるとき

(7) 国内的あるいは対外的要因がどうであれ、国力は常に国家の政策目的を規定する。

(8) 但し、国家が長期的革命的な目的を持っているとき、国力はあまり重視されない。

(9) 危機的状況下においては、国力の有効性はあまり重要視されない。

(10) イデオロギーやドクトリンは、次の状況下においては政策決定を強く規定する。①公的なドクトリンを持っているとき②世論や国内の要求に指導者が敏感でないとき③誕生後間もないか革命を経験したばかりの国④危機的状況でないとき

(11) 組織（官僚）的要因は、次の状況下においては政策決定を強く規定する。①歴史的に古く、政権が安定した国②危機的状況でないとき③指導者の交代が早いか、指導者にとって関心のない問題を処理するとき

なお、現代では国内、国際の両環境が相互不可分化しつつある。マニングはこれをインタメスティック（Intermestic:International Domesticの合成語）時代と名付けた。ローゼナウは国内政治の国際政治化、国際政治の国内政治化という両体系の連携を浸透政治システムと呼び、連繋政治学（リンケージ・ポリティクス）の枠組みから把握しようと試みた。またロバート・パットナムは国際交渉は政府間の交渉だけでは完結せず、その交渉に利害関係を持つ国内諸アクターと政府との政治過程も絡むため、交渉は国際的ゲーム（レベル1）と国内政治ゲーム（レベル2）の二層ゲーム（two-level games）となり、レベル2の合意可能領域（ウィンセット）が小さければ、政府はレベル1で相手国から譲歩を引き出せる可能性

があるが、逆に国際交渉が決裂するリスクも大きくなるとした。

3 主要国の外交

●アメリカ外交：孤立主義と道徳主義

　アメリカ外交の特色を語るに際して第一に指摘せねばならないのは、国際政治に対する孤立主義の傾向である。1796年に行われた告別の辞で、初代大統領ワシントンは如何なる外国とも恒久的な同盟条約を締結しないよう促し、またジェファーソンも大統領就任（1803年）にあたって、面倒な同盟条約を結ばないことを提唱した。その後も、ヨーロッパ諸国からの西半球に対する干渉拒否を唱えたモンロードクトリンの宣言（1823年）や、あるいはウィルソンの創設した国際連盟への加盟を阻止する力としてしばしば孤立主義が顕在化している。外部世界に対する孤立化の傾向がアメリカに生まれた背景には幾つかの要因が考えられるが、政治的見地から見た場合、建国初期の指導者が極力ヨーロッパ諸国の争いにアメリカが巻き込まれないよう、意図的に旧大陸との関わりを断とうとした政策的配慮の存在が挙げられる。ワシントンやジェファーソンにとって、建国間もないアメリカを当時の世界政治の中心地であるヨーロッパから隔離することは、自らの独立を保ち、人造国家ゆえに極めて脆いそのナショナリズムや国家体制の育成を図るうえで不可欠の措置と映ったのである。

　メンタルな観点からは、ヨーロッパ移民の子孫であるがゆえにアメリカ人が抱く、旧大陸に対するコンプレックスの存在が指摘できる。ある者は生活の活路を開くため新大陸に渡って来た。また宗教的迫害を避けるとともに、旧大陸で実現できなかったユートピアの構築をめざして大西洋を横断したピューリタンも大勢いた。彼らにアメリカへの移住を決意させた理由は様々だが、ヨーロッパの上流階級や支配階層は少なく、新大陸に逃避したという点では多くの入植者に共通項があり、この事実がアメリカ人のヨーロッパに対するエディプスコンプレックスを生み出した。そしてこのコンプレックスの裏返しとして、アメリカ人はパワーポリテックスに明け暮れる邪悪な世界としてヨーロッパをイメージし、そのような世界から一線を画し、文化的にも宗教的にも純粋で健全な模範社会（マタイ伝5章の「丘の上の町」あるいは「新しきカナーン」）を新天地に築

くという偉業実現のために、自分達は神によって選ばれたのだとの自己肯定意識を抱くようになる。こうしたヨーロッパ（即ちパワーポリテックスやバランスオブパワー）に対する嫌悪孤立は、「力の政策」を邪悪な政治家達の道具、あるいは危機状況下においてのみ発動すべき例外的かつ最後の手段でしかないとして軽視ないし蔑視する風潮をアメリカに生み出すことになった。

　むろんヨーロッパからの一方的な孤立や、権力政治の忌避によってアメリカの安全が全うされたわけではない。実際、アメリカが長きにわたって平和を享受できたのは、イギリスが大西洋の制海権を握っていたこと、またヨーロッパ列強の勢力が均衡していたためであり、アメリカが嫌った権力政治が、アメリカにその独立と安全とをもたらしたのであった。しかも、アメリカとヨーロッパの間には広大な大西洋が横たわっており、この「距離の隔絶」こそがアメリカの孤立化を可能にした最大の要因だった。大西洋という自然障壁の存在にとどまらず、アメリカは総じて国境にも恵まれていた。東西を広漠たる大洋によって保護され、南には荒れ果てて乾燥した土地に弱く野心のないメキシコが、北には巨大で人口希薄なカナダが横たわっているに過ぎなかったのである。このような自然条件は無償の安全保障をアメリカに提供し、本来大陸国家でありながら、平和を常態と見做す島国的な安全保障感覚をアメリカ人に植えつけた。そこで育まれるのは、政治家の不安定な権謀術策などに頼らずとも、もともと自然の状態として平和が存在しているという調和的な自然観である。これはホッブスとは正反対の捉え方で、権力よりもむしろ善意に基づいた社会を想起するロックやルソーに近い思想である。特に国際政治を自然状態として捉え、人々が理性的である限り平和は保障される、とのロックの平和思想はアメリカ人に強いインパクトを及ぼした。ロックは、自然状態を破壊する"暴力の行使"に対しては、個人間の契約を強制することのできる政治制度によって保護されるべしと説いたが、これはアメリカの"制度信仰"、つまり国際平和や安全を国際連盟や国際連合という国際機構によって達成できると考えたウィルソンやルーズベルト、さらには共産主義の進出を条約網で阻止しようと試み、"条約狂い（pactmania）"と揶揄されたダレス国務長官の発想にも相通じるものがある。

　さて、このような政治的・精神的、更には自然条件の下で長年にわたってヨーロッパからの孤立と平和の維持を実現した時、アメリカ人の中にはアメリカ文化の優秀性や道徳的清廉性こそが、ヨーロッパ的なパワーポリティクスから

アメリカを守り、発展させたとする信念や選民意識、さらにはそれを広く諸外国にも伝導すべきであるとの使命感が醸成された。ヨーロッパには孤立しながらも、アジアに対して膨脹主義的であったのは、この使命感や道徳主義に起因するものであった。また少数ないし単一民族から自然発生的に国家が形成されたのではなく、文化や信条、宗教が大きく異なる雑多な民族が、人為、後天的に一つの国家を築きあげるという特殊な建国の過程も、アメリカの外交が強いイデオロギーや価値観、使命感に支配される要因として作用することになった。本来同質性の乏しい社会であるがゆえに、対外関係で一つの国家として行動を為すにあたっては、価値観や理念の一体性を強調し、意図的に国家の凝集性を高めねばならなかった。アメリカ人が常に国旗に忠誠を誓うのも、このイデオロギー外交の伝統と軌を一にするものである。

　孤立主義に加え、アメリカ外交がこうした道徳主義（モラリズム）の影響を受け易い点を、ジョージ・ケナンは「国際問題に対する法律家的、道徳家的アプローチ」と呼んだが、これはアングロサクソン流の個人主義的法律観を、国内と同様、そのまま国際社会にも適用させようとする発想をアメリカ人がとりがちだということを意味する。かってファシズムの台頭に対し「世界には正直で合法的で平和愛好的国が一方にあり、他方には法と秩序を無視し、力による無限の征服を唱えている国がある」という二元的世界観を表明したのはハル国務長官であったが、国際政治の舞台を善玉の国と悪玉の国に分類し、悪玉がはっきりと視認されたならば「政争は水際まで」の言葉通り、超党派、挙国一致でその敵に臨むが、その反面、敵と味方とが判然と区分し難い時には国内世論の分裂を招き易く、そのため為政者が、場合によってはスケープゴートとして意図的に"敵"を捜し出さねばならないのがアメリカという国なのである。

　そして、本来は平和的で、政策の一手段としての「武力の行使」を忌み嫌う国民性であるが、ひとたび自己のイデオローないし道徳律に反した事態に直面したり自尊心を傷つけられた場合、アメリカ人は憤然として立ち上がる。第1次世界大戦におけるドイツの無制限潜水艦作戦や日本軍の真珠湾奇襲によって、それまでの世論の厭戦ムードが一変し、アメリカ人の好戦本能を呼び起こしたのもその最たる例である。そもそもアメリカの歴史とは、個々人による開拓の歴史であると同時に、流血の歴史でもあった。防衛や戦闘は、国家的必要性以前に自分達の生存と自由のための問題であり、各人の防衛が植民地の防衛に、そ

して国家の防衛へと繋がっていったのであり、その逆では決してなかった。文民優位や常備軍軽視の思想を生んだのもそのためである。"国家"の行為としての戦争には嫌悪感を抱きながらも、"暴力行使の日常性"が他のいかなる国民にも増して強いアメリカ人には、国家暴力に対する道徳的嫌悪と、武器や闘争に対する親和性とが、その潜在意識の中でアンビバレントに結合されているのだ。今日でも憲法に「規律ある民兵は、自由な国家の安全にとって必要であるから、人民の武器を保蔵しまた武装する権利は、これを侵してはならない」（修正第2条）旨の定めが明記されているのは、こうした歴史的経緯からはじめて理解できるのである。そうであるがゆえに、一旦立ち上がったならばアメリカは、十字軍的精神の下邪悪な敵を完膚なきまでに攻め滅ぼし、地上に再び正義を取り戻さんがために全面的な軍事勝利をめざす、絶対戦争の信奉者と化すのである。アメリカの対外政策が孤立主義的基調に包まれつつも、一旦事ある場合には徹底した使命外交の様相を呈するのもこういった理由からである。

　そこで、為政者が国民の奮起を求めるにあたっては、アメリカ人の道徳律や価値観に訴えるべく、いわゆるドクトリン外交を展開せねばならないのである。ウィルソンの14か条の原則、ルーズベルトの4つの自由や大西洋憲章、更には戦後のトルーマンドクトリンからレーガンドクトリンまで全て然りである。もっとも、こうした道徳的アプローチやイデオロギー外交は、複雑な問題を評価する場合、判断の幼稚化を招き易く、また政策の弾力性を奪うことになる。そのため、異質な文化や民族に非寛容となりがちで、また、いったんドクトリンを掲げた以上、如何にアメリカの国益や安全保障上重要な要請であっても、それが原則に抵触する以上は容易に実行できなくなるといった危険性を内在している。更に、平時は国家政策としての武力の行使を拒否し他国との関わりあいを回避したがる反面、正義のための戦いとなると絶対戦争をも厭わない極端さは、戦時と平時を峻別する伝統をアメリカに生み出し、軍事力を平時からの国家政策遂行の合理的一手段として認識せず、平和には外交は軍事に考慮を払わないが、逆に戦争状態になれば外交は停止され、－戦争は政治の延長であるというクラウゼウイッツ的発想は受け入れられず－、軍事的考慮のみが優先される「力と政策の分離」をアメリカにもたらすことになった。

　以上、アメリカの外交・安全保障観の特徴を要約すれば、強い孤立主義や道徳主義の存在と、そこから派生するパワーポリティクス感覚の欠如や平和を常

態とみなす発想、使命外交や十字軍的戦争様相、それに戦争と平和、戦時と平時の峻別等を挙げることができる。要するにアメリカという国は無償の平和を長年享受し、本質的には孤立主義的傾向が強く、外部に対する不安や警戒心に乏しいが、自国の価値観やイデオロギーに対する挑戦を受けると、相手を邪悪な存在と捉え、自らの戦いを聖戦と捉え徹底的に戦い抜く。そして一度戦争に勝利するや、地上には正義が復活し平和が支配するとの発想から再び孤立主義に浸るのである。

●ロシア外交：シージメンタリティと過剰防衛的膨脹主義

　「ロシアは地上において他とかけ離れて最大の国家であり、850万平方マイル以上を占め、これはユーラシア大陸のたっぷり半分に当たる。ロシアにとって熱望の対象となり得るような"自然的国境"は存在しない。この国は明らかに防御困難であり、その中央政府の強弱によって、ロシアの国境は不安定な変動を続けている。[(10)]」

　こうフランケルが言うように、一度大兵力の進攻を受けると、ロシアの大地には防御線を敷く自然の障壁は存在せず、13世紀から15世紀にかけて東から襲来したタタール人に支配され、近世に入っても1812年にはナポレオンに、また第1次世界大戦ではドイツ軍の侵入を許している。ロシア革命によるソビエト政府の成立後も英米仏日等列強の干渉を受け、第2次世界大戦では独ソ不可侵条約をヒトラーが一方的に破棄し、再びドイツ軍にその国土を蹂躙され、2千万人に上る犠牲者を出したことは記憶に新しい。

　「ロシア民族は、天然の国境に恵まれず、無防備の大草原（ステップ）に生息し、"人生は苛酷、運命は不公平"との人生観を抱く」（ドミトリー・サイムス）といわれるが、過去における侵略の歴史と遮るものの無い大平原という地政学的特徴は、周囲を敵に囲まれているとの包囲恐怖症（シージメンタリティ）をロシアに生んだ。また自分達の領土を少しでも広げることで外敵との距離を長くし、侵略された場合にも時間稼ぎができるよう、ロシア人をして営々とその領土の拡張に努めさせることになった。ロシアの領土は1613年から300年間、1日平均60平方マイルの速度で増え続けたと言われるように、その歴史はまさに膨脹の歴史だった。大陸国家ロシアの場合、海洋国家である他の列強のように海外の植民地獲得に容易に乗り出せなかったことも、自国周辺への膨脹を一層顕著な

ものとさせた。不凍港の獲得（南下意欲）は、帝政ロシア以来のこの国の大きな外交目標であったが、貿易の多寡や交易ルートの拡大・支配を繁栄の指標とする海洋国家とは異なり、ロシアは領土の広大さをもって覇権の強弱を計る国といえる。

　しかもロシア人は自らの安全保障には憶病なほど細心であり、100％の安全が保障されたとしても決して満足することなく、120％さらには200％の安全を求めて止まない。安全保障は元来相対的なものであるが、ロシア人はその歴史体験から他の民族以上にこのことを強く認識し、より絶対的な安全を求めて過剰防衛と思える程の攻撃的膨脹的な外交安全保障政策を採るのである。ロシア民族の持つ過剰防衛的膨脹主義の傾向、言い換えれば"強いもの、大きいもの、あるいは力への信奉"は、ロシア革命後も変化することはなかった。"ロシア的なもの"と"ソビエト的なもの"を厳密に区分することは困難だが、旧ソ連下にあっても歴史的・民族的な過剰防衛的膨脹主義の性格は生き続け、さらには大国としての覇権獲得意識も加わる形で、それらが共産主義国家としてのドクトリンやイデオロギー、さらには官僚制度の中で正当・公式化されていった。

　ソ連崩壊後に誕生したロシア連邦では、経済をはじめ国内諸問題が山積し、その対外的影響力はソ連当時に比べて大きく後退した。だが、その歴史や民族体験に根ざしたものである以上、これまでの攻撃主義膨脹主義の特徴は、基本的には現在のロシアにも受け継がれていると見なければならない。もっとも、攻撃的膨張的であることは、軍事力の行使にあたってこの国が軽率不用意であることを意味するものではない。外敵に対する臆病さと先進西欧地域に対するコンプレックスの反映として、自らの軍事力行使にあたっては極めて慎重かつ冷徹な計算が伴うことも、ロシア外交のもう一つの特徴である。[11]

●中国外交：権力主義と中華思想

　周辺諸民族との攻防や歴代王朝が覇権争奪を重ねた中国はリアリズムの信奉者で、権力主義外交をその特徴とする（遠交近攻、以夷制夷等）．また中華思想の伝統から、中国が世界の中心であり、他の国家は蛮族として中国に従属すべきものとの発想が古来より中国社会の根底にある（第1章参照）。そのため水平的であるよりは、朝貢外交に見られるような垂直的な外交スタイルを伝統とする。また民族的な威信や誇りに対する拘りが強く、国家主権に高いプライオリティが

置かれ、その確保のためには強硬的な手段に出ることも厭わない面が中国外交には認められる.

　現代の中国は共産党一党独裁体制を堅持するが、共産主義国家に由来する外交の特色として、挑戦的現状打破的色彩の強さが挙げられる（革命外交）。共産世界の実現を目標に掲げ、資本主義諸国に対する挑戦勢力と自らを位置づけているためだが、中国は今でも武力による台湾解放という選択肢を否定していない。ホルスティは全体主義国家に見られる外交交渉の特色（革命的外交スタイル）として①過激な言葉の使用②交渉よりも宣伝の場として外交を利用する傾向の強いこと③条約や協定の違反や独断的解釈の多さ④柔軟性の欠如（交渉担当者への権限委譲の少なさ）を指摘する。[12]

　共産中国の誕生〜建国期には、実務的現実主義の傾向（専）が強い時期とイデオロギー的教条主義（紅）が優先される時期が交互に現れた。改革開放路線が定着した現在、イデオロギーの影響は低下し、代わって排外的な民族主義（ナショナリズム）が外交を規定するようになった。伝統的な権力主義と自国中心主義、それにナショナリズムが現代中国外交の規定要因といえる。

●日本外交：状況対応型実利主義

　日本外交の最大の特徴は、その時々の国際秩序を所与とし、それに如何に対応するかが外交政策の最大の課題に置かれる点にある。つまり、状況対応・現状追随型の外交であることから、独自の理念やビジョンを掲げその実現をめざす外交スタイルをとることは希である。その希なケースとして、戦前期の大東亜共栄圏構想があるが、皮肉にもそれは日本外交が事実上の崩壊を遂げた時期でもあった。

　抽象的なものへの拘りのなさは、威信やイデオロギーよりも実利を優先する外交を生み出した。戦後日本の国家方針や外交の目標を経済の復興に置き、その障害になるとして、国家独立の象徴でもある軍事力の整備に関心を示さず、アメリカの再軍備要求を極力回避したばかりか、外国軍隊の駐留や基地の提供をも厭わなかった吉田茂の商人型外交や、オイルショック後、石油確保のためにそれまでのイスラエル路線から一転、アラブ寄りに転じた中東外交の例はそうした特色を示すものである。

　また状況対応型の外交であるゆえに、国際秩序を形成する権国家との良好な

関係の維持が重視され、イギリス流の勢力均衡的な発想が芽生えず、勝ち馬に乗るバンドワゴンのスタイルが専らとなる。明治期の日英同盟、戦後の日米安保体制しかりである。名目上、日本外交の柱は平和主義、国連尊重、それに日米安保の三つだが、実態は日米安保が基軸であり、経済も安全保障も国連政策も、さらには他地域に対する日本外交の展開も、対米関係の下で律せられてきた。

　戦争体験と戦前の軍国主義に対する嫌悪感から、復興と自国の経済的繁栄に関心を特化させた日本は、海外における経済的利益獲得に外交の力点がおかれ(経済外交の突出)、アメリカの提供する国際秩序を当然の如くに受容し、その庇護の下に経済大国へと成長したが、その間、外交は受け身消極的となり、またアメリカに対する甘えを生むことになった。

　こうした対米重視、ややもすれば対米追随の中で展開された戦後日本外交の大部分はいわゆる戦後処理外交の範疇に含まれるものであった。サンフランシスコ講和〜日ソ国交回復〜日韓正常化〜沖縄返還〜日中正常化等々。そして、冷戦終焉後の今日も、北方領土や日朝問題の解決という課題を抱えたままである(戦後処理外交としての日本外交)。

　ところで、日本列島の地理的特性は、国土が海によって外国と隔てられていることにある。土壌が貧しければ、他国への侵略など企てもしようが、幸いにして日本の国土は豊饒に富み、他国への関心を示さずとも生存を図ることが可能であった。しかも海という自然障壁によってその豊かな国土が他国からの侵略を蒙ることも滅多になく、こうした自然・歴史的事実を通して、いつしか日本には自然調和と平和を常態と考える温和なミクロコスモスの世界と甘えの思考が形成されていった。それは、絶えざる国家間闘争を念頭においたホッブズ的イメージが支配的であった国際社会の中にあっては極めて例外的な存在といえる。[13] 無論この属性は日本人に多くの幸福をもたらしはしたが、他面、情報活動軽視の姿勢や対外閉鎖性、それに国際性、国際感覚に乏しい外交下手の国民性を作り出した。

　自己完結的な世界観が強いために、通常は外国との交際には疎く、かつ無関心であるものの、何らかの契機が伴うと極端な排外意識か、あるいは一転しての友好親善ムードが支配するといったように情緒的なぶれ幅が大きい。また内政中心となりがちだ。安全保障をめぐっての保守革新間の対立ばかりか、保守内部においても、例えば日ソ国交回復の際の吉田と鳩山、安保改定の際の岸と

反主流派の対立、さらに沖縄返還交渉時における首相の佐藤と外相三木との総裁選絡みの対立等重要な外交案件に対して、「外交は水際まで」との超党派外交が展開されることが少なく、国内の政争や派閥抗争がそのまま外交の場に持ち込まれるケースも多い。

　さらに、国際構造全体の潮流を捉えて大局的かつ多国間（multi）の枠組みで外交を展開することが不得手で、個々の二国間（bi）の枠内でそれぞれの案件を個別処理する傾向が強い（二国間アプローチ）。沖縄返還交渉に際し、当時の佐藤政権や外交当局が米中関係改善の動きを重視せず、日米二国間の関係でしか沖縄問題を把握できなかったために、核抜き返還の可能性を低く見積もったのはその顕著な例である。もっとも、島国ではありながら海に対する親和性は低く、かつ大陸にも近接する地政的特色から、我が国発展の方向を海洋に求めるか大陸に見出すかについて国論の一致を難しくし、これが外交の方向性を曖昧なものとし、あるいは分裂させる危険性を内包させている。

4　外交交渉とバーゲニング

　国際関係のアクターが他のアクターに影響力を行使する場合、二通りのアプローチが考えられる。一つは、相手国との交渉（negotiation）プロセスの中で取引き（bargaining）を行うものである。双方が互いの意図や目標を示し、その不一致を確認したうえで妥協点の発見に努め利害調整にあたる方法で、一般に交渉と呼ばれる。もうひとつは一方的強権的に実力を行使して自らのめざすところを実現する手法だ。[13]ともに影響力の行使で、各種の戦術を駆使する点は同じだが、異なるのは、前者が当事者間の相互行為であるのに対し、後者は一方的な利益貫徹行為で、そこにコミュニケーションプロセスを見出すことが困難な点にある。現実の国際関係は前者の活動が中心である。以下、国際交渉やバーゲニングについて眺めていく。

●交渉の条件

　交渉とは「共通合意に到達するために、対立する利害を相互調整するためのプロセス」を意味するが、本書では「政治的・経済的・軍事的手段の活用を背

景とした、国家相互の妥協点発見のための意思交換作用」と定義する。ところで国家間の利益関係は①共通している②対立している③相互に無関係であるのいずれかである。そして一般には

　A　敵が共通利益をもつことはない
　B　味方が対立利益をもつことはない

との認識を抱きがちだが、各国とも複数かつ多様な利害関係を有するため、①〜③の三タイプが同時併存しているのが現実の姿である（但し相互依存の進展に伴いケース③は少なくなりつつある）。

図4-2　利益配分尺度

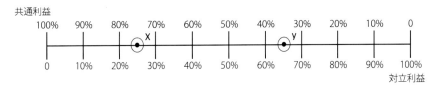

二国間の関係で、両国の利益が全面的に対立しているか、あるいは完全に共通しているケースは希有であり、大抵の場合は共通利益と対立利益の混合の上に位置している。図4-2のX点では二国間の利益が75％共有され25％が対立している。Y点では65％が対立し35％が共通することを示すが、これはある国家が他の国家に対する政策は、常に共通利益と対立利益の双方に留意して形成されるべきであり、盟友との間の共通利益に気をとられて対立利益に目を閉じてはならず、また敵との間では対立利益ばかりに心を奪われて共通利益の存在を見落としてはならないことを我々に教える。

　現実の国際関係にあっては、ゼロサムゲームよりもノンゼロサムゲームが機能する領域の方が遥かに広い。また一つの問題だけを扱えば双方の主張が真っ向から対立しゼロサムの様相を呈する場合も、対象領域を広げ、イッシューを複数化させることでノンゼロサムの状況を作り出すことが可能になる。ここに、バーゲニングの成立する余地が生まれるのである。両アクターの利益が全く対立するか、完全に一致していればバーゲニングの生まれる余地はない。最初のケースでは専ら「対立」に終始し、後者の場合は「協力」の形をとる。スコットは、バーゲニングの成り立つ最低限の条件として

A　アクターが共通利益と対立利益の混合関係にあること

B　アクターがそれぞれ、バーゲニングによって何らかの利得があるか、ある
　　いはバーゲニングしないことによって何らかの損失を蒙ると考えること

の二つの条件を挙げる。即ち、交渉を行うためには当事者間に「交渉しようという意思（bargaining will）」に加え、対立利益＝紛争事案（issues of conflict）と共通利益（common interests）の存在が必要となる。

　交渉には、アクター間に明示的なコミュニケーションが伴う。もっともそれは、交渉当事者が同じテーブルにつくことを意味するものではない。電話やホットライン等を利用することもあるし、口頭（oral）に限られるものではないから、文書やメッセージの交換による交渉もある。ただ、意思表明の全てが交渉に該たるわけではない。例えば政治的宣言やスローガンの発表等は交渉の範疇には含まれない。形式的には交渉の形態を整えていても、実質的に交渉の名に値しないものもある。意見の交換や協議それ自体を目的とするもの、専ら自国の宣伝やポーズのために行われる交渉（和平の意思がないにも拘らず、その実現を望んでいるかに装うための和平交渉や平和国家としてのアピールを狙っての軍縮提案等）は、いずれも合意や妥協点発見の意思を欠き、真の交渉とは言えない。交渉は口頭や直接対峙による活動に限られないが、その活動の中に提案と反対提案、論争、討議といった"明確な意思の相互交換"を必要とするからである。但し例外として、後述する「暗黙のバーゲニング（tacit bargaining）」のように、交渉の意志は存在しても、明示的なコミュニーションプロセスが伴わない交渉活動もある。

　なお、「取引（bargaining）」と「交渉（negotiation）」さらに「外交（diplomacy）」を同義で用いる場合もあるが、本書では、バーゲニングのうち明示的コミュニケーションの伴うものを「交渉」とし、「交渉」の中でも国家間における正式代表者の接触を「外交」、それ以外を「非公式接触（非公式交渉）」と呼ぶ（図4−3参照）。

図4−3　バーゲニングの類型

バーゲニング	交渉	外交	明示的コミュニケーションが存在
		非公式接触	
非バーゲニング	暗黙のバーゲニング		明示的コミュニケーションが不存在
	一方的利益貫徹行為（事実行為）		

●交渉のプロセスと類型

　交渉は、双方が立つ極端に離れた出発点から、それぞれが中間線上にある解決に歩み寄る活動

である。図4-4のＡ１、Ｂ１は交渉に当たる当事者の出発点（opening position）、Ａ２Ｂ２は譲りうる限界点（fall back position）を示しており、Ａ１Ａ２、Ｂ１Ｂ２の重なるエリアにおいて交渉が成立することになる。当事者は交渉に臨むにあたってＡ２、Ｂ２の位置を概ね決めてかかる場合が多いが、交渉プロセスに伴ってこの点が変化することも現実にはよくある。

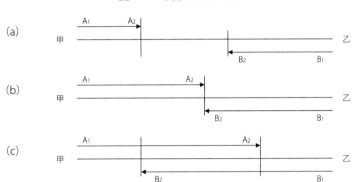

図4-4　交渉のプロセス

交渉は、その当事者が国家を代表する正規の外交関係者（外務大臣、大・公使等）か否かで、図4-5の4類型に分けることができる。このうち、公式接触者同士による交渉が「外交」、それ以外の3類型が「非公式接触（track two 外交とも呼ばれる）」に該たる。非公式接触の代表的な例として、キューバ危機の際の在米ソ連大使館付参事官アレキサンダー・フォーミンとアメリカＡＢＣ放送記者ジョン・スカリとの接触が挙げられる。非公式接触のアクターには①純然たる民間人②政治家、ロビイスト、政商、学者、ジャーナリスト等当該問題に何らかの利害、関心を有する者③元外交官政府高官といったかって公式資格を有する立場にあった人物等が起用されることが多い。ケネディ政権以来、度々米政府の依頼を受けてソ連や産油国、中国等との経済・技術交渉等に関わったオクシデンタル石油会長アーマンド・

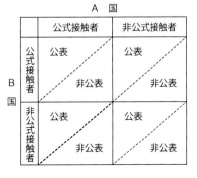

図4-5　交渉の類型

ハマー博士（通称ドクター・ハマー）は①の代表である。

　また非公式接触は自国民に限られず、第三国の人物を介する場合もある。この非公式接触は秘匿性に加え、外交（公式交渉）に比べ柔軟性、迅速性にも富んでおり、外交交渉の根回しとして、あるいは正式交渉を始める時間的余裕のない時、交渉決裂が国家の威信を傷つける恐れのある場合等に用いられることが多い。それゆえ、非公式接触はそれ自身単独のものというよりは、外交の伏線、あるいはチャネル複数化の一環として利用されるのが一般である。

5　国際交渉のノウハウ：交渉を有利に進めるための戦術

●交渉計画の作成

　交渉に臨むにあたりまず必要となるのは、交渉の計画である。交渉計画の作成にあたっては、①交渉の目標や目的を明確化すること②現実の交渉展開に対応できるよう計画には柔軟性が伴っていること③交渉によって獲得すべきものにプライオリティを定めること（優先順位付け）、そして十分な情報活動や時間的余裕の確保等に配意することが重要である。さて、計画を練り、いよいよ交渉に臨むにあたって大切なことは、イニシアチブをとるということである。イニシアチブの確保は、最大限の行動の自由が可能となり、自らのベースで交渉を進めることができるからである。こうした"攻めの交渉姿勢"を可能にするためには、交渉に際して用いる戦術が効果的でなければならない。丸山真男氏は権力、倫理と並んで技術を政治の三大構成要素に挙げるが、交渉の成否を決するにあたっても、技術（相手との駆け引き）が占めるウエートは非常に大きい。以下、交渉における代表的な戦術類型をとりあげる。

●手続き条件

　本交渉に入る前に、まず手続き条件や前提条件をめぐって駆け引きが演じられることが多い。手続き条件としてよく取り上げられるのは、交渉を行う「時・場所・参加者（の範囲）・議事・議題（の日程、順序）・議長人選・使用語・席順」等である。1951年6月朝鮮戦争の休戦会談が開かれた際、交渉場所をめぐる北朝鮮との交渉長期化を懸念したリッジウェイ国連軍総司令官は、北の希望を呑

み当時中共軍の支配下にあったケソンでの会見に応じた。ところが場所が北朝鮮の支配地域であったため、現実とは逆に、休戦を求めたのは米側であるかのイメージを世界に与え大きなハンデを負わされた例がある。この例のように、交渉場所は心理的、政治的効果を狙って選ばれるケースが多い。

　次に「何時交渉を開始すべきか」であるが、自己に都合の良いタイミングを選ぶことも、場所と並んで、交渉に勝利するための要因となる。ポツダム会談は、原爆の威力を実際に見せつけた後に行っておれば、アメリカはソ連に対しもっと有利な立場に立てたのではないかとの指摘がある。またヤルタ会談の際、ローズベルトがスターリンに大幅な譲歩を迫られたのも、当時ソ連軍はポーランド戦線で大攻勢をかけベルリンにあと60キロの地点にまで進出していたのに対し、米英軍はベルリンから400キロ、ようやくルール、ラインランドに向けて進軍を開始したばかりであったことや、未だ原爆完成のめどがはっきりせず、ソ連に対日参戦を求める必要があったことと無関係ではなかった。

　さらに、交渉に臨んでは議題あるいは議事日程、質疑順序をめぐっても激しいバーゲニングが行われることが多い。いずれの草案をベースにして交渉を進めるか、どちらが先に条件を提示するかも、交渉の成否を決するポイントとなる。東郷文彦氏は「一般に条約交渉等を行う場合には、こちら側から原案を出してそれを基礎に交渉する方が都合がいい場合が多い」と述べる。ロイド・ジョージも "Never negotiate on the other fellow's draft" と、決して相手側の草案を基礎に交渉してはならないと主張している。

　議長の選出問題は参加者の政治的意図や威信が絡むことが多いが、現在では建て前としての国家間の序列が存在せず、会議招集国や交渉地の人物が議長を務めることが多く、最近ではサミットのように各国持ち回りのローテーション方式が一般化している。言葉については、18世紀までのヨーロッパではラテン語が使われていたが、それ以降フランス語が多用されるようになった。最近は英語が有力だが、共通語は存在せず、各国とも自国語を用いようとする傾向がある。その場合、通訳の有無が問題となる。通訳抜きの会話ができれば、双方の意思疎通の面からは好ましいが、例えば失言した場合、通訳が誤訳したということにできるし、無理に不慣れな他国語を使って神経をすり減らし、肝心の思考力が鈍ってしまう危険性もある。通訳が喋っている間にゆっくりと考える時間的余裕を持てる利点もある。当事者間の親近感向上という面を別にすれば、

技術的・戦術的には通訳を介してでも自国語を用いる方が一般に有利といえる。第三世界諸国の中には、自己の立場を強調せんがために敢えて自国語を用いるケースもある。

　座席を巡り交渉が難航した例には、ベトナム戦争終結をめぐってのパリ和平会談がある。米政府、サイゴン政府、北ベトナム政府、民族解放戦線の四者がどういう順序で座るかをめぐり、10週間以上も議論が続けられた。1959年のドイツ・ベルリン問題を巡るジュネーブ外相会議では、東西ドイツ代表団もオブザーバーとして出席したが、東独がメインテーブルに着くことは、西側が東独を承認したことになるとの意見が出され、結局東西両ドイツ代表団は共に本卓から離れた別の小テーブルに移されてしまった。交渉にあたっては、「光を背に受ける位置」に座る方が有利だともいわれる。それは相手の反応、顔色がよく見てとれる反面、自分の顔色を相手に見透かされにくいからである。

●交渉の進展方法

　交渉を進めるテクニックには、最大限要求方式とドリップ・バイ・ドリップ方式の二つがある。前者は、非常に誇大な要求をまず提示し、少しずつ両者が妥協点をめざして譲歩していくスタイルをとる。これはハッタリ的交渉（sham negotiation）とも呼びうるが、あまり譲歩したくない時か、相手側の譲歩水準や思惑が読み取りにくい場合で、あたりをつけるため等に用いられる。「交渉の余地なし」といった高飛車な姿勢を示すのもこれに該当する。中国の典型的な交渉方法である。[16] 反対にドリップ・バイ・ドリップとは小さな要求を小だしに出し続け、気がついたら相手に大幅な譲歩をさせていた、という交渉技術である。相手側の安易な油断をつく巧妙な方法といえる。

　交渉にあたっては、争点となっている各々の項目を、全体と切り離して個々に討議を進めるシングルディール（個別取引）の方法もあるが、逆に多くの問題を抱き合わせ（tie-in）で決着を図るパッケージディール（一括取引）あるいはリンケージと呼ばれるアプローチがある。相手の立場が極めて弱いか、交渉内容が単純な場合を除き、多くの交渉は後者のスタイルと成り易い。その際、相手にとって不利で自己には有利な点を交渉の切り札として使おうとするのが一般であるが、それには具体的な交渉過程の中で"付帯提案"として盛り込む場合と、暗黙の形でリンクさせる場合がある。ヤングは、当事国相互における"非対称

性の活用”という考え方を唱えているが、これもリンケージの一種と言える。例えば地政的非対称性や産業構造の相違等はフルにバーゲニングに利用することが可能である。かって、キッシンジャー国務長官がアメリカの穀物とソ連原油のバーター取引を検討、これによって中東への依存度を減じるとともに、アラブの資源戦略に対するソ連の裏切りを印象づけようと画策したが、これなどはリンケージの典型である。

●脅し

交渉の基本は譲歩と説得にある。そのため、交渉に使われる影響力行使の手段も説得、報酬の約束・供与が中心となるが、脅しあるいは不利益行為の実施、場合によっては武力の行使等の手段を通じて、交渉環境を自らに有利なものとしなければならないケースもある。ホルスティは脅迫と報酬の有効性如何が妥協点を決すると言うが、交渉ではアメとムチの両方が必要なのだ。

脅し（threat,bluff）とは、戦争を仕掛けるとか、外交関係を断絶するとか、あるいは通商の禁止や封鎖、経済的ボイコットの実施等相手国にとって不利益となる行為をするぞという宣言である。脅しの有効性（クレデビリティ）は、①実行する意志と能力②相手側の知覚③威嚇内容の合理性④過去における威嚇者側の行動実績、そして相手の嫌悪感の存在如何によって決せられる。クレデビリティは、その国の一般的な信頼評価の問題でもある。ある国が再三脅しをかけてもそれを実行に移さなければ、次に脅しをかけた場合、脅しのクレデビリティが低下するだけでなく、脅し以外の戦術を用いても、その国の国際社会における信頼度や評判は大きく落ち込むことになろう。スターリン時代のソ連のように協定を遵守しないという定評が立つと、たとえその国が本当に協定締結を望んでも他国はその国との交渉を忌避するようになろう。

●論理の正当性

多くの人は、大国は小国に対して常に有利な立場で交渉にあたることができると考えがちだが、国力の低い側が必ずしも駆け引きで不利になるとは限らない。交渉における力とは影響力であり、交渉での“強い”“弱い”は経済力や軍事力の大小ではなく、国力の諸要素をバーゲニングの切り札として、絶妙のタイミングで効果的に投入できる能力の優劣にかかっている。交渉の舞台で用い

る論理の正当性や弁論の技術、さらに国際社会からの評価や世論の支持の高低、時代潮流との適合性等によっても大きく左右される。たとえ強国といえども、その主張に正当性がなく、時代の趨勢に棹さし、世論の批判に晒される立場に置かれれば、交渉では弱者に甘んじねばならなくなる。

●時間

さらに、交渉に応じる時間的余裕の多寡もポイントだ。時間は交渉力の重要な要素である。一般に交渉では、持ち時間の少ない方が不利になる。それゆえ、交渉では期限をつけない方が有利な立場を占めることが多い。共産主義諸国では、時間的圧迫の下に置かれている相手に対し、全体の合意もでき、まさに署名するだけという段階になって敢えて新たな要求（last-minute demand）を持ち出し、それを認めさせる手段がよく利用される。それは国内から受ける圧力（世論、マスコミ、野党等）が少なく、また政権も長期的となるため、一定期間内に実績を挙げなければならないプレッシャーが小さいからだ。そのため共産諸国との交渉に臨んでは、こちらもじっくりと腰を据えて取り組める態勢作りが不可欠となる。彼らの得意とする「消耗戦術」、つまり一日中あるいは一週間、一か月〜数十年にわたり同じ要求、主張、提案を繰り返す方式や、交渉が行き詰まり西側当局が帰りの飛行機のタラップに足をかける寸前にならないと話を纏めようとしない（departure time decision）スタイルに慣れるタフネスさが求められる。体力は交渉当事者に求められる重要な要素なのである[17]。

交渉に時間をかけられるようにするためには、自国の脆弱性を減少する努力も必要だ。1973年の第1次オイルショックで日本がアラブの石油戦略に屈し、不利な立場に追い込まれたのも、石油備蓄が乏しかったからにほかならない。太平洋戦争も同様で、ABCD包囲陣による対日石油禁輸発動に対する十分な対応策が事前に真剣に検討されていなかったため、一か八かの戦争に踏み切らざるを得なくなったのである。当時の日本がもう少し禁輸に耐える力があれば、開戦の時期がズレ込み、その後のヨーロッパ戦局の推移も踏まえ、対米交渉打開の途が開けたかもしれない。国家間のバーゲニングを有利に進めるには、交渉の技術に長けているだけでは十分ではない。バーゲニングを下支えするのは政治・経済・軍事といった国力の総和なのである。

マイケル・ブレーカーは、バーゲニングに成功する要件として①十分な軍事

力を保有し、交渉の際、軍事力の行使が選択として出てきた場合、動員し得る態勢にあること②バーゲニングの目的をバックアップするに足る統一された政府組織の存在③強力なバーゲニングをやるという評判が立つこと④勝つためにはあらゆる交渉の戦術を取り入れること⑤優れた外交官を登用し得ることの五つを挙げるが、代替性の無いもの（自国しか供給できないハードやソフト）あるいは相手国の生存に不可欠なもの（エネルギー、地政、技術等）の提供者となれれば、有利なバーゲニングを展開できる。

● 弱者の恐喝

　本来は弱い立場にある者が、弱いことそれ自体を逆手にとり、交渉を有利に進める手法である。"自己拘束の戦術"とも呼び得る。自己の行動し、あるいは執りうる範囲の狭さを相手に納得させることでその立場を逆に強化する戦法だ。例えば「これ以上の譲歩は国内世論の離反を招き、交渉そのものを決裂に導く恐れがある」、「国内の法律や憲法規定を口実とし、さらにはこれ以上の譲歩権限は交渉団体には政府から与えられていない」などと弁明して開き直るアプローチである。

● 既成事実化

　既成事実を作りあげてから交渉に臨む手法がある。本来、既成事実化は利益貫徹のための一方的行為だが、進行中の交渉に突破口を開いたり、交渉相手の立場を弱めるために用いられる場合もある。交渉では相手に何かを求める要求者の方が立場上不利だが、既成事実を作り現状（ステータスクオ）の変更を求める交渉相手を"要求者"にすることで、譲歩を得る戦法である。ヤルタ・ポツダム会談では、ポーランドにおけるルブリン親ソ政権の支配を一方的に推し進めるソ連に対し、政権民主化の確約をスターリンから取りつけようとする米英が"要求者"となり、譲歩を強いられた。北方領土の不法占拠や冷戦時代におけるＳＳ－20の配備も同様で、ソ連による既成事実化を前提に交渉に臨まねばならなくなったNATOや日本は不利な立場に追い込まれた。

　不利な交渉の進展を遅らせるなどの目的で、意図的に会議や交渉の場を欠席する手法もある。仮病（diplomatic illness）戦術と呼ばれる。ただこの手段を用いる場合は、欠席者に不利な決定が下されることがないよう根回しが必要だ。朝

鮮戦争の際、ソ連は国連安保理事会を欠席したが、拒否権を行使できず、逆に
ソ連の思惑に反し同理事会が北朝鮮の韓国攻撃を侵略と認定、武力制裁決議を
成立させてしまった。

●機密の保持と合意内容の確認

　機密の保持や合意内容の確認は、交渉にあたって最小限の要請である。ワシ
ントン軍縮会議（1931年）で、日本代表団は表向き米英との軍艦保有比率を10
対10対6.5と主張したが、実際には6で折れてもやむ無しの指令を東京から受
けていた。ところがこの情報が察知され、アメリカは強硬に5：5：3を求めて
譲らず、最後は日本が譲歩を強いられた。自らの手の内を事前に相手に悟られ
ては交渉など成立しない。

　一方、ニクソン大統領は1972年のABMミサイルをめぐる米ソ交渉の際、モ
スクワから1500km離して配備することで一旦合意が成立したにも拘らず、数時
間後、ブレジネフはさりげなくニクソンに対し「ＡＢＭ問題は片付いたようで
すね。我々にとっては1200kmでOKです。」と300kmも短い数字を挙げて、あわ
よくば1200kmでの合意に持ち込うとしたエピソードを紹介している。妥結の必
要から意図的に合意内容を曖昧漠然化させるケース（暗黙の合意）を別にすれば、
交渉担当者は合意内容の確認励行を怠ってはならない。

●合意促進の技術

　交渉において当事者が相手方と合意するか否かを決する損益分岐点は、合意
の内容が①現状を維持したものとなっているか②歴史的潮流（例えば、人権・民主
主義の確立や植民地の解放等）と合致しているか③交渉当初抱いていた期待値と近
似しているか④相手側が当初抱いていた（と推察される）期待値と比べ、大幅に
相手を利していないか等の要件を満たしているかどうかによって決せられる[36]。そ
のため、交渉にあたっては自己の提案がこれらの基準と合致しているか、ある
いは合致していると相手に思わせるための説得やプレゼンテーションが必要で
ある。

　また合意促進の技術としては、対立の小さい懸案事項から先に討議する、ま
ず大枠での合意をめざし細部の詰めは後に回す、さらに対立の激しい場合は、非
論争的解決手段の利用（第三者機関による調停や国民投票の実施等）や要求の吊り上

げによって、早期妥結が得と相手に思わせる等のアプローチが考えられる。相手の真意やハラを探るため、交渉のテーブルを離れ、交渉責任者同士が別室などで非公式に意見を交わすキッチンネゴシエーション（kitchen negotiation）という方法もある。これら各種技法に加え、交渉を取り巻く環境や交渉相手の心理面への配慮創意も必要だ。具体的には、当事者間の信頼関係の構築や打ち解けた雰囲気作り、世論等第三者への働きかけ、そして相手の体面や威信、面子の尊重等が挙げられる。

6 交渉スタイルと文化：日米交渉摩擦の背景

翻訳の誤り、文章のスタイルや表現の拙さ等で支障が起きたり、交渉の背後にある文化の相違や政策決定スタイルの違いが、交渉妥結の阻害要因となることも多い。例えば、トップダウン方式の決定スタイルを採る国（アメリカ）と稟議制などボトムアップ方式の国（日本）では摩擦が生じやすい。稟議制システムは多くの担当者の目を通るため、決定に時間を要し、最終責任者が定かでないことも多い。それゆえトップダウン方式の国がボトムアップスタイルの国と交渉する場合、時間ばかり掛かり、交渉相手の多くがバッファーとして機能するだけで一体誰に決定権があるのか分からない。しかもボトムアップの国では、多くの上位者の同意を必要とするので交渉当事者の権限は小さく、提案内容は曖昧漸進的で、大胆な方針転換や大幅な譲歩もしないなど柔軟性に欠けた交渉態度に強いフラストレーションを覚えることになる。

このように、文化の違いやそこから派生する社会制度の差異が交渉当事者間に微妙な認識のズレを生み出すが、武者小路公秀氏はアメリカ型の"えらび"文化と日本型の"あわせ"文化を対比させている。"えらび"は、人間とその環境の関係を、人間が環境を自由に操作できるという建て前を基にして考える。従って、人間がとるべき行動は、まず自分の計画を自分の立てた目標を踏まえて作り、さらにその計画に従って環境を作り変えることだと考える。これに対し"あわせ"文化は、人間が環境を作り変えるのではなく、人間が環境に順応し、自身を作り変えるとの発想に立つ。環境というものは、暑いとか寒いとかいう反対概念で二分できるものではなく、微妙な度合いの変化を絶えず示す連続性

の世界であり、この変化をキャッチし、それにあわせていくことが必要と考えるのだ。アメリカ的な"えらび"の立場では、まず事務を処理しようとするが、日本的な"あわせ"の立場は、互いに"あわせられる"かどうかを見極めることが先決となる。まずハラを割って話せる間柄、互いに甘えあい、甘やかしあう関係の確認が必要なのだ。それゆえ"えらび"では相互の自己主張が、"あわせ"では察しあいが交渉を進める原動力となる。"えらび"では、自己の価値判断を相手に遠慮なく伝えることが良いとされるのに対し、"あわせ"では「私の方もあなたにあわせるから、あなたもこちらにあわせてくれ」という格好で話が纏まっていく。

　また争点処理の仕方においては、"えらび"が一般原則や理念を基に、これを現実に適用するスタイルをとるが、"あわせ"では「理屈ではこうなるが、しかし実際には」という形で、一般原則にあわない現実の個々特殊の事情を優先し盾にとろうとする。日本のような同質社会では、今日この点に関して協力しておけば明日その相手がこっちに協力してくれるだろうと期待し得る信頼関係を比較的容易に築くことができる。しかし国際交渉の場裡では、譲歩によって非常にタフな外国人を友人に変えることはできない。いくら誠意や自らの譲歩努力を示しても、原理原則にあわないものは受け付けないのが欧米流の"えらび"の交渉スタンスである。

　しかも"えらび"から見た場合、"あわせ"は、マキャベリスティックな権謀術数の論理と映り、不正直の謗りを受ける危険性がつきまとっている。つまり、理屈とは違う特殊事情や事情変更の原則をたてにとり、わりきった答えを出さずいつも後から自分の立場を別様に解釈するだけの幅をもたせておくから、わりきり主義の強い"えらび"に、その都度自己の都合の良いような論理で抵抗でき、優位に交渉を進めることができるからだ。そのため、日本側は意図していないにも拘らず、米側から見れば、なんだかんだと個々の事情を申し立て、結局何一つ相手の要求に応じないわが国の姿勢は、極めて巧妙で狡賢い戦術と受け取られてしまうのである。これは相手側に強い不信感を生み、交渉そのものを頓挫させる恐れがある。日本との交渉を進めるには圧力をかけるのが一番だとの認識が広まったり日本異質論が生まれるのも、こうした事情が影響している。対立を前提に、少しでも自己の正当性を強調し、相手方の提案や主張を激しく攻めたて、論破するアメリカをはじめとする西洋流の交渉姿勢と、理念や

論理よりも個別環境への順応や相互の思いやりを重視する非論理・甘え型の日本的交渉スタイルには大きな隔たりがある。国際交渉では、かかる相違を十分理解研究のうえ歩を進める用意が必要である。

このほかにも、情報の軽視や、結果より過程を重視する発想、それに客観的状況を自己の都合の良いように解釈する虚構癖や待ちの姿勢、さらには３Ｓ（smile,sleep,silence）と揶揄されるような交渉に臨んでの集中力の欠如等々国際交渉に対する日本人の態度やアプローチには極めて問題が多い。[24]日本人一人一人がこういった欠点を十分に自覚し、積極的にそれらを改めるよう努力するとともに、官民挙げて国際交渉に打ち勝つための本格的な研究・教育体制の整備充実や専門家の養成に早急に着手せねば、無用な誤解や国際非難を招くばかりでなく、欧米人をはじめタフ・ネゴシエーターを相手とした交渉のテーブルで我々が所期の目的を達成することは不可能である。

7　交渉の成否

交渉の行方には、問題解決（resolution）、決裂ないしエスカレーション（escalation）、それに凍結（freezing）の三とおりの可能性がある。また交渉当事者は常に①妥協する②交渉を打ち切る③更に交渉を延長するの三つのオプションを持ちあわせている。交渉成功の鍵は、当事者双方にポジティブ・ノンゼロサムの状況を現出させ得るか否かに尽きるが、両者が希望する通りの目的達成は簡単ではなく、現実には何処かで妥協する必要が生じてくる。ニコルソンは、外交にはcredit（信頼）、confidence（自信）、consideration（配慮）に加え、compromise（妥協）という四つのＣが大切であることを強調し、マイケル・ブレーカーも交渉を成功に導く条件として①当事者がほぼ同等の力関係にあること②バーゲニングに適した雰囲気の存在③効果あるコミュニケーションの存在と並び、④妥協を通じての融通性の発揮を挙げている。

交渉技術とは、本来“妥協の技術”あるいは可能性の芸術（art of the possible）であり、望ましいからといって、不可能なことを追い求めるべきではない。交渉において「全てか無か」と考える者、あるいは一方が勝つ他方が敗れるという前提にしか立てない者は交渉者としては失格だ。一方だけが譲歩を強いられ

たり、逆に利益を得続けるような状況の下では交渉は成功し難い。それゆえ、交渉過程においては当事者間に相互性（reciprocity）が伴なっていなければならず、相互性の存在は、対立関係をやがて協力の関係へと転化させる重要な鍵ともなるのである。[25]

このような点も踏まえ、モーゲンソーはリアリズムの観点から、外交が有効に機能するための9原則を指摘した。彼の列挙したポイントは、今日でも十分に妥当するものである。

(1) 外交は十字軍的精神から脱却しなければならない

(2) 外交政策の目的は、国益に基づいて設定され、かつそれに適するパワーによって補完されなければならない

(3) 外交は、相手国の立場で政治状況をとらえて行わねばならない

(4) 国家は、自国にとって致命的でない一切の問題については妥協しなければならない

更に、妥協を成功に導く条件として

(5) 真に利益のある価値のためには、価値のない権利は放棄しなければならない

(6) 退却すれば面子を失い、前進すれば重大な危険を犯すような立場に立ってはならない

(7) 弱い同盟の決定に巻き込まれてはならない

(8) 武力は外交政策の手段であって、その主人ではない

(9) 政府は、世論の指導者であって、その奴隷ではない[26]

8　その他のバーゲニング類型

利害対立の調整、処理に用いられる一般的方法は「交渉」だが、交渉だけが利害対立を処理する唯一の手段ではない。交渉は採り得る幾つかの手段の一つに過ぎない。イクレは「交渉」のほかに「暗黙の取引き（tacit bargaining）」と「一方的行動」を挙げる。イクレは交渉を「利害が相対立している場合には共通利益の実現に関し、あるいは利益が相互補完的である場合にはその交換に関して、それぞれ合意を達成する目的で明白な提案を提示する過程」と捉え、「明白な提案」という明示的コミュニケーションの伴わないバーゲニングを「暗黙の

第4章　外交とバーゲニング　121

取引」として交渉と区別している。

　コミュケーションは国際場裡におけるアクター間のバーゲニングに不可欠な
要素だが、コミュニケーションにはシンボル（通常は言葉）を使うメッセージの
交換である明示的コミーニケーションと、ある意図を伝達するに際してもシン
ボルを利用せず、例えば軍隊の移動や演習の実施、国防費の増減等何らかの行
動または非行動を媒介として、その行動にメッセージを含ませるプロセスをと
る黙示的コミュニケーションがある。黙示的コミユニケーションの利用による
メッセージの伝達は、明示的コミュニケーションとは違った利点と欠点を有し
ている。国家がその威信上、明示的コミュニケーションを利用しにくい立場に
あるか、両者の間に確固としたコミュニーケーション回路が存在しない時、あ
るいは自己の脅しのクレデビリティを立証してみせる場合等には、言語あるい
は文章による意思の伝達よりも黙示的コミュニケーションの方が便利である。

　他方、欠点としては、複雑なメッセージの伝達には利用しにくいこと、複数
以上のメッセージの交換・伝達に非常な時間がかかること、そしてシグナルが
曖昧なため相手側が当方の意図を誤解して受けとる危険性が高いこと等が指摘
できる。もっとも、実際には明示と黙示を明確に区別しにくい場合も多く、交
渉と暗黙のバーゲ＝ングの差は曖昧で、明示・黙示の両コミーニケーションが
併用されるケースもある。暗黙のバーゲニングも交渉も、コミニケーションプ
ロセスの差異はあるが、当事者間における意見の一致に基づいた利害均分化の
方法である点では共通性を持ち、一方的な利益貫徹行為とは相違する。一方的
利益貫徹行為では、バーゲニング（コミュニケーション）が無い状況下でのプロパ
ガンダや政治工作、非暴力的不利益行為（通商禁止やボイコット等）、軍事介入、封
鎖等の武力行使の手段が用いられる。

［注　釈］
(1)　H・ニコルソン『外交』斎藤真他訳（東京大学出版会，1973 年）5 頁。
(2)　1815 年のウィーン会議で、外交使節の階級は大使－公使－代理公使の三階級に決められ、
　　席次については、同一階級者間にあっては着任順とされた（「外交使節の席次に関する規
　　則」）。その後、エクス・ラ・シャペル会議で公使と代理公使の間に弁理公使を設けること
　　が決められ（「弁理公使の席次に関する規則」）、階級と席次問題が確定する。
(3)　ニコルソンは民主的外交の問題として、主権者である国民の無責任や無知、先入観の存
　　在、遅延の危険性、曖昧で変わりやすい点を指摘する。H・ニコルソン，前掲書，84 ～ 97

頁。

(4) K・J・ホルスティ，前掲書，290 頁。ハンス・J．モーゲンソー『国際政治学』現代平和研究会訳（福村出版，1986 年）547 ～ 550 頁。

(5) H・ニコルソン，前掲書，120 頁。

(6) グラハム・T・アリソン『決定の本質』宮里政玄訳（中央公論社、1977 年）91 頁以下。

(7) A・M・スコット『国際政治の機能と分析』原彬久訳（福村出版、1973 年）113 頁、セオドア・ソレンセン『ホワイトハウスの政策決定の過程』河上民雄訳（自由社、1964 年）34 頁。

(8) K.J.Holsti,International Politics:A Framework for Analysis,6th (Englewood Cliffs,Prentice Hall,1992), p.304.

(9) James N.Rosenau ed.,Linkage Politics (New York,The Free Press,1969).

(10) フランケル『国際関係論』田中治男訳（東京大学出版会、1978 年）101 頁。

(11) ジョージ・ケナンは①相手国が他の大国と同盟を結び、その結果、ソ連がその大国と戦争に巻き込まれかねない場合②ソ連圏内の他の地域に深刻な政情不安を引き起こす恐れがある場合③ソ連が行動を起こしている隙を利用して、手強い隣国が別の戦線で容易に有利な立場を占める場合、にはソ連は近隣への侵攻を躊躇してきたと述べている。ジョージ・ケナン『核の迷妄』佐々木坦他訳（社会思想社、1984 年）194 頁。

(12) K・J・ホルスティ，前掲書，317 ～ 323 頁。

(13)「日本の特殊な気象と地形から、牧畜と大規模な奴隷制と都市（城塞）国家の三つを、われわれの先祖は経験しなかった。このことは、気象や地形そのもの以上に大きな影響を日本文化に与えた。つまり、日本人は強烈な支配・被支配の関係を嫌う嫉妬深い平等主義者になったのである。」堺屋太一『日本とは何か』（講談社、1994 年）93 頁。この平等意識の強さが、過剰な集団主義をもたらす土壌ともなったのである。

(14) A・M・スコット、前掲書、199 頁。

(15) 東郷文彦『日米外交 30 年』（世界の動き社、1982 年）71 頁。

(16)「中国人は概して、故意に厳しい姿勢で交渉に臨む。威張り散らし、自分の意見を主張し、最後の瞬間まで相手に好意を見せない。彼らはまさにその手法を、しかも強硬に用いていた。」ジェームズ・A・ベーカーⅢ『シャトル外交：激動の 4 年（下）』仙名紀訳（新潮社、1997 年）516 頁。「これは中国の典型的な交渉方法で、キッシンジャー常用の、譲歩を小出しにしながら相手の出方を窺う"サラミ戦術"とは、全く対極にあるものだった。中国では交渉とは概して、両者が互いにこれだけは譲れないという最低限の要求を、手の内を広げて見せ合うことからスタートする。」ウオルター・アイザックソン『キッシンジャー：世界をデザインした男（上）』別宮貞徳監訳（日本放送出版協会、1994 年）456 頁。

(17) 1973 年 10 月の田中訪ソの際に作成された「日ソ共同声明」では「第 2 次世界大戦の時からの未解決の諸問題」を解決して平和条約を締結する交渉を継続することで両国は合意した。「未解決の諸問題」という表現は「領土問題」という言葉を盛り込むことをソ連側が頑なに拒否したため日本側が考え出した苦肉の策だった。しかし、当初の日本案は単数形

第4章 外交とバーゲニング　123

であったが、交渉の最終段階に至ってソ連側が突如これを複数形の「諸問題」とさせたことによって、領土問題の重要性をアピールしようと考えた日本側の意図は大きく修正をせまられたばかりか、帰国時間が迫っているため、日本側はこの「諸問題」のうちの最も重要な問題が北方領土返還問題であることを口頭でしかソ連側に確認させられなかった（田中首相がブレジネフ書記長に「未解決の諸問題」のうちの最も重要な問題はハボマイ、シコタン、クナシリ、エトロフの四島のことであることを確認した際、ブレジネフは二度にわたり「その通り」と答えた）。その後ソ連は、領土問題が「未解決の諸問題」には含まれないとの公式解釈をとるのである。木村汎『日露国境交渉史』（中央公論社、1993年）150～4頁。

(18) マイケル・ブレーカー『根回し・かきわまし・あとまわし』池井優訳（サイマル出版会、1976年）235頁。

(19) R・ニクソン『ニクソン回顧録(2)』松尾文夫他訳（小学館、1979年）48頁。

(20) Fred C Ikle,How Nations Negotiate (New York,Harper & Row,1964), p.168.

(21) Ibid,p.204-

(22) 牛場元駐米大使の述懐「（日本の）交渉のやり方（は）… 小出しにし過ぎることは確かにそうだと思います。その前提として、これははっきり言うと自民党の派閥までいってしまうんだけれども、政府が纏まらないのは一番困るわけです。だから閣内の統一もしっかりやってもらうことが大事だと思うんです。」牛場信彦『牛場信彦　経済外交への証言』（ダイヤモンド社、1984年）142～3頁。

(23) 武者小路公秀『国際政治と日本』（東京大学出版会、1976年）162頁以下。

(24) 小澤四郎『日本人の失敗』（リヨン社、1990年）266頁以下。「国際交渉や日常生活における日本人の戦略の中でも、沈黙や返答の延期、成り行き待ち等回避的戦略は最も多様で、最も巧妙に使われ、そして日本人の体質に合ったものである。」ロバート・マーチ『日本人と交渉する法』川口智子訳（PHP研究所、1988年）191頁。矢部正秋氏も、自己の事情を一方的に説明し、相手の理解を求める日本的な"誠心誠意アプローチ"は国際交渉では誤解を招くだけで、積極的に自己の提案、代案を提示するよう姿勢転換を図るべきだと指摘する。矢部正秋『「誠意」の通じない国』（日本経済新聞社、1988年）46頁。

(25) Joshua S.Goldstein,International Relations (New York,Harper Collins,1994), p.61.オズグッドは、グリットという漸進的・相互的な緊張緩和のアプローチを提唱している。チャールズ・オズグッド『戦争と平和の心理学』田中靖政・南博訳（岩波書店、1968年）130頁。

(26) ハンス・J．モーゲンソー、前掲書、567頁以下。

第5章

国際連合と集団安全保障システム

1 個別的安全保障から集団安全保障へ

●安全保障政策

国家が採り得る安全保障政策は、大きく個別的安全保障政策と集団安全保障政策に分けられる。個別的安全保障政策とは、個々の主権国家が独自に自らの生存と安全の維持・確保をめざす伝統的な政策の総称である。これに対し集団安全保障政策とは、個々の国家にとどまらず国際社会全体の安全を実現することを共通の目的に、国際世界を形成する多数の国々が協力しあうもので、20世紀以降その制度化が進んだ比較的新しい概念である。

国際社会がアナーキーの性格を帯びている限り、各国は自らの力と知恵によってその生存を図らねばならない（自助の原則）。個別的安全保障政策とはこの自助の原則に根ざしたもので、パワー配分の手法として、主にユニラテラリズム（unilateralism）や勢力均衡（balance of power）政策が用いられる。ユニラテラリズムとは、力の配分へのコミットを放棄する政策（単独主義）を意味し、孤立政策や中立政策が含まれる。自国を取り巻くパワーバランスへの積極的な働きかけを自ら中止ないし放棄する点に特色がある。勢力均衡政策とは、一国がその意志を他国に押しつけることが出来ないようパワーの均衡と安定配分をめざす政策で、自己の強化により相手勢力に対し優位に立つものと、相手勢力の弱体化により自己の相対的優位を図る方法に大別できる。

フランスの国際法学者シャルル・ルソーによれば、各国は個別的安全保障政策の遂行に際し、四つの自由ないし権利を行使することが国際法上認められてきた。第一は「軍備の自由」で、自国の安全保障を全うするうえで必要とあらば、各主権国家は如何なる規模、如何なる種類の軍備も自由に保持することが認められた。第二は「同盟政策の自由」で、国家は利害や脅威を共通にする諸国と武力を結集することによって自己の安全を求める自由を有する。第三は「戦争の自由」で、自国の安全保障にとって必要と認めた場合には、何時、如何なる国に対しても、何らかの理由に基づくと否とに拘らず、無制限に戦争に訴える権利が与えられていた。第四は「中立の自由」で、他国で戦争が起こっても、それに介入せず中立を保つことが自国の安全保障政策を保つ上で必要と判断した国は、任意に中立の立場を取ることができ、また逆に必要とあればいつでもその地位を捨て、戦争に介入し得る自由を持っていた。

第 5 章　国際連合と集団安全保障システム　127

　「四つの自由」の中に「戦争の自由」が含まれていたように、戦争（暴力の行使）は勢力均衡政策の重要な手段であった。第 1 次世界大戦後、戦争が違法とされるまでは、国家にとって戦争は自助の有力かつ適正な手段として認識されていたのである。言い換えれば、各国の自由な武力行使を抑え、個別的安全保障から集団安全保障へと国際紛争処理のメカニズムを遷移させるにあたっては、戦争違法化のプロセスが不可欠であった。

●戦争の違法化

　戦争を正義の戦争と不正義の戦争に区別する考え方は、ヨーロッパでは古くから存在した。アリストテレスやキケロ等も戦争を正戦、不正戦に分ける考え方をとっていた。キケロの場合、戦争を最後の手段と位置づけ、防御、復讐目的の戦争のみを正当な戦争とした。古代ローマの場合には、外国による条約や休戦、講和条件の侵犯、同盟国に対する外国の攻撃、中立違反、大使の神聖の冒涜、領域に関する権利の侵犯等が戦争の正当原因とされ、開戦原因に正当性があるか否かは僧侶による機関（ユス・フェチアーレ）が決定した。

　古代末期〜中世になると、正戦、不正戦の理論化作業はキリスト教神学者に引き継がれた。戦争否定のキリスト教がローマの国教となったことや、ゲルマン民族の相次ぐローマ帝国への侵入という事態に直面し、公教会も戦争を是認する必要が生じたことから、キリスト教の教えと矛盾することなく、一定の戦争を正当化する作業が求められたためである。キリスト教的正戦論はローマ帝政末期、アウグスティヌスによって打ち立てられたが、彼は『神の国』において、他の手段がもはや残されていないような特別の必要ある場合、しかも正当原因がある場合にのみ戦争は許されるとし、正当原因として①悪しき行為を行った臣下を処罰するのを怠った都市あるいは団体を懲らしめる必要がある場合②不正に奪われたものを回復する場合の二つを挙げた。正戦論の始祖といわれるアウグスティヌスに続き、イシドールスやグラチアヌスを経てキリスト教正戦論を完成させたのはトマス・アキナスであった。中世神学を大成させたトマス・アキナスは『神学大全』の中の「戦争論」において①戦争を行う正当な権限を持つ君主が命令したものであること②相手方に攻撃されるに値する過誤があり、戦争の正当原因が充たされていること③交戦者が善を進め、悪を避けるという正しい意図を有すること、の三つを戦争が認められる要件に挙げた。

近世初頭に入り、近代国際法が形成されるようになっても正戦論は生き続け、ビットリアやラス・カサス、スアレス等のスペイン学派やゲンティリ、グロティウス等がそれぞれの説を展開した。ビットリアは「戦争の法について」及び「インド人について」という論考において、新大陸におけるスペイン人の権利について論じ、スペインの征服活動を擁護しつつも、原住民に対する攻撃・虐待が正当原因に基づくべきことを要求した。ラス・カサスはスペイン人の征服戦争を不正とみなし、インディオに対する残虐行為を暴いた。やはりスペインの神学者スアレスは、トマス神学に依拠しつつも、正戦論を法学の問題として考察した。さらに『戦争法論』（1598 年）を著したゲンティリは、戦争の問題を神学から切離し、これを初めて国際法の問題として体系的に論じた。

　30 年戦争の最中に『戦争と平和の法』を著したグロティウスは、アウグスティヌス以来の正戦論者の系統を引継ぎ、戦争自体は自然法によっても禁止されず、ただ、それは正しい戦争のみに限定さるべきだとし、自己防衛、財産回復、刑罰の三つの場合を戦争の正当原因にあげた。反面、より豊かな土地を求めるための戦争、発見を理由に他に属する土地を奪うための戦争、従属した人間の自由を求めるための戦争、その意志に反して他の人を支配するための戦争等を不正な戦争とした。それまでの神学的正戦論とは違い神の論理を持ち出さず、自然法という世俗の基準で正戦論を展開した点で、グロティウスは近代国際法の始祖とされる。

　やがてヨーロッパで主権国家システムが整うにつれ、外交使節に関する国際法規が整備される一方で、交戦当事国のいずれが正当かを判断することが困難な状況が生まれる。正戦論が機能するためには、正義や不正について権威をもって判定できる存在が必要になるが、中世には絶大な権力を誇るローマ教皇が正不正の審判を下せた（そのため正戦はともすれば聖戦と化すことも希ではなかったが）。しかし近世においては国家の上位機関は存在せず、互いに対等独立である世俗的な主権国家間で正・不正を断じることができないからである。そのため 16 世紀頃から、たとえ悪しき原因に基づいて戦争を行っても、自ら正しいと信じ、かつ、それが不可避的な事情による、法律または事実の無知に基づく場合には正当原因がある場合と同じように見なければならないという「克服しえない無知」の法理が正戦論者の中から提示された。現実の戦争が生起した場合、この適用によって、当事国のいずれもが自らの正当性を主張して譲らぬ場合には交戦国

双方の正当性を認めるよう現実との妥協が図られたのだ。

　こうして18世紀以降、主権概念を軸に「国家は平等であり独立であって、それぞれ他に対して審判をなすことはできないから、疑わしき場合にはすべて、当事者の行う戦争はいずれも平等に合法的なものとして考えなければならない。」（ヴァッテル）ものとされた。戦争の正不正は、それまでの戦争原因の正当性（jus ad bellum：ユス・アド・ベルム「戦争への正義」）から、次第に戦争遂行の形式的・手続き的正当性（jus in bello:ユス・イン・ベロ「戦争における正義」）の問題にすり代わり、主権国家が国際法の定める手続きに従って戦争を行う限りにおいて合法的であるとする無差別戦争観が支配的となった。戦争は規範的正義の問題から形式的合法性の問題に変質したのである。そして、交戦当事国を対等に扱い、戦争手続きの正・不正のみを論じる無差別戦争観は20世紀初めまで国際法学を支配し、戦争開始の手続き法規や交戦法規整備の努力がなされるようになった。

　しかしながら、無差別戦争観に立脚することは、国際紛争を解決する手段として事実上全ての戦争が合法的とされることから、国際社会の平和を確保するうえで著しい支障を来すことになる。そのため、3B政策と3C政策が対立する中、ロシア皇帝ニコライ2世の提唱で第1回ハーグ平和会議（1899年）が開催された。列強を含む26か国が参加したこの会議では、国際紛争平和的処理条約のほか、陸戦に関する二つの条約と三つの宣言が採択された。このうち国際紛争平和的処理条約（1907年修正）は、国際紛争の平和的処理手段を包括的に定めた一般条約で、戦争防止のため国際紛争の平和的処理の努力をなすべきことを規定（第1条）し、周旋と居中調停の規定（第2章）や国際審査委員会の構成・権限・手続き（第3章）、国際仲裁裁判の設置（第4章）等を規定している。その後、アメリカ主導の下に44か国が参加して開催された第2回ハーグ会議（1907年）では、契約債務回収目的の戦争を禁じる「契約上の債務回収のためにする兵力使用制限に関する条約」（ポーター条約）等13の条約が採択された。これらハーグ会議では軍縮上の成果は得られなかったが、常設仲裁裁判所の設置等紛争の平和的解決や有毒兵器の使用禁止等戦争法規の規定整備が進んだ。ハーグ会議は、無差別戦争観の下での戦争法規整備の頂点を示すとともに、戦争違法化時代の先駆をなす会議でもあった。

　その後、戦争違法化の動きは、未曾有の惨劇を生み出した第1次世界大戦を契機に大きな進展を見せる。まず1919年のベルサイユ講和条約はその第1編に

国際連盟規約を設け、その前文で「締約国は戦争に訴えさるの義務を受諾」することを明記した。この連盟規約に基づき、世界最初の集団安全保障機構である国際連盟が誕生する。次いで1928年には不戦条約、さらに第2次世界大戦後の国連憲章へと繋がっていった。

●国際平和機構の構想

ところで、国際平和機構を創設して国際紛争を解決するという考えは、古くからヨーロッパに存在した。例えば古代ギリシャの善隣同盟にも国際平和機構の性格を見出すことが出来る。中世においては、フランスの法律家ピエール・デュボアが『聖地回復論』（1306年）を著し、ローマ帝国の再生による平和実現を説くダンテの『帝政論』を批判し、平和維持のためにキリスト教国間の同盟を結び、紛争解決のための常設の仲裁裁判所を設けることを提案した。同じくフランス人のアントワーヌ・マリニも『平和案』（1461年）で、キリスト教国連合の設立とその最高機関として常設の国際議会設置を提議した。

近世に入ると、17世紀初めフランスのシュリー（アンリ4世の顧問）が『アンリ4世の大計画』を立案している。彼の平和計画は、当時ヨーロッパに存在した6つの世襲王国、5つの選挙王国及び4つの連邦共和国の15か国すべての連合によるキリスト教共和国を編成し、連合会議（各国4人の代表からなる60人の合議体）を設け、国際軍を組織し、各国の利害を調停し紛争仲裁に担たるというもの。この計画はアンリ4世が暗殺（1610年）され、立ち消えに終わった。またフランスの著述家エメリック・クリュセは『新シネー論』（1623年）において、国際紛争の仲裁機関設立を提唱した。彼の構想は、国際紛争を仲裁するため、キリスト教国のみならずオスマントルコ、インド、中国をも含めた国家連合を創設し、国王や特命全権大使の会議をベネチアに設置し国際間の諸問題解決にあたらせるという内容だった。さらに17世紀後半、クェーカーの指導者で平和主義者として有名なイギリスのウィリアム・ペンが『ヨーロッパの現在および将来の平和のための論説』（1693年）を発表した。彼は平和の維持を目的とするヨーロッパ連合を提唱し、紛争の処理をヨーロッパ議会に付託し、その決定に背く国に対して全加盟国が力を合わせて制裁を加えるシステムを説いた。

18世紀にはフランスのサンピエール、ルソー、ドイツのカント、イギリスのベンサム等が相次いで平和論を発表した。ユトレヒト会議の随員に選ばれたサ

ンピエールが同地で著した『永久平和に対する計画』(1・2巻は1713年、3巻は1717年) は①主権国家を集めて平和連盟を組織し、各国代表からなる常設議会をユトレヒトに設置する②国際紛争の仲裁裁判機関を設ける③各国の平時常備軍を6千人に制限する④連盟の協約に違反した国には軍事制裁を加える⑤国際軍を編成して世界平和を維持するという内容であった。彼の膨大な作品の整理作業を遺族から依頼されたジャンジャック・ルソーが『サンピエール師の永久平和論抜粋』(1761年) を出版し、サンピエールの国家連合構想を要約・紹介したことで、同構想は有名になった。さらにカントは『永遠平和のために』(1795年) において、永久平和は如何なる制度の下で可能か、また如何なる形をもって実現されねばならないかを論じた。同書は平和条約の体裁を擬して記され、六つの予備条項と三つの確定条項、それに二つの追加条項で構成され、付録として「政治と道徳に関する一般的考察」二節が加えられている。このうち永久平和を不可能ならしめる事態を禁じたものが予備条項で、永久平和を積極的に実現するための要件を示したものが確定条項である。前者は永久平和実現の消極的要件、後者はその積極的要件と言える。

　［予備条項］
　(1) 将来の戦争を起こすような材料を密かに留保してなされた平和条約は、決して平和条約とみなされてはならない。
　(2) 独立して成立しているいかなる国家も、継承、交換、買収、あるいは贈与によって、他の国家の所有とせられてはならない。
　(3) 常備軍は時を追って全廃されるべきである
　(4) 国家の対外的紛争に関連していかなる国債も起こしてはならない
　(5) 如何なる国家も暴力をもって他国の体制および統治に干渉してはならない
　(6) 如何なる国家も他国との戦争において、将来の平和に際し相互の信頼を不可能にせざるを得ないような敵対行為(暗殺者や毒殺者の使用、降伏条約の破棄、敵国における暴動の煽動等) は、決して為してはならない。

　［確定条項］
　(1) 各国の公民的体制は共和的でなければならない
　(2) 国際法は自由な諸国家の連盟の上に基礎を置くべきである(国際連盟の設立)
　(3) 世界公民法は普遍的な友好の諸条件に制限せられるべきである
　カントにとって「平和とはあらゆる敵意の終末を意味」し、永久平和を実現

するには、敵意の感情を刺激したり、それを醸し出す要因を全て除去せねばならないと主張する。それゆえ、平和条約には将来において戦争の禍根を蔵する要因が含まれていてはならない。また国民の意志に反した国家の併合等は国民相互の敵意を醸成するばかりでなく、自立的道徳的存在たる国家を物件視する行為で道徳上法理上許されざるものである。さらにカントは軍縮の必要性を説くが、彼のいう常備軍とは職業兵士からなる傭兵軍を意味し、純然たる祖国防衛を目的に国民が自発的に参集する民兵的なものは肯定した。予備条項の第4は、建設国債は認めるが、対外戦争のための資金調達は支配者の好戦意欲を刺激するとして否定した。このほか、カントは内政不干渉の原則や戦争中でも敵国との信頼が残存せねばならぬことを指摘する。次に確定条項においてカントは、国内においては共和制（議会制民主主義）を布くとともに、かかる共和国家からなる連盟ないし国家連合を設立し、好戦的な国家やその指導者を抑制せねばならないと論じた。カントの主張した国際連盟は後に同名の機構が実現し、軍備全廃も軍縮として継承された。[1]

　ほかにもイギリスのジェレミー・ベンサムは『国際法の原理』を著し、①軍備、特に海軍力の大規模削減②常設の国際司法裁判所を設立し、その裁定は武力を含む強制力によって保証されるべきこと③各国間の秘密条約締結を禁じるとともに国際法を制定し、自由な共和国の世界連邦結成をめざすことを説いた。またベンサムはカントの永久平和論の6年前に『絶対的、恒久的平和の計画』（1789年）を発表し、平和は最大多数の最大幸福の必要条件であるとし、世界連盟を結成し、連盟の最高会議を設けて紛争解決、軍備制限、仲裁裁判所の設置等を行うべしと論じている。

　このように17〜18世紀には啓蒙主義思想の勃興に伴い、国家間連合を軸とする多くの平和論が提唱されたが、19世紀になると、ウィーン会議後、ヨーロッパの平和回復を目的に神聖同盟や四国同盟が組織され、また赤十字社の結成等具体的な機構作りが進んだ。神聖同盟はナポレオン戦争終了後の1815年にロシア皇帝アレキサンドル1世の提唱により組織されたもので、定期的会合や常設機関を持たず試行錯誤の連続であったが、国家間連合構築の先駆となった。また19世紀前半には平和組織がロンドンやジュネーブ、ブラッセル等に生まれ、国際会議もヨーロッパで頻繁に開催されるようになった。さらに19世紀後半には、経済的・社会的分野での国際協力機構（万国郵便連合、万国電気連合等）も誕生

第5章　国際連合と集団安全保障システム　133

したが、いずれも特定範囲の行政事務に関する国際協力の域を出ず（国際行政連合）、またハーグの平和会議は当初7年毎の開催を予定していたが、取り止めとなった。

　かように西欧国家体系が整い始めた頃から、主権国家の連合（力の合一）による平和の確保という発想はヨーロッパに流布したが、それが現実の組織として日の目を見たのは第1次世界大戦後のことである。即ち、アメリカのウィルソン大統領は14か条の宣言を発表（1918年1月8日）、その中で国土の大小を問わず一切の国家に対して政治的独立ならびに領土保全の相互保障を与える目的をもって、特定の協約の下に諸国家の一大連合を結成することを提案した。これがきっかけとなり、1920年1月20日に人類初の集団安全保障機構である国際連盟が誕生したのである。ウィルソンは1919年9月8日、サウスダコタ州シオクス・フォルスでの演説で、勢力均衡と集団安全保障を対比させ、前者が国家の権力に依存し、秘密外交や秘密条約を容認する"悪"であり、国際主義に立脚し公開外交と公開条約主義に則った集団安全保障は"善"であると語り、「武力なくしては自由を確保することはできない。諸君が軍国主義に代わる武力を得ようとすれば、世界の全文明国の組織を通じて行われる人類の結合行動より生じる統合力である」として集団安全保障の必要性を説いた。ウィルソンは"集団安全保障の父"と呼ぶに相応しい人物である。

●集団安全保障の概念

　第1次世界大戦の惨害は、戦争違法化概念の発達に加え、勢力均衡に代わる集団安全保障（collective security）という新たな安全保障システムを生み出した。勢力均衡が現実の国家間対立を認め、対立国家・国家群間の力の均衡を図ることによって自国の生存を図るのに対し、集団安全保障は対立関係にある国家をも含め、多数の国家が互いに武力行使を慎むことを約するとともに、いずれかの国がその約束に反して平和を破壊する場合には関係諸国が協力して集団の力で対処し平和を維持する方式である。戦争違法化が進んでも、違反者に対する制裁措置が伴わねば効果が無く、これは構成メンバーが一体となって制裁措置を実効あらしめようとするものである。

　集団安全保障の考えは、国家集団全体の立場から構成各国の個別的安全を統一・集中的に保障し、国際社会全体の平和と秩序を確保する点に特色がある。そ

れゆえ、集団安全保障は規模の世界化を必然とする。けだし、戦争その他の武力行使をしないことを約して参加する国が多い程世界の平和は維持しやすく、万一約束に違反する国が現れた場合も、制裁に加わる国が多い方がより確実なものとなるからである。また構成各国の個別主観的な判断に依拠する私的な強力措置を制限、管理する制度であるため、純理論的には伝統的な個別的安全保障政策とは相容れないものである。集団安全保障政策は、以下の諸点で従前の個別的安全保障政策とは異なっている。

(1) 特定の国家や集団に対抗することを目的とはしない
(2) 戦争を違法なものとみなし、対外政策の有効な手段とはみない
(3) 常設的な合議機関を有する
(4) 参加国の責任が、軍事分野のみに限定されず、経済、文化、政治等の多様な領域に広がっている

2 国際連盟

●集団安全保障機構の誕生

1920年に発足した国際連盟は、ベルサイユ条約に署名した32か国を始め世界42か国が原加盟国となり、最盛期（1934年）の加盟国数は59を数えた。日本も常任理事国の地位を占めていたが、満洲事変後の33年3月に脱退した。国際連盟の主要目的は、国際の平和と安全の維持であり、その実現の手段として国際紛争の平和的解決、集団安全保障、それに軍縮を重視した。

加盟国は戦争に訴えない義務を受諾し（連盟規約前文）、相互間に国交断絶に至る恐れのある紛争が生じた時は、当該事件を仲裁裁判もしくは司法的解決または連盟理事会の審査に付託しなければならない（第12条1項）。法律的紛争は当事国の合意によって国際裁判に付託されるので（第13条）、理事会の審査には通常、政治的な紛争が付託される。付託を受けた理事会は、審査結果に基づいて調停を行う。手続きは国際調停に類しており、紛争の審査・和解への斡旋、紛争解決条件の勧告といった過程をとる。解決に至った場合は、理事会が当該紛争に関する事実および説明ならびに解決条件を記載した調書を公表する（第15条3項）。紛争が解決しない場合は、理事会の全会一致または過半数の決議に基

づき、理事会は紛争の事実を述べ、公正かつ適当と認める勧告を記載した報告書を作成して、これを公表しなければならない（第15条4項）。そして仲裁裁判もしくは司法裁判の判決後または連盟理事会の報告後3か月を経過するまで加盟国は戦争に訴えてはならず（第12条）、また付託に基づく和解が失敗した場合に公表される報告書が、紛争当事国を除く他の連盟理事国すべての同意を得た場合、この報告書の勧告に応じる紛争当事国に対しても戦争に訴えてはならないとした（第15条6項）。

　さらに国際連盟規約は、集団安全保障の方式を定めた。即ち加盟各国は互いの領土保全および現在の政治的独立を尊重し、かつ外部の侵略に対してこれを擁護する義務を負う（第10条）。そして国際社会における紛争は「加盟国の何れかに直接の影響あると否とを問わず、総べて連盟全体の利害関係事項」（第11条）であり、規約に反して戦争に訴える加盟国は、当然他のすべての加盟国に対して戦争行為をなしたものと見做され、この違約国に対して他の加盟国は経済的、軍事的な制裁を行うものと規定された（第16条）。

●国際連盟の限界

　しかし、初の集団安全保障機構たる国際連盟には、大きな限界が伴っていた。国際連盟失敗の原因は、その制度・運用の両面から指摘されている。まず制度的問題点の一つは、連盟規約が法律上の戦争だけを禁止し、戦争に至らない紛争は禁止しなかった点にある。しかも規約は、法律上の戦争であっても、その全てを禁止したのではない。戦争禁止の範囲は規約の12、13または15条に違反して行われる戦争、つまり国際裁判（＝仲裁裁判・司法裁判）または連盟理事会の審査に付託せずに行われる戦争（第12条1項）、裁判の判決または理事会の報告後3か月の経過を待たずに行われる戦争（第12条1項）、そして判決に服する加盟国または理事会の報告書が紛争当事国を除いた他の理事国全部の同意により採決される場合、報告書の勧告に応ずる連盟国に対して行われる戦争（第13条4項、15条6項、10項）の三つの場合に限定され、それ以外は禁止されていなかった。自衛戦争、制裁戦争や「正義公道を維持するため必要と認める戦争」（第15条7項）等広範な違法とされない戦争が存在したままであった。

　この問題点を補うものとして、1928年に締結された「戦争放棄に関する条約」があるが、これは連盟の如き制度的裏づけを伴わず、規約第16条のような

制裁規定も持たないため精神的、道義的宣言の域を出るものではなかった。また連盟規約では「戦争」に至らない武力行使は禁止されていなかった。そのためイタリアのコルフ島爆撃（1923年）、日本軍による満洲事変（1931年）、イタリアのエチオピア侵入（1935年）、日華事変（1937年）、ソ連のフィンランド侵入（1939年）等は規約に抵触しない武力行使として弁明された。自衛、復仇、干渉等が適法な行為といえるのかどうかについても規約明文に定めがなく、不明なままであった。

　さらに、総会、理事会とも表決は全会一致制をとり、執るべき措置が容易に議決できなかった。集団安全保障を確実ならしめるために不可欠な違反国への制裁についても、その発動手続きが厳格なため運用し難い面があった。また連盟規約が定める制裁は経済制裁が中心で、軍事制裁は経済制裁の補助手段としか位置づけられていなかった。加盟国には（軍事制裁が行われる場合に）兵力の自国内通過を認める以上の義務が課されず、理事会が兵力使用について一定の提案を関係国に行う（第16条2項）のみで、この提案は各国を拘束するものではなかった。

　そのうえ、制裁は本来、規約に違反した戦争行為に対し加盟国が義務として実施すべきところ、1921年の連盟総会における解釈決議によって、規約に違反した行為に該たるか否かは各加盟国が個々に判断すべきものとされた。経済制裁は全ての国が参加して目的が達成されるものであり、経済制裁参加の任意性は制裁の実効性に致命的な打撃を与えた。制裁条項が効果的でなかったことに加え、米ソ両国が加盟しなかったこと、理事会と総会が同等の力を持ち、明確な機能・権限の分化や上下関係が存在しなかったこと等も国際連盟の失敗を招いた原因であった。連盟の活動が功を奏したのは、小国に関する重要性の低い問題のみで、1930年以降大国が関わる問題は「全て失敗」（モーリス・ベルトラン）に終わり、国際連盟は当初意図された大戦防止の責務を果たすことなく崩壊した。

3　国際連合

● 4人の警察官構想
　第2次世界大戦後、国際連盟に代わって国際連合が誕生した。新たな国際平

和維持のための機関を創設する考えは大戦中より米英を中心に連合国側で検討作業が進められた。1941 年 8 月、ローズベルトとチャーチルの米英両首脳は大西洋上に会談し、戦後国際秩序に関する大西洋憲章（英米共同宣言）を結び、その第 8 項で国際平和機構の設立が提起された。次いで日米参戦後の 42 年 1 月、連合国共同宣言が発表され、米英ソ中を含む連合国 26 か国が大西洋憲章の原則を受入れた。The United Nations（連合国、国連）の名称はこの宣言の中で用いられたのが起源で、反枢軸諸国を指し示すためにローズベルト大統領が発案したものといわれる。

　その後、アメリカではハル国務長官を長とする戦後外交政策諮問委員会が設置され（1942 年）、戦後における国際平和機構の研究が進められたが、ローズベルト大統領は、米英に加え、ヨーロッパ戦線でドイツを圧倒しつつあったソ連とアジアで抗日戦線を展開していた中国が「4 人の警察官（Four Policemen）」となって戦後国際秩序の維持に担たるべきと考えていた。そのため、新機構は彼の構想を具体化させる事業と位置づけられた。連合国有利の戦況を背景に 43 年 10 月、米英ソ三国外相がモスクワに集い、アメリカの考えをベースに新国際平和機構設立に関する基本原則（一般安全保障に関する 4 か国宣言：モスクワ宣言）を策定（注：4 か国となったのは最終日に駐ソ中国大使が加わったため）、米英ソ中は、枢軸国に対し戦争遂行を誓った共同行動を平和と安全の組織化と維持のために続行することを約すとともに、できるだけ早い時期に平和愛好国の主権平等を基礎とした一般的国際機構を樹立する必要性について承認した。

　1944 年 8 〜 10 月、米英ソ中代表がワシントン郊外ダンバートンオークス邸に集い、米草案を中心に新機構設置の具体案作成にとりかかった（ダンバートンオークス会議）。その結果、世界の平和と安全の維持のため米英仏ソ中の 5 大国を常任メンバーとする安全保障理事会を新機構の中心に据え、この理事会に強大な権限を付与することで合意が成立する等基本的枠組みが定まり、国連憲章の骨子が固められた。但し、安全保障理事会の票決方法に関し大国の拒否権を全面的に主張するソ連とこれを否認する米英の主張が対立する等若干の問題は解決できなかった。その後、ヤルタ会談（45 年 2 月）における米英ソ 3 首脳の話合いの結果、妥協が成立した。手続き事項と非手続き事項を区別し、手続き事項を除く一切の事項（非手続き事項）に関わる決定には 5 常任理事国全部の賛成を必要とするとの米提案をソ連が受け容れたためである。

表5-1　国際連盟と国際連合

	国際連盟	国際連合
成立の経過	第1次世界大戦の反省からウィルソンの平和原則14か条に基づき成立	国際連盟が第2次世界大戦を防止できなかった反省から、大西洋憲章を基本構想として設立
成立・成立年	ベルサイユ条約　1920年	国連憲章　1945年
本　　　部	ジュネーブ(スイス)	ニューヨーク(アメリカ)
加　盟　国	原加盟国42か国.1934年59か国	原加盟国51か国.2014年現在193か国
組　　　織	総会、理事会、事務局、自治的機関として常設国際司法裁判所と国際労働機関	総会、安全保障理事会、経済社会理事会、信託統治理事会、国際司法裁判所、事務局
理　事　国	英、仏、日、伊(独、ソは加盟後に就任)	米、英、仏、中、露
表決方法	総会、理事会とともに全会一致主義	総会は多数決主義、安保理は5常任理事国一致主義(拒否権あり)
制裁措置	経済制裁中心	経済措置の他に安保理による軍事的強制措置

1945年4月25日からサンフランシスコで国際連合創設のための国際会議が開催され、ヤルタ合意で補完されたダンバートン・オークス草案が国連憲章の原案として討議に付された。その結果、集団的自衛権の規定(第51条)等一部追加、修正がなされた後、会議最終日の6月26日に参加50か国代表が憲章草案に採択(ポーランドは出席しなかったが後に調印)、同年10月24日に国連憲章が発効し、加盟51か国をもって国際連合が正式に発足した。[3]

●国連の目的と組織

国際連合は「国際の平和と安全を維持すること」を主たる目的として設立された国際機構であるが、それとともに「経済的、社会的、文化的、人道的諸問題の解決及び人権・基本的自由促進のための国際協力を達成すること」、「諸国間の友好関係を発展させること」を目的としている(憲章第1条)。国連は、一定の資格を条件とし、一定の手続きに従ってなされる新規加盟を認めている(開放機構)。加盟の要件は、平和愛好国であり、憲章の掲げる義務を受諾し、かつ国連によってこの義務を履行する能力と意思があると認められることである(第4条1項)。

国連の機関には、主要機関と補助機関とがある。主要機関には、安全保障理事会、総会、経済社会理事会、信託統治理事会、国際司法裁判所、事務局の6

つがある。補助機関は、必要と認めたときに憲章に従って設けられるものである（第7条2項）。

《安全保障理事会》

安全保障理事会は、アメリカ、ロシア、イギリス、フランス、中国の5常任理事国と、10か国（1965年にそれまでの6か国から10か国に増加）の非常任理事国から構成される。安保理での表決には、手続き事項が9か国の賛成、実質事項は常任理事国5か国を含む9か国の賛成が必要である。実質事項の場合、常任理事国は5大国一致の原則から「拒否権」（5か国のうち1か国でも拒否権を行使した場合にはその議案は採択されない権利）を持っている。棄権・欠席は、拒否権の行使とはみなされない。

非常任理事国は地域別（アフリカ3、アジア・太平洋2、中南米2、西欧その他2、東欧1か国）に選挙によって選出され、任期2年で毎年半数の5か国が改選される。再選は禁止されており、就任には安保理の承認と総会での有効投票の⅔以上の支持が必要とされている。安保理の決定は、加盟国に対して法的拘束力を持つ（第25条）。安保理の議長は月交代で、アルファベット順に理事国が順番に務める。

《総会》

全加盟国によって構成される審議機関である。総会の主要任務は、国連憲章の範囲内にある諸問題及び国連の機関に関する諸問題について、討議し勧告することである。総会の決議は、出席しかつ投票する国の単純多数決により採択されるが、平和と安全、新規加盟国の承認、予算等重要事項（憲章第18条2項に列挙）については、出席し投票する国の3分の2以上の多数が必要とされる。実際にはコンセンサス方式（投票せずに、特に反対がなければ決議が採択されたとみなす）の表決制が用いられることが多い。主権国家に対する不干渉を原則とするため、総会決議には加盟国を拘束する力はなく勧告に留まる。

総会は毎年9月に始まる「通常総会」と「特別総会」（安保理決定あるいは加盟国の過半数の要請に基づいて事務総長によって招集される）、さらに憲章上の規定はないが、「平和のための結集決議」に基づき、安保理が機能していない場合に開かれる「緊急特別総会」がある。議題の多くは第1～第6まで分野別に設置された六つの主要委員会（①軍縮・安全保障②経済・金融③社会・人権・文化④特別政治問題と非植民地化⑤行政・予算⑥法律）で審議されるが、軍縮や人権等特定の問題について調査・報告を行う委員会等も設けられている。

《経済社会理事会》

　国際紛争発生の根源が経済や社会問題にあるとの認識から、経済社会理事会はこの分野の国際協力を促進する機関として設立された。加盟54か国から構成され、理事国の数は18で任期は3年（全て非常任）。経済社会理事会は、経済、社会、文化、教育、保健に関する事項について研究と報告を行い、総会、加盟国、国連と連携関係を持つ専門機関（経済社会理事会と協定を締結し、国連と連携関係にある独立した国際機関。ILOなど15の機関）に勧告するほか、その権限に属す事項について条約案を作成し、国際会議を招集できる（第62条）。また専門機関から定期報告を受け、専門機関相互の調整を行うことができる（第64条）。経済社会理事会は、下部組織として機能委員会、地域委員会、常設委員会等を設置できる。

《信託統治理事会》

　国連創設当時、第1次世界大戦後に委任統治領となった地域や第2次世界大戦の結果、旧枢軸国から切り離された地域を特別の保護下に置き、信託統治地域とした。これら地域住民の社会的前進を監督する機関が信託統治理事会である。理事会は安保常任理事国の5か国だけで構成され、信託統治国から報告を受け、その施政を監督し、統治地域住民の政治・経済・社会・教育上の進歩促進に努めるものとされた。しかし発足当初11あった信託統治地域も、1994年に最後の信託統治地域パラオが自治を達成したため、半世紀におよぶ活動は事実上幕を閉じた。

《国際司法裁判所（ICJ）》

　国際連盟時代の常設国際司法裁判所を継承する形で、オランダのハーグに設置された。その役割は、国家間の法律的紛争、即ち国際紛争を裁判によって解決、または法律的問題に意見を与えることである。勧告的意見は、国連総会および特定の国連付属機関が法律的問題に対する解釈の意見を求めた場合に裁判所が示す法律的解釈である。法律的問題を直接に解決するものではないため、勧告的意見によって示された解釈が直接に法的な拘束力を有するわけではないが、国際的に権威のあるものとして受け止められる。裁判の当事者は国家に限られるが、国連未加盟国も安保理の勧告に基づき総会が定める条件の下に当事国となり得る。裁判を行うためには、全紛争当事国の同意が必要となる。裁判官は、国籍の違う9年任期の裁判官15人で構成される。各国が候補者を指名し、候補者名簿の中から安保理と総会がそれぞれ別個に選挙を行い、双方で絶対多数を

第 5 章　国際連合と集団安全保障システム　141

図 5-1　国際連合機構図

(出所) 国連広報センターHP

得た者が選ばれる。所長の任期は3年。15人の判事による互選方式で選出される。2009年から2012年まで小和田恆が日本人として初めて所長を務めた。裁判所の構成、権限、手続きについては、別に国際司法裁判所規程が設けられている。

《事務局》

　1人の事務総長と、それを支える国連職員から構成される（第97条）。事務総長は安保理の勧告に基づき総会が任命する。任期は慣例で5年。事務総長は国連における行政職員の長（第97条）であり、その日常業務には①総会や各理事会のすべての会議において、事務総長の資格で行動し、かつ、これらの機関から委託される他の任務を遂行すること（第98条）②国連機構の事業について総会に年次報告を行うこと（第98条）③事務局職員の任免（第101条）④国連年次予算を作成し、総会に提出することや国連基金の管理、支出責任等がある。さらに事務総長は、国際の平和と安全の維持にとって脅威と認める事項について、安保理の注意を促すことができる（第99条）ため、政治的に重要な役割を担っている。

　2017年に就任したアントニオ・グテーレス事務総長はポルトガル出身で、トリグブ・リー（ノルウェー：1946~52年）、ダグ・ハマーショルド（スウェーデン：53~61年）、ウ・タント（ミャンマー：61~71年）、クルト・ワルトハイム（オーストリア：72~81年）、ハビエル・ペレス・デクエヤル（ペルー：82~91年）、ブトロス・ブトロス・ガリ（エジプト：92~96年）、コフィ・アナン（ガーナ：97~2006年）、潘基文（韓国：2007~16年）に次ぐ9代目である。国連事務局に勤務する職員数は約1万5千人で、うち専門職以上の職員が5千人程度。国連総会で使用される言語はアラビア語、中国語、英語、フランス語、ロシア語、スペイン語の6言語で、事務局が日常業務で用いるのは英語とフランス語で、職員はどちらかの言語で文書を作成することになっている。

　国連では、「国際の平和および安全の維持」は安全保障理事会が、「経済的・社会的諸分野における国際協力の促進」は経済社会理事会がそれぞれ該たることになっているが、後者の分野は19世紀以来、種々の国際組織が設立され活動を続けている。しかし、経済・社会協力を個々の国際組織に委ねることは統一かつ効率的な協力促進の上で好ましいものではない。そこで憲章は「政府間の協定によって設けられる各種の専門機関で、経済的・社会的・文化的・教育的

および保健的分野並びに関係分野においてその基本的文書で定めるところにより広い国際的責任を有するもの」は、国連と連携関係を持たされることになっており（第63条1項）、連携協定を経済社会理事会と締結した組織を「専門機関」と呼ぶ（第57条2項）。連携協定を締結して専門機関となっている国際組織は、UNESCO、ILO、WHO、IMF等15ある。そのほかにも総会決議で設立された付属機関（UNICEF、UNDP、UNHCR、国連大学等）や、経済社会理事会の下部組織である地域委員会（アフリカ経済委員会、アジア太平洋経済社会委員会等）、機能委員会（社会開発委員会、人権委員会、統計委員会等）等を加えると100を越える組織が存在している。

4　紛争の平和的解決

●武力行使の禁止

　国際連盟規約が旧敵国との講和条約の一環としてその中に組み込まれていたことからも窺えるように、連盟は「勝利者の平和」を保障する国際機構の色彩が強かった。これに対し国連憲章が講和条約とは別立てで作成されたように、国際連合は、より一般普遍的な安全保障の機構たらんとした。また米ソ二大国の加盟を勝ち得たのをはじめ、かっての中立国や戦後誕生した多くの新興独立国も加わり、国際連盟以上に規模の世界化を果たしたことも大きな前進であった。しかも国連は、制度的にも集団安全保障措置の強化を図っている。武力の行使及び武力による威嚇を一般的に禁止し、行使制限の範囲を拡大したこと、安全保障理事会に強大な権能を付与し、大国の責任と負担で世界の平和を維持しようとしたこと、強制措置発動の形式が整えられたこと等である。以下、国連の安全保障システムの内容を眺めていく。

　まず国連憲章第1条は、国連の目的を「国際の平和及び安全を維持すること。そのために、平和に対する脅威の防止及び除去と侵略行為その他の平和の破壊の鎮圧とのため有効な集団的措置を取ること、並びに平和を破壊する恐れのある国際紛争や事態の調整、解決を平和的手段によって、かつ正義および国際法の原則に従って実現すること」と述べ、国際社会の平和と安全の維持にあることを明らかにしている。次いで憲章第2条は「すべての加盟国はその国際紛争

を平和的手段によって国際の平和及び安全並びに正義を危うくしないように解決しなければならない」(3項)とし、平和的手段による国際紛争の解決を加盟国に義務づけるとともに、「武力による威嚇または武力の行使を… 慎まなければならない」(4項)とした。国際連盟が特定の「戦争」だけを禁じたのに対し、国連憲章は国際の平和と安全を維持するための措置の対象を国家行為たる戦争に限ることなく、広く平和に対する脅威、平和の破壊、侵略行為のすべてに拡大した。「戦争」という言葉を使わず、「武力による威嚇または武力の行使」と規定したのである。加盟国が国際紛争解決の手段として武力行使に訴えることを原則的に禁じたことから、憲章上、例外として容認される武力行使は、①憲章第7章で認められる強制措置②個別的・集団的自衛権に基づく武力行使(第51条)③旧敵国に対する措置(第53条、第107条)のみである。

● 安全保障理事会及び総会の権能

　紛争の平和的解決義務の履行を実効あらしめるため、国連憲章は安全保障理事会及び総会、特に平和維持に主要な責任を有する前者に広範な権能を与え、第6章及び7章で具体的な措置を規定した。まず安保理は憲章6章に基づき、国際紛争または国際紛争を発生させる虞のある事態に対し平和的解決を要請し、調査を行い、適当な調整の手続きまたは方法を勧告し、さらには解決条件を勧告することができる。

　総会は、平和と安全の維持に関して安保理に次ぐ二義的な責任を負い、憲章の範囲内にある問題や事項について討議し、加盟国や安保理に勧告できるほか、国際の平和と安全を危うくする虞のある事態について安保理に注意を促すことができる。ただ、総会は勧告機関に留まり、安保理と違い第7章に定める強制措置をとる権限はなく、行動を必要とする場合は安保理に付託せねばならず、安保理が同じ問題について任務を遂行している間は如何なる勧告も行えない。

　但し、拒否権の行使による安保理の機能麻痺を克服するため、1950年11月の第5回国連総会で、いわゆる「平和のための結集決議(Uniting for Peace Resolution)」が採択された。これは、平和に対する脅威、平和の破壊または侵略行為があると見られる場合で、安保理が拒否権行使のために平和と安全の維持のための責任遂行に失敗した時には、安保理の9理事国の要請または加盟国の過半数の要請後、24時間以内に緊急特別総会を招集し、総会はその3分の2の

多数決によって強制措置の発動を勧告できるというものである。緊急特別総会はスエズ動乱（1956年）以降、これまで12回開かれている。

●事務総長の権能

　安全保障理事会及び総会と並んで、国連事務総長の役割も無視できない。事務総長は行政事務的な機能に加え、政治的あるいは執行的な任務も帯びており、紛争の平和的解決に大きな役割を果たしている。憲章は事務総長について「国際の平和及び安全の維持を脅威すると認める事項について、安全保障理事会の注意を促すことができる」（第99条）と規定するだけだが、このコロラリーとして、事務総長は自らのイニシアティブにより、紛争や事態の調査を行う権限が認められている。また事務総長は国連機関からの委託任務遂行（第98条）の規定を根拠に、政治的な機能を発揮する。国連平和維持軍や監視団の派遣にあたり、編成や指揮の面で事務総長に委ねられる幅広い権限がそれである。

　国際紛争解決の仲介者あるいは調停官としての役割も、事務総長の重要な政治的機能である。国際公務員である事務総長の中立的性格が、第三者的仲介者としての役割に適しているためで、各国政府も総会や安保理での公開討議よりも、事務総長を通じての舞台裏での交渉を好むのである。

5　強制措置

●侵略行為の決定

　憲章第6章が定める平和的手段だけでは解決に至らず、紛争が国際の平和と安全を危うくする場合には、憲章第7章が適用され、安全保障理事会が集団的な強制措置を発動する。即ち安保理は「平和に対する脅威、平和の破壊または侵略行為の存在を決定する」とともに「国際の平和・安全を維持・回復するために、勧告をし、または第41条及び第42条に従っていかなる措置（強制措置）をとるかを決定」する（第39条）。国際連盟では、強制措置の発動は各加盟国の自主的決定に基づいて行われることになっていたが、国際連合では安保理の決定に各加盟国が協力する形がとられ、しかもこの強制措置の決定は全加盟国を拘束し、各国はその決定を履行、実施に移さなければならない（第25条）。

●軍事・非軍事強制措置の発動

第7章の中心となる軍事・非軍事の強制措置を見ると、まず安全保障理事会は「経済関係及び鉄道、航海、郵便、電信、無線通信その他の運輸通信の手段の全部または一部の中断並びに外交関係の断絶」を含む、武力の行使を伴わない措置を講じることができる（第41条）。この非軍事的措置だけでは不十分と認めた場合は、「国際の平和と安全の維持または回復に必要な、空軍、海軍または陸軍による示威、封鎖その他の行動」（武力制裁）を採ることができる（第42条）。国際連盟とは異なり、国連憲章では軍事的強制措置は非軍事的措置の補助手段ではなく、独立のものとして認められ、その手続きも詳細に定められた。憲章では「国際の平和及び安全の維持または回復に必要」な「空軍、海軍または陸軍の行動」は、非軍事的措置が「不適当であると判明した」場合のみならず、非軍事的措置が初めから「不適当であろうと認められる時」にも適用できる。

軍事的措置の実施にあたって必要な兵力の提供や援助、便宜供与については、安保理が事前に安保理と特別協定（special agreement）を締結している加盟国に要請する（第43条）。同協定では強制措置実施に必要とされる「兵力の数及び種類、その出動準備程度及び一般的配置、並びに提供される便益及び援助の性質」が決められる。この第43条に基づいて編成される軍隊が、国連憲章の予期した本来の「国連軍」であり、兵力の使用や指揮等国連軍の運用、指導については、安保常任理事国の参謀長またはその代表者からなる軍事参謀委員会がその責務を負い、広く軍事問題について安保理に助言と援助を与える任務を帯びている（第47条）。

● 5大国一致主義と冷戦

このように、国連憲章では国連軍の編成を含む集団的安全保障体制の整備がうたわれたが、そこにも幾つかの制限ないし限界が伴っている。即ち、安全保障理事会が行動するには、まず理事会自身の決議が成立しなければならず、手続き事項（例えば議題の採択、議事の運営等）については9か国以上の賛成を、実質的事項は5常任理事国すべてを含む9か国以上の賛成を必要とする（憲章第27条3項）。後者の場合、たとえ9か国以上の賛成があっても、5常任理事国の1か国でも反対すれば理事会の決議は成立しない。いわゆる拒否権の存在である。冷

第5章　国際連合と集団安全保障システム　147

図5-2　国際連合の紛争処理システム

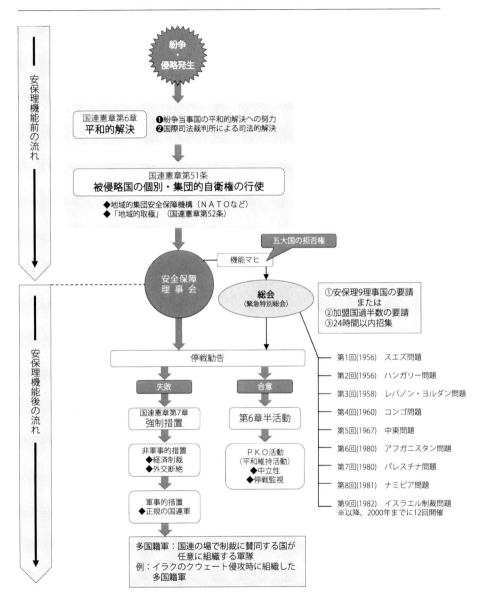

(出所）清水雅博『一目でわかる政経ハンドブック』（ナガセ、2014年）129頁

戦の発生に伴い五大国の協調が得られず、拒否権がしばしば発動されたため安保理の機能は麻痺することが多かった。拒否権が行使された回数はロシア（旧ソ連含む）122、アメリカ80、イギリス32、フランス18、中国（中華民国含む）5回の合計257回（～2004年まで）。最多回数の旧ソ連が集中的に拒否権を使ったのは40～60年代前半、アメリカの行使が多かったのは70年代後半～80年代前半だった。

　また軍事的強制措置をとる場合には、その前提として特別協定が締結されていなければならないが、常任理事国で構成される軍事参謀委員会の意見の一致を見ず、特別協定作成作業も1948年4月以降停止されたままで、現在に至るまで一つの特別協定も成立していない。しかも、安保理が実際の軍事行動をとるためには軍事参謀委員会の援助がなければならず、同委員会の不活性も安保理を拘束する要因となっている。国連憲章は、特別協定が締結されるまでの間、常任理事国は共同行動をとるよう促してはいるが（第106条）、冷戦期においては互いの意見対立が鋭く、憲章が想起した国連軍の設置は不可能であった。

●強制措置の実例

　その結果、国連が第42条による軍事的強制措置の発動を決定したケースは、冷戦下には1件もなく、勧告によって強制措置が発動された朝鮮戦争が唯一の事例であった。朝鮮戦争が勃発した1950年6月25日、安保理は北朝鮮による武力攻撃を「平和の破壊」と決定し、北朝鮮軍隊の38度線以北への撤退を求める決議を採択（S/1501）するとともに、6月27日には「すべての加盟国が、武力攻撃を撃退し、かつ、この地域における平和と安全を回復するために必要と思われる援助を韓国に提供することを勧告する」決議（S/1511）を採択し、これを受けて北朝鮮軍撃退のための軍隊が組織された。

　この措置が可能となったのは、当時ソ連が中国代表権問題で安保理を欠席していたためで、8月以降ソ連が安保理に復帰するや決議の成立は再び不可能となった。冷戦終焉後は、1990年の湾岸危機の際、米ソ協調が実現した結果、武力行使を容認する決議（安保理決議678）が安保理で採択され、（現存しない国連軍に代わって）加盟国によって組織される多国籍軍に強制行動を委任するという変則的な格好ながら、事実上の軍事的強制措置の発動が実現した。以後、この多国籍軍のシステムが定着しつつある。

6 集団安全保障システムの限界

●対抗戦争としての集団安全保障

　冷戦下、強制措置の発動が困難を極めたことから、国連の集団安全保障メカニズムが十分に機能し得ない原因が、安全保障理事会の内部運営、つまり大国間の意見対立に求められることが多い。拒否権行使の制限を図るべしとの提案がなされるのもそのためだ。しかし、より深く事態の本質を捉えるならば、そこには集団安全保障制度そのものが抱える限界が浮かび上がってくる。

　そもそも集団安全保障とはいっても、それは既存の主権国家併存体制を否定することなく、各国が独自に保有する軍事力の存在を容認したうえで、その結集によって国際平和への挑戦に対処するものにほかならない。特定国家による平和の破壊に対し、国家権威の上に立つ超国家機構が保有する固有の軍事力によって制裁を加えるものではない。それゆえ、軍事力による強制措置を発動する場合も、それは国家対国家の武力闘争、いわゆる対抗戦争（counter war）の性格を払拭することはできない。

　シューマンがいう「戦争によって平和を（peace by war）」、つまり戦争を防ぐためには戦争を起こさねばならないという自己矛盾を現行の集団安全保障システムは抱えており、システムが完璧に機能すればする程、戦争参加国の増大、言い換えれば対抗戦争の世界化を必然とする。平和破壊国家が大国か、あるいは大国の支持を得ている場合には、国連による強制措置は世界戦争誘発の危険性すら孕んでいるのだ。逆に、たとえ国連の意思決定あるいは強制措置発動の手続きを易化させても、各国主権の絶対性を前提とする限り、国際政治に重大な影響を及ぼす大国間の合意や力の安定が得られねば効果的な制裁は実施できず、集団安全保障のシステムは機能不全に陥ってしまう。

●集団安全保障が機能する条件

　モーゲンソーは、集団安全保障が有効に機能する条件として

(1) 如何なる潜在的侵略者も敢えて挑戦できない程に圧倒的な強さを常に結集できること

(2) 安全保障に関して互いが同じ考え方を持つこと

(3) 集団全体の安全保障という共通善に各国の政治的利益を従属させること[4]

の三つを挙げる。アバ・エバン（元駐米イスラエル大使）も、国連の集団安全保障機能が効果を発揮できる前提条件として次の6項目を指摘する。

(1) 自国の安全保障と現存する世界秩序を同一視し、世界秩序維持のために関与すること
(2) 侵略の認定に合意する意志と能力があること
(3) 侵略国が常に国際的軍事力よりも弱体で孤立していること
(4) 最も密接な関係にある同盟国に対しても制裁する用意があること
(5) 国益に関係しない地域での軍事力行使に関しては、自らの決定権を放棄すること
(6) 国連での公開での討議が、伝統的な外交手法よりも合意形成に優れていること[5]

　しかし、主権国家併存システムの下でこうした要件を十分に満たすことは不可能である。各主権国家が併存している限り、社会全体の利益（国際公共益）と国益の相違・対立は避け難く、それどころか国際機関そのものが国家相互の闘争の場と化すのが常態だ[6]。国連の集団安全保障機能に限界があるのは、大国の拒否権行使に尽きるわけではなく、ウェストファリアシステムという国際社会の本質に根ざしている。これは、国際法の持つ限界とも重なるものだ。

　国際社会において「全体に対する部分の優越」が生き続けている以上、勢力均衡を代表とする伝統的な個別的安全保障政策は今日も有効性を保っている。ただ、そのような底流に拘らず、それを少しでも抑え、あるいはそれと妥協しつつも、集団安全保障の機能をどの程度発揮できるかどうかが現代の課題である。こうした政治状況は冷戦終焉後の現在においても何ら変化してはいない。

［注　釈］
(1)　カント『永遠平和のために』宇都宮芳明訳（岩波書店、1985年）。カントの平和思想は、宮田光雄『平和の思想史的研究』（創文社、1978年）第5章等参照。
(2)　ウィルソンはアメリカ政治史に通暁していたが、アメリカ独立の際にできた連合規約（1777年）が、国際連盟の安全保障制度に影響を及ぼしたともいわれる。同規約第3条は「13の各邦は、共同防衛、自由の確保及び相互かつ全体の福祉を目的として堅固な相互の友好同盟に参加し、宗教、主権、貿易、その他理由の如何を問わず、全邦もしくはいずれかの邦に向けられるすべての圧力ないし攻撃に対し相互に援助し合うことを」誓っている。大平善悟「集団安全保障の本質」日本国際政治学会編『集団安全保障の研究』（有斐閣、1959

第 5 章　国際連合と集団安全保障システム　151

年）5 頁。

(3)　近年では南スーダンが加盟（2011 年 7 月）し、国連の加盟国は 193 か国（2014 年 10 月
時点）。日本は 1956 年 12 月に 80 番目の加盟国となった。永世中立国のオーストリアは 1955
年、スイスは 2002 年に、北朝鮮・韓国は 1991 年に同時加盟した。バチカン（ローマ教皇
庁）はオブザーバーとして投票権を除く全ての権利が認められている。パレスチナ自治政
府は 2012 年に国連総会で従来の「オブザーバー組織」から「オブザーバー国家」に格上げ
する決議案が承認された。

(4)　ハンス・モーゲンソー『国際政治学』伊藤皓文他訳（アサヒ社、1963 年）542 頁。

(5)　集団安全保障が機能する 6 条件に対し、エバンはそれを妨げる現実世界の 6 項目を指摘
し、「集団安全保障の概念は、国民国家を基盤とする世界に登場し、諸国家は人類史上とっ
たことのない行動をとるよう求められ、そして挫折した」と結論づける。①国民国家に対
する忠誠心が国連に対する忠誠心に移行することは不可能②ある国家にとっての侵略行為
は、他の国家にとっては自衛行為であり、民族解放戦争の場合もある③いまや中小規模国
家の中にも国連軍では抑止できない程の兵器や兵力を保有している④国家も人間と同様で、
敵にも同盟国に対しても同じ様に客観的に対応することは出来ない⑤如何なる国家も自国
の軍事力使用という重要な問題の決定権は放棄できない⑥過去半世紀の経験から、伝統的
な外交が国連の公開討議よりも優れた成果をあげる。Abba Eban,"The U.N.Idea
Revisited,"Foreign Affairs,95,9/10, 翻訳は『中央公論』1995 年 12 月号 392 ～ 3 頁。

(6)　大多数の加盟国は、国連を大国やそのほかの国が紛争を解決するための場として考えて
いなかった。国連はむしろ問題を公然と議論し、反対者を公的に非難し、決議案を呈示し、
一定の方向に世論を煽動する場として捉えられていた。つまり、国連は平和を模索する場
というよりは戦場、互いを理解し合う場というよりは互いを出し抜くための場、和解より
対立のための道具として理解されていた。モーリス・ベルトラン『国連の可能性と限界』
横田洋三他訳（1995 年、国際書院）45 頁。

第6章

国際平和へのアプローチ

1 国連の平和維持活動

　国連憲章は第 7 章において「平和に対する脅威、平和の破壊または侵略」に対する国連の集団的強制（制裁）措置として、軍隊の編成を予定している（第 43 条）。これが本来の国連軍である。「第 7 章の国連軍」と俗称され、第 43 条による特別協定の締結を前提とするので「43 条システム」とも呼ばれる。しかし、冷戦の展開で 5 大国の協調が得難いこと等から特別協定は成立しておらず、憲章が定めた国連軍も未だ創設されていない。

　このように、憲章第 7 章による常設の国連軍設置が実現困難なため、当初国連が予想した一般的集団安全保障体制は十分に機能発揮ができない状態が続いた。そこで、現実に生起する紛争への対処を目的に、これまで国連はその実践活動を通して、憲章に基づかないアドホックな（事実上の）国連軍を生み出してきた。その一つは武力制裁措置を行使しない平和維持活動（PKO）で、いまひとつは、武力攻撃の撃退という戦闘（強制措置）任務を付与されて派遣される多国籍軍である。

●憲章 6 章半の活動

　国連憲章第 7 章に定める「集団安全保障」の機能不全を受け、かつ、憲章第 6 章が規定する「紛争の平和的解決手段」では対処できない地域紛争に対し、国連が実効処理の中で編み出した紛争解決の慣行が国連の平和維持活動（Peace Keeping Operations:PKO）である。PKO の公的な定義は存在しないが、「関係国の同意の下に、紛争地域に加盟国の軍隊や兵員を派遣、駐留させ、これら組織等による第三者的・中立的役割の下で停戦や軍隊撤退の監視、治安の維持などの任務を行わせ、事態の平和的収拾を図ることを目的とした国連活動」と規定できる。

　憲章上の国連軍や後述する多国籍軍が強制措置実施の手段であるのに対し、平和維持活動は専ら紛争の平和的解決を助ける手段として用いられてきた点で相違する。即ち平和維持活動は紛争の最終決着を目指すのではなく、平和を脅かす地域的事態が悪化して国際的に拡大するのを防止し、事態の沈静化を通じて紛争の平和的解決の素地を創り出すことで、間接的に紛争解決の道を開こうとするものである。憲章第 6 章に規定された自発的紛争解決手段や第 7 章に基づ

く強制措置とも異なり、この2章を補う第三の機能という意味で、ハマーショルド元事務総長はPKOを「6章半の活動」と称した。

　もっとも、国連平和維持活動は憲章上に明文の根拠が無く、必要な都度、応急的に組織されるため、編成手続きや任務権限、経費負担等についても統一的な定めがなく不備な点も多い。国連は発足以降これまで69件のPKOを派遣しており、16件が現在も展開中（2014年7月時点）である。国連PKOにはこれまで120か国以上から延べ数十万人の軍事要員や数万人の警察官その他の文民要員が参加し、3100人以上が任務遂行中に命を失っており、2003年以降の犠牲者は年100人を超えることが多い。

●平和維持軍と監視団

　国連の平和維持活動（PKO）は、平和維持軍と軍事監視団に大別できる。

《平和維持軍：PKF》

　平和維持活動の中心をなすのは平和維持軍（Peace Keeping Force:PKF）で、戦闘が停止し、休戦あるいは停戦合意が成立した後に停・休戦ライン周辺に展開し、紛争当事国間の停戦状態を維持し、また兵力引き離しや緩衝地帯を設けることによって敵対行為の再発を防止し、外交的経路による平和解決を容易にする等中立（第三者）的役割を果たすものである。平和維持軍は安保理事会及び総会の決議によって派遣が決定され、各国が拠出した軍事部隊は国別単位に割り当てられた地域に展開し、事務総長が任命した司令官の指揮の下に行動する。そのミッションは、戦闘再発の防止と国内治安の回復維持を図ることにあり、停戦、休戦、交戦部隊の引き離し並びに外国部隊の撤退実施を保障し、さらに必要に応じて交渉、説得、事実調査等の権限が付与される。平和維持活動要員（軍人）はそれぞれ自国の軍服を着用するが、国連マークを識別標章にしている。

　1956年のスエズ動乱の際に派遣された国連緊急軍（UNEF）がPKFの最初の例である。その際採用された原則、即ち①兵力提供が強制ではなく加盟国の自発によること（任意原則）②派遣に際して、関係当時国の受け入れ同意を前提にする（同意原則）こと③自衛のため以外は武力を行使せず、防衛的武器の所持のみが許されること（自衛原則）④紛争当国の一方に加担したり、紛争に利害関係を有する国や安保常任理事国を排除すべきこと（中立・大国排除原則）⑤内政干渉は慎むこと（内政不干渉原則）等のルールがその後の平和維持活動でも踏襲され

ている。

　わが国は、1992年のPKO協力法成立に伴い、カンボジア（92年9月～93年9月）やモザンビーク（93年5月～95年1月）、ゴラン高原（96年2月～2013年1月）、東チモール（2002年3月～04年6月）、ハイチ（2010年2月～13年1月）、南スーダン（2012年1月～）等に延べ1万人近い自衛隊員を派遣している。

《軍事監視団》

　軍事監視団（U.N.Military Observers:UNMO）とは、平和維持軍のように相当な規模の人員で構成され司令官の指揮下に部隊として行動する組織ではなく、軍とは認められない程度の人員が、停戦・休戦・兵力撤退の監視、監督のために紛争地域へ派遣され、違反行為があればこれを安保理に報告することを任務とするものである。

　1948年に中東へ派遣された「国連休戦監視機構（United Nations Truce Supervision Organization: UNTSO）」がその先駆けとなった。監視団は平和維持軍とは異なって違反行為の抑制を任務としないので、武器を携帯せず非武装が原則である。比較的小規模（数十人から数百人）な監視団は、迅速な対処と紛争当事国の受入れが容易であり、また財政的な負担も軽いこと等から派遣しやすいといえる。冷戦後は、停戦監視にとどまらず、選挙の実施や人権確保、行政制度の状況等を監視するミッションも増えている。

●冷戦後のPKO1：複合多機能型PKO

　冷戦後の国連の安全保障活動の最大の特色は、質量双方における平和維持活動の急激な拡大であった。1988年初頭にはわずか5件だったものが、以後の5年間で14の新しいPKO活動が組織された。これは、最初の国連平和維持活動である1948年のUNTSO（国連休戦監視機構）から1987年までに組織された全てのPKOの13件を上回った。これまで国連が組織したPKO69件のうち56件が1988年以降に設けられたものである（2014年7月時点）。

　数の増加に加え、冷戦終焉に伴う紛争形態の変化がPKOの規模や内容を変容させた。冷戦時代には、大国の代理戦争としての国家間戦争が紛争の基本パターンだったが、冷戦後は国家間ではなく、国内での宗教、人種対立等を原因とする大規模な暴力行使や殺戮が主流となった。冷戦後の紛争の実に90%が内戦型紛争（intra-state conflict：統治能力が伴わず国家の体をなしていない破綻国家での宗教・

民族対立等に起因する武力闘争）といわれるが、このような紛争では政府軍、民兵組織、テロリスト等多様な武装集団が民族浄化（ethnic cleansing）や集団殺害（genocide）のような過激な行動に走り、どこまでが組織的な軍事行動でどこからが犯罪なのか不明瞭で、一般住民と戦闘員との区別も曖昧化し、多くの一般住民が戦闘に巻き込まれ、あるいは攻撃目標となってしまう。

　その結果、国境を越える難民や迫害された国内避難民が大量に発生する。また政府が著しく統治能力を欠くケース（破綻国家:collapsed or failed state）が多く、紛争と並行して飢餓、伝染病、環境災害等の人道的緊急事態も生起する。そのような環境で紛争の解決と国家の再建を図るためには、国家間紛争を想定し、停戦・休戦に合意した当事者の実行能力保持を前提とした軍事部門主体の伝統的平和維持活動では十分な対応が望めない。そのためPKOの規模は拡大し、任務も多様化した（複合多機能型の平和維持部隊の登場）。統一政府を選出し得ない状態にある地域に派遣されるケースの多い複合多機能型PKO の場合、そのミッションは伝統的なPKO の任務である停戦の継続、監視や軍の撤退、監視等に加え、民主的で公正な選挙の監視（選挙監視団）や実施、文民警察による秩序維持、人道援助、人権擁護、新政府の樹立、難民の帰国支援、国土の復興・再建、行政事務等極めて多様である。

　そのため構成メンバーも軍事要員だけでなく、各国の文民警察官や政府職員、また国際機関やNGOに属する多数の文民が加わり、実施主体としての文民部門の重要性が高まった。件数の増加や任務の拡大は要員数の増加にも表れている。1987 年に9666 人だった軍事要員は、1992 年半ばには38144 人に増えたが、警察要員は35 人から2461 人、他の文民要員も877 人から9461 人へと急増している。1992 年にガリ事務総長が纏めた報告『平和への課題』では、紛争後の平和建設に国連の平和維持活動が積極的に関わるべしとの提言がなされたが、現実は既にそうした方向へと変質を遂げ始めていた。5 大国の軍隊はPKO 活動には参加しないのがそれまでの基本方針であったが、PKO に対する需要の増加や活動内容の多様化に伴い、UNTAC に中国が、UNOSOM Ⅱ に米英仏が参加する等この原則も変化した。前節に述べた冷戦下におけるPKO が伝統的、あるいは第1 世代PKOと呼ばれるのに対し、冷戦後に誕生・増加したこれら複合多機能型の平和維持活動は、第2 世代PKO と呼ばれている。

　第2 世代の複合多機能型PKO の場合、国連事務総長特別代表の下に、軍事

監視団や平和維持軍で構成される軍事部門に加え、文民警察、選挙監視、行政監視、人権監視等文民部門から構成されるものが多い。その典型例としては、統一政府を選出し得ない地域に派遣された国連ナミビア独立支援グループ（UNTAG）や国連カンボディア暫定統治機構（UNTAC）等が挙げられる。

●冷戦後のPKO2：平和強制型PKOの挫折と今後

　先のガリ事務総長の『平和への課題』では、従来のPKO活動の強化と並んで、新たなタイプとして予防展開型や平和強制型のPKO創設が提起された。両タイプとも、紛争当事者の同意がなくとも派遣可能としたうえで、前者は、武力紛争が発生するのを待つのではなく、戦闘行為を抑止するために派遣されるPKOである。後者の平和強制型PKOは、自衛のための装備と行動しか行えなかった従来のPKOは異なり、攻撃的武器を含む重装備が許され、停戦が破られた場合には自らが武力を行使することで停戦の回復を実現する権限が付与される。停戦状態を維持する従来の平和維持軍とも憲章第43条の下で編制される制裁型の国連軍とも異なり、その中間的な性格を持つ部隊である。

　そして、これら新たなタイプのPKOは実際に編成された。[1] 紛争予防型PKOは、旧ユーゴ紛争に際して1992年にマケドニアに派遣され、平和強制型PKOは1993年にソマリア（第2次国連ソマリア活動）やボスニア（国連ユーゴ保護軍）に派遣された。その結果、予防展開型PKOは一定の成果を上げたが、平和強制型PKOは、中立の立場を採るべき国連が紛争の当事者になってしまい、逆に紛争を拡大させる結果に終わった。強制型の平和維持活動が失敗に帰し、国連の平和維持活動には一時陰りが生じたが、内戦型の地域紛争はその後も多発し、PKOの需要は強まった。

　そのためガリに代わったアナン事務総長は2000年3月、国連の平和維持活動全般を再検討するため「国連平和活動検討パネル」（座長はアルジェリアのブラヒミ元外相）を設置し、同年8月に報告書（Report of the Panel on Peace Operations）が提出された（ブラヒミ報告）。同報告書は、PKOを紛争の予防、解決（平和創設）から平和維持、社会復興（平和構築）までの連続一体的なプロセスと捉えたうえで、[2] ①ガリ構想が打ち出した平和強制型PKOは国連の能力を越えること②国連平和維持活動においては受入れ国の同意、中立性の維持及び自衛目的に限る武器使用等の基本原則は堅持すべきこと③強制力を伴う行動は憲章第7章に基づく安

第6章　国際平和へのアプローチ　159

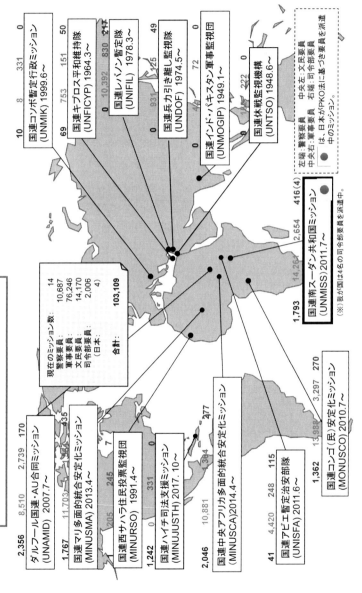

保理による授権の下に多国籍軍が行うべきで、PKOと強制力を伴う行動は峻別すべきことを指摘する一方[3]、頻発する内戦型紛争に対処し紛争原因の根本的治癒を図る必要から複合多機能型PKOの役割を重視する。複合多機能型PKOの場合、秩序崩壊状況の下で任務遂行を求められるケースが多い。当事者といっても数多くの部族や氏族が絡み、中には麻薬取引やテロに関係する集団が加わり、国連要員が拘束され、人道援助活動が妨害される場合もあり得る。そのためブラヒミ報告は、平和維持部隊の自衛力を強化する必要があるとして、PKO活動に対する妨害や敵対行為を断固排除するため、武力行使の根源を沈黙させるに足る反撃力の付与（武力行使権限の拡大強化）やPKO部隊の規模拡大、装備増強等を勧告した[4]。

　これを踏まえ、近年では主要な当事者の合意があれば、平和維持部隊の任務妨害の抑止や一般市民の保護等限定明記された特定の目的を遂行するため、PKO部隊に（自衛の範囲を超えて）限定的な武器使用を認める「積極的PKO（強化されたPKO）」が編成されるようになった[5]。紛争当事者の特定や当事者間の明確な停戦合意の確認が容易であった（代理戦争型）国家間紛争から、冷戦後は紛争当事者の特定が困難でPKO活動への支持協力を得にくい内戦型紛争へと地域紛争の性格が変化したことに伴い、PKOに求められる役割や態様も変わりつつある。積極的PKOもそうした要請に応えるための試みといえる。

2　多国籍軍システム

　冷戦後、国連の平和維持活動が質的規模的な変容を遂げたのと機を同じくして、冷戦下休眠を余儀なくされていた国連の強制措置も、ペルシャ湾岸での紛争を契機に新たな展開を見せた。1990年8月2日のイラク地上軍によるクウェート侵攻を受け、安全保障理事会は憲章第39条に基づき、イラクのクウェート侵攻を「国際の平和および安全の破壊」と決定し、11月29日、武力行使を容認する決議678を採択した。この決議は、イラクが91年1月15日までに撤退しない場合、憲章第7章の下、国際の平和及び安全を回復するために、クウェートとこれに協力する諸国に対し「必要な全ての手段を行使する権限を付与する」ものであった。安保理が軍事強制措置を認めたのは、朝鮮戦争での勧告決

議以来40年ぶり、しかも5常任理事国が全て出席した安保理での武力行使容認は国連創設以来初であった。イラク軍撤退の期限が過ぎた1月17日、多国籍軍による軍事行動が開始され、戦闘の結果、イラク軍はクウェートから撤退し（2月26日）、3月3日には安保理が示した停戦条件（決議686）にイラクが応じ、戦争は事実上終結した。

　この湾岸戦争における国連の対応で注目されたのは、加盟国による武力行使を容認した安保理決議678である。国連憲章が定めた本来の国連軍の編成が冷戦後も困難な状況にある中で、平和に対する脅威や侵略行為に際して「安保理に代わって強制措置を講ずる権限を加盟国に付与」し、大国が主導する多国籍軍や有志連合、地域機構が国連の権威の下に武力制裁を行うこの方式は、国連の持つ正当性・権威と大国等の持つ軍事力を融合させた実行可能性の高いシステムとして冷戦後の強制措置発動の基本形となった。但しこの方式の場合、包括的な授権の下、強制措置を講じる大国や地域機構が恣意的に軍事力を行使したり、国連の指揮・監督が形骸化する危険性も伴っている。

3　人道的介入

　ボスニア紛争とその後のコソボ紛争に際し、NATOは紛争解決に大きな役割を果たした。もっともボスニア紛争とは違い、コソボ紛争でNATOが実施した空爆などの武力行使には国連の授権が伴っていなかった。コソボへの軍事介入の是非を巡る安保理の論議で、これに賛成する米英仏と、内政干渉にあたるとして反対するロシア、中国の意見が鋭く対立し、憲章第7章に基づく武力行使容認決議成立のめどがつかず、NATOは安保理の授権を受けずに空爆に踏み切ったのである。そのため治安回復や人権侵害行為の排除等人道上の目的で行われるにせよ、国連の授権がない武力行使に正統性を見出せるか否かが問題となった。

　一般に「ある主権国家領域内の住民に対する重大な人権侵害行為を止めさせるため、他の国家あるいは集団が行う武力干渉」は、「人道的介入（干渉）（humanitarian intervention）」と呼ばれる。国連憲章は武力の威嚇・行使を禁じており、安保理の決定に基づく強制措置（憲章第42条）を除けば、自衛権の行使

（第51条）か、安保理の許可の下での地域的取り決めによる強制行動（第53条、第107条）が例外として認められるに過ぎない。国連憲章は明文上、人道目的の戦争（武力行使）を許容していないからである。さらにこの行為は、内政不干渉原則（国連憲章第2条7項:国内管轄事項への不干渉）にも抵触することになる。だが、絶対的であった国家主権もいまや相対化しつつある。またポスト冷戦期に出現した内戦型紛争は、国家間紛争を前提とした国連憲章の想定外の事態である。人類の普遍的価値である基本的人権が蹂躙されている事態を前にして、国際社会がこれを黙認せざるを得ないという論理は説得力に欠ける。他方、地域機構や大国の自由裁量で恣意的な発動を許せば、人道的介入という美名の下で覇権的な軍事行動が行われる危険もある。

　そのため、人権確保の必要という人倫・道義的な要請で例外的に介入を容認する場合の基準作り、即ち介入を許容し得る条件（違法性阻却事由）の検討が必要となる。そこで2000年9月、アナン事務総長の問題提起を受け、カナダ政府を中心に「介入と国家主権に関する国際委員会（ICISS）」が設けられた。01年12月に同委員会が発表した報告書「保護する責任（The Responsibility to Protect）」は、例外的に人道的介入が許容される場合の厳格な要件を定めた。その基本原則は2005年9月の国連首脳会合成果文書で認められ、2006年4月に国連安保理決議1674号で再確認された。その後、リビアが内戦状態に陥った際、2011年3月の国連安保理決議1973号に基づき米英仏等NATO諸国がリビアに軍事介入したが、同決議は国連史上初めて「保護する責任」原則に基づいて武力行使を容認・正当化する決議であった。

4　紛争予防と平和構築

　以上、国際安全保障において国連が果たす役割を総括すれば、強制力を伴う措置は、国連憲章第7章に基づく安保理による授権の下に多国籍軍や集団防衛機構が実施主体となり、国連は①平和維持活動の強化に加えて、②紛争の未然防止のための「予防外交」や③紛争終結後の「平和構築」に重点的に取り組むべきである。

　紛争を未然に防止することの重要性は、古くはハマーショルドが「防止外交

（Preventive Diplomacy）」の語を用いて国連PKO活動の意義を説いたが、近年ではガリ事務総長が『平和への課題』の中で、国連平和活動の一つとして「予防外交（Preventive Diplomacy）」を提唱し注目を集めた。予防外交は一般に「紛争予防のための非軍事・非強制活動全般」と理解されており、その目的は「紛争不在状態の継続あるいは紛争原因の解消・除去」にある。予防外交の主な対象は、発展途上国間の紛争や内戦型紛争である。

予防外交の発動は基本的に「紛争が生起する以前の段階」であり、具体的な措置・施策としては、紛争の発生が未だ差し迫っていない初期（平時）の段階においては①信頼醸成措置（CBM）②紛争事実の調査・情報収集・分析③早期警戒システム等が、次いで武力衝突がより差し迫った危機段階に入ると④警報の発出⑤交渉、仲介、調停、斡旋、司法解決等⑥平和維持部隊の予防展開⑦非武装地帯の設置等が含まれる。

予防外交あるいは紛争予防の実施主体としては、国連をはじめとする国際機関や各国家に加えて、政治的色彩が薄く、内政不干渉原則に抵触しないNGOの積極的な参画・協力（非公式外交）が必要であり、両者の相互補完体制構築が求められる。国連は主権国家の連合体で、国家間問題の解決には向いていても、エスニック紛争のように国家内部（国内管轄権）の問題に関与するには限界があるためだ。また予防外交を展開できるための制度的な枠組み整備（OSCEにおける紛争防止センターやASEANにおけるARF活動の充実等）も急がれる。

5　軍備管理と軍縮

兵器は一般に、大量破壊兵器（ABC兵器）と通常兵器に区分される。大量破壊兵器には、核兵器、生物・化学兵器が含まれる。こうした兵器や兵員の規制について、軍縮や軍備管理政策が講じられている。軍縮（disarmament）とは、文字通り軍備・兵器の縮小・削減や撤廃を推進する政策で、それに対し軍備管理（arms control）は戦略的な安定関係の構築が主たる目的で、必ずしも武器の削減それ自体を目指すものではない。

●大量破壊兵器の規制：核兵器
＜核兵器の合法性＞

　核兵器の効果は爆風、焼夷、放射能の三つであり、その殺傷、破壊の威力は広範囲かつ残酷、しかも長期にわたるため、国際法上の問題が議論されている。核兵器の法的許容性に関する学説は、合法説、相対的違法説、絶対的違法説に分かれる。合法説は、核兵器使用禁止を直接規定する条約または慣習法がなく、その使用が許容されていると考える立場である。だが、直接禁止規定がなくとも国際法の基本原則に反する兵器は禁止されるべきで、また既存の国際法規の類推解釈で合法性の評価を行わねばならないとの批判もある。相対的違法説は、核兵器自体は違法でないが、その使用が大量破壊的効果を持ち、一般市民と戦闘員の区別や軍事目標と非軍事物の区別の原則を侵害する限りにおいて、かかる状況下での使用を違法とみる。この立場からすれば、軍事目標のみに対する戦術核兵器の使用は違法ではないということになるが、戦術核兵器の規模には統一基準はなく、しかも、実際には戦術核兵器の場合にも、一般人に対して非人道的な放射能効果を与えるというのが軍事常識である。

　兵器そのものの違法性を説く絶対的違法説は、核兵器の規模に関係なく、その性質・効果の諸特徴から、核兵器が害敵手段に関する現行国際法に反すると考える。特に放射能効果はハーグの陸戦規則第23条に禁止されている毒または毒を施した兵器や不必要な苦痛を与える兵器の効果に相当し、あるいは1925年のジュネーブ議定書の禁止する毒ガスと「類似の液体材料または考案」に相当すると指摘する。だが、現実世界の平和が核抑止力によって維持されていることなどから、その法的扱いは不明瞭である。

　いわゆる原爆判決では、広島・長崎への原爆投下は無防守都市への無差別爆撃であり、軍事目標攻撃の原則に違反したこと、軍事的効果や必要性の疑わしい不必要な苦痛を与える兵器使用であったとして、国際法上違法な戦闘行為とされた（東京地裁1963年12月7日）。また1961年11月24日の国連総会決議1953は、核兵器が憲章の精神、文言および目的に反し、その使用が戦争の許容の枠を越え無差別的苦痛と人類と文明全体の破滅をもたらすとし、この兵器自体が国際法規則、人道法に矛盾するのみならずその使用国は人類と文明に対する犯罪を犯すことになると宣言した。72年11月29日の総会決議2936は、核兵器使用の永久禁止を宣言している。

さらに 94 年には国連総会が、核兵器による威嚇・使用が国際法上違法であるか否かについて国際司法裁判所の勧告的意見を求める決議を採択した。これを受け 96 年 7 月、同裁判所は「核兵器による威嚇またはその行使は、一般的には武力紛争に関する国際法、特に人道法の諸原則に反する」との判断を下した。もっとも核兵器の違法性については、「国際法の現状と考慮可能な事実の要素とに鑑みて、核兵器による威嚇またはその行使が、国家の存亡にかかわる極限状態において、自衛に使用することが合法か違法かの結論を出すことはできない」と明確な司法判断を避けた。

<核兵器の不拡散：核不拡散条約>

核兵器の拡散を防ぐ目的で、1968 年に核不拡散条約（NPT）が成立した（70 年発効）。同条約は 1967 年 1 月 1 日前から核兵器を保有していた国（米露英仏中の 5 か国）を核兵器国とし、その他の国は全て非核兵器国とされる。核兵器国は核兵器その他の核爆発装置を如何なる者にも移譲してはならず、非核兵器国は如何なる者からもそれらを受領してはならず、製造することも禁じられている。また非核兵器国の原子力が平和利用から核兵器開発に転用されないよう、非核兵器国は IAEA（国際原子力機関）との間で保障措置協定（ＳＡ）を結ぶことが義務づけられている。

核不拡散条約には、91 年に南アフリカ、92 年に中国とフランスが加入する等締約国の数は増加している（2010 年現在で 190 か国）が、イスラエルやインド、パキスタン等核兵器を既に保有しているか、保有の蓋然性が高い国が未だに加入していない。核不拡散条約第 8 条の規定により、5 年に 1 回同条約の運用状況を検討する締約国会議が開催されており、1995 年の運用検討・延長会議では、同条約の無期限延長を決定するとともに「条約の再検討プロセス強化に関する決定」及び「核不拡散と核軍縮のための原則と目標に関する決定」が採択された。また同会議直前、核兵器国は、非核兵器国に対して一定の条件付きながら核兵器を使用しないという消極的安全保障の宣言を行った（法的拘束力なし）。2000 年の運用検討会議では、核軍縮に向けた現実的措置を含む最終文書が採択された。現在、核兵器の原料となるプルトニウムや濃縮ウラン等の生産を禁じる兵器用核分裂物質生産禁止条約（FMCT、いわゆるカットオフ条約）のジュネーブ軍縮会議（CD）での早期交渉開始が望まれている。

また 2017 年には国連で、核兵器を「非人道的な兵器」とし、その開発や保有、

実験、製造、使用、核兵器を用いた威嚇を禁止する核兵器禁止条約が採択された。批准国が 50 に達すれば 90 日後に発効するが、核保有国や悪の傘の提供を受ける日本などが批准を拒否しており、発効のめどはたっていない。

＜核実験の規制・禁止：包括的核実験禁止条約＞

1963 年、米英ソ三国は大気圏内、宇宙空間及び水中での核実験を禁止する部分的核実験禁止条約（PTBT）を成立させた。冷戦後の 94 年 2 月、ジュネーブ軍縮会議で、空中、海中、地下を問わず、核実験を一切禁止する包括的核実験禁止条約（CTBT）の締結をめざし交渉が開始されが、核廃絶期限の盛り込みを求めたインド等の反対で、軍縮会議での採択は不可能となった。その後、オーストラリア等から国連総会に軍縮会議で作成された条約案が提出され、96 年 9 月の第 50 回国連特別総会で採択された。しかし、インド、パキスタン等の発効要件国が条約の署名・批准を拒否しているため、発効の見通しは得られていない。

＜SALT と START＞

このほか核兵器規制については、核大国相互の二国交渉も進められてきた。冷戦時代に米ソ間で締結された戦略兵器制限条約（SALT）や中距離核戦力（INF）全廃条約、冷戦後には米露（ソ）が結んだ戦略兵器削減条約（START）や戦略攻撃兵器削減条約（モスクワ条約）、新START 等がある。

● 非軍事・非核地帯の設置

一定の地域、空間の非軍事・非核化をめざすもので、これは軍事利用規制地域と非核地帯設定に大別できる。前者には南極条約、宇宙条約、月条約、海底核兵器禁止条約が、後者にはラテンアメリカ及びカリブ核兵器禁止条約（トラテロルコ条約）、南太平洋非核地帯条約（ラロトンガ条約）、東南アジア非核兵器地帯条約（バンコク条約）、アフリカ非核兵器地帯条約（ペリンダバ条約）、中央アジア非核兵器地帯条約等がある。中東や北東アジアには非核地帯が存在しない。

● 生物・化学（BC）兵器

BC 兵器（Biological and Chemical Weapons）のうち、毒ガスに代表される化学兵器の使用は、第 1 次世界大戦下ドイツ軍による塩素ガスの使用が近代戦における初例といわれるが、化学兵器規制の試みは、第 1 回ハーグ会議で採択された毒ガス禁止宣言（1899 年）に溯ることができる。同宣言は窒息性、有毒性ガスの

散布を唯一の目的とする投射物の使用を禁じるもので、その後ハーグ陸戦規則が（施）毒兵器の使用を禁止し、1925年には窒息性ガス等の禁止に関するジュネーブ議定書が締結された（同議定書には細菌兵器の使用禁止も盛り込まれた）。

　戦後、ジュネーブの軍縮委員会は核不拡散条約の成立後、生物・化学兵器の規制に取り組み、冷戦後の1993年、化学兵器禁止条約（化学兵器の開発、生産、貯蔵及び使用の禁止並びに廃棄に関する条約:CWC）が成立した（97年発効）。同条約は化学兵器の開発や製造、貯蔵を禁じるだけでなく、既存の化学兵器と製造施設の廃棄、原材料となる物質の軍事転用の禁止、生産・貯蔵施設への抜き打ち査察等の検証制度を詳細に規定している。条約の定める検証措置を実施するため、ハーグに化学兵器禁止機関（OPCW）が設けられている。

　一方、生物兵器の規制に関しては、1972年に生物兵器禁止条約（生物兵器及び毒素兵器の開発、生産、貯蔵の禁止ならびにこれらの兵器の廃棄に関する条約:BWC）が成立した（75年発効）。この条約は「防疫の目的、身体防護の目的その他の平和目的による正当化ができない種類及び量の微生物剤その他の生物剤又はこのような種類及び量の毒素」の開発、生産、貯蔵、その他の方法による取得又は保有の禁止を締約国に義務づけている。但し同条約は禁止の対象となる生物剤等の範囲が曖昧で、また研究活動には制約を課しておらず、さらに検証制度も無い等多くの問題を抱えていた。そのため同条約の運用に関する再検討会議で強制査察を含む検証制度導入に向けた議定書交渉が続けられたが、アメリカのブッシュジュニア政権の反対に遭い2001年に中断となり、以降交渉は停滞している。

　このほか、大規模な自然環境破壊については「環境変更技術の軍事的使用その他の敵対的使用の禁止に関する条約」（1976年）や第1追加議定書（第35条3項、55条）がある。76年の条約では、「破壊、損害または障害を引き起こす手段として広範な、長期的なまたは深刻な効果をもたらす環境改変技術の軍事的使用その他の敵対的使用」を禁じている。環境改変技術とは、地震、津波、一地域の生態的均衡の破壊、天候パターンや海流の変更等を意味する。広範とは数百平方キロメートル以上の規模を、長期的とは数か月または一季節の間、持続することを意味する。

●大量破壊兵器の拡散防止と運搬手段の規制

冷戦構造の崩壊後、大量破壊兵器及びその運搬手段となる弾道弾（ミサイル）

技術拡散の危険性が大きな国際問題となっている。なかでも大量破壊兵器への
アクセスをめざす"ならず者国家"（北朝鮮、イラン等）と呼ばれる国々の行動を
規制し、拡散防止のための国際的な枠組み作りが急務である。

　核兵器については、核不拡散条約とIAEAの保障措置に加えて、原子力供給
国（29か国）グループ（NSG）が原子力関連品目の輸出管理にあたっている。ま
た旧ソ連諸国からの核兵器及び技術の流出懸念があり、これを防ぐため、技術
者受入れのための国際科学技術センターの設置や核兵器の解体・管理に関する
資金協力が西側諸国によって進められた。化学兵器の拡散防止に関しては、化
学兵器の生産に使用され得る化学物質の輸出管理にあたるオーストラリア・グ
ループ（AG）が1985年に結成された。同グループは生物兵器の拡散にも備える
べく、生物兵器の研究や生産に利用され得る装置や毒素、微生物も輸出管理の
対象に加えることで合意し（1992年）、各国国内法を通じて管理を行っている。

　2003年、ブッシュ大統領は大量破壊兵器の拡散を阻止する新たな取り組みと
して、拡散に対する安全保障構想（PSI）を提唱し、疑わしい貨物を積載した船
舶・航空機の臨検や違法物資押収のグローバルな体制構築に取り組んだ。現在、
日本を含む21か国が専門家会合に参加し、海上阻止の共同訓練等が実施されて
いる。

　一方、大量破壊兵器の運搬手段となる弾道弾の拡散を防ぐ枠組みとして、ミ
サイル技術管理レジーム（MTCR）がある。これはG7が中心となって1987年

表6−1　通常兵器、大量破壊兵器、ミサイルおよび関連物資などの軍備管理・軍縮・不拡散体制

区　分	大量破壊兵器など				通常兵器
	核兵器	化学兵器	生物兵器	運搬手段 （ミサイル）	
軍備管理・軍縮・不拡散関連条約など	核兵器不拡散条約 （NPT） 包括的核実験禁止条約 （CTBT）	化学兵器禁止条約 （CWC）	生物兵器禁止条約 （BWC）	弾道ミサイルの拡散に立ち向かうためのハーグ行動規範 （HCOC）	特定通常兵器使用禁止・制限条約（CCW） クラスター弾に関する条約（オスロ条約） 対人地雷禁止条約（オタワ条約） 武器貿易条約 国連軍備登録制度 国連軍事支出報告制度
不拡散のための輸出管理体制	原子力供給国グループ（NSG）	オーストラリア・グループ（AG）		ミサイル技術管理レジーム（MTCR）	ワッセナー・アレンジメント（WA）
大量破壊兵器の不拡散のための国際的な新たな取組	拡散に対する安全保障構想（PSI） 国連安保理決議第1540号				

（出所）『平成26年版　防衛白書』314頁をもとに作成

に発足したミサイル本体及び関連汎用品・技術の国際的輸出管理のレジームであり、92年7月には、核兵器に限らずミサイルの規制対象を生物・化学兵器等全ての大量破壊兵器運搬手段に拡大された。また弾道ミサイルの拡散を防ぐための国際的ルール作りにも関心が高まっており、02年にはオランダのハーグで93か国の参加を得て、弾道ミサイルの拡散に立ち向かうための国際行動規範（HCOC）が採択された。これは法的な拘束力は持たないが、弾道ミサイルの拡散を防止・抑制する上で尊重されるべき原則と必要な措置を示した初の政治文書である。

●通常兵器の規制
＜対人地雷全面禁止条約＞

現在、通常兵器全般を規制・禁止する条約は締結されていない。特定の通常兵器を直接禁止した条約も、1868年のセント・ピータースブルグ宣言（400グラム以下の炸裂弾と焼夷弾の使用禁止）、1899年ハーグ会議で採択されたダムダム弾禁止宣言、1907年の自動触発海底水雷の敷設に関する条約、過度に障害を与えまたは無差別に効果を及ぼすことがあると認められる通常兵器の使用の禁止または制限に関する条約（特定通常兵器使用禁止条約:CCW）、それに対人地雷前面禁止条約やクラスター弾に関する条約等数少ない。

特定通常兵器使用禁止条約（1980年採択、83年発効）は、5つの付属議定書が規制対象となる兵器の種類を規定している。付属議定書1（検出不可能な破片を利用する兵器に関する議定書）では、人体内に入った場合、エックス線で検出不能な破片を放出する兵器の使用を禁止する。付属議定書Ⅱ（地雷、ブービートラップ及び他の類似の装置の使用の禁止又は制限に関する議定書）は、地雷、ブービートラップ（booby trap:偽装爆弾、仕掛け地雷）及び他の類似装置の文民に対する使用や無差別使用等を禁止した。しかし同議定書は、国家間紛争について適用され国内紛争には適用されないこと、特定の場合の地雷の使用を禁止するだけで、地雷の生産、貯蔵、移転、輸出等について規制がないこと、さらに義務違反の場合の制裁手段が存在しないこと等の点で問題があった。そのため1995年に特定通常兵器条約の再検討会議が開催された。翌年、議定書の国内紛争への適用や探知不可能な知人地雷の使用禁止等を盛り込んだ改正議定書が採択され、対人地雷の規制が前進した。

また非政府組織のネットワークである地雷禁止国際キャンペーン（ICBL）による地雷廃絶の国際運動が高まり、96年カナダ政府主催の国際会議がオタワで開かれた。本条約は全会一致制のジュネーブ軍縮会議で採択することができないため、カナダは対人地雷全面禁止交渉に賛同する国のみで交渉を進める方式（オタワプロセス）を提唱し、97年9月、オスロで対人地雷全面禁止条約（オタワ条約）が採択された。同年12月、ICBLとその調整者である米国人女性ジョディ・ウィリアムズにノーベル平和賞が授与された。対人地雷全面禁止条約は、対人地雷の使用、開発、製造、取得、備蓄、保有、移転をすべて禁じるもので、締約国は備蓄地雷を条約発効後4年以内、埋設地雷は10年以内に破棄することが定められた。これは、広く各国軍隊で使用されている武器が条約で禁止された初の例であった。

ところで、通常兵器の中で問題となるものの一つにナパーム弾等の焼夷兵器がある。同兵器は第2次世界大戦までは毒ガスと同様に非人道的な兵器と見做され、国際連盟主催下の軍縮会議でもＢＣ兵器とともに使用禁止が提案されたが、第2次世界大戦で連合国が対日戦を中心に大量にこれを用いたためその合法性が曖昧化した。しかし、戦後ベトナム戦争等において焼夷兵器の一種であるナパーム弾が使用され、再びその法的扱いが問題となった。そのためCCWでは焼夷兵器の使用禁止または制限に関する議定書（付属議定書III）が採択され、一般住民、個々の文民もしくは非軍事物を、焼夷兵器による攻撃対象とすることを如何なる状況においても禁止する旨規定された。このほか、失明をもたらすレーザー兵器に関する議定書（議定書IV：98年発効）は、永久に視力を失わせることを目的としたレーザー兵器の使用を禁じ、爆発性戦争残存物（ERW）に関する議定書（議定書V：2006年発効）は、主に不発弾等の危険を最小化するために、紛争後の対応措置や不発弾の発生を最小化するための技術的予防措置を規定している。

＜クラスター爆弾禁止条約＞

クラスター弾とは、一つの弾薬が幾つかの子弾を内蔵しており、空中で子弾が散布される仕組みの爆弾である。不発弾化した子弾の中には、紛争終結後も不慮の爆発で人を殺傷させたり、避難民の帰還を遅らせ、土地の再利用を困難にし、復興・開発の妨げにもなる。この条約はクラスター弾の使用、開発、製造、取得、貯蔵、保持、移譲を禁止するとともに、貯蔵弾の廃棄を義務付け、さ

らにクラスター弾被害者に対する援助及び国際的な協力の枠組み構築等について規定するもので、2008年に採択された（2010年発効）。ジュネーブでのCCW交渉が全会一致方式のため議論が進まず、世界約200のNGOからなるクラスター爆弾連合に後押しされてノルウェーなどが主導し、各国に働きかけて条約の制定に漕ぎ着けたもので、「オスロプロセス」と呼ばれる。

＜武器貿易条約＞

　通常兵器の国際的な輸出、輸入などの取引を管理するための共通基準を初めて定めた武器貿易条約（ATT）が2013年4月に国連総会で採択された。規制の対象となるのは、戦車や軍艦、ミサイルなど8種類。国連安保理決議による禁輸対象国や集団虐殺・戦争犯罪に使われるとわかった場合には武器の取引はできない。また武器輸出の記録を報告し、闇市場への流出を止める努力も求めている。なお通常兵器及び関連汎用品・技術の拡散を防ぐ輸出管理のレジームとして、ワッセナーアレンジメント（WA）が存在する。これは、94年に廃止されたココムに代わる新たな武器輸出管理体制の検討が行われた結果、96年に発足したものである。

＜小型武器規制＞

　地球上には6億以上の小型武器が出回り、紛争や暴力、テロや犯罪に利用されている。こうした事態を改善するには世界中に溢れている小型武器の回収・破壊が必要である。国連は2001年に初めて国連小型武器会議を開き、小型武器非合法取引の防止、除去、撲滅に向けた行動計画が採択された。国連小型武器行動計画は「小型武器非合法取引規制に関する具体的措置」として①非合法取引を追跡するための措置（武器への製造元の刻印や製造・保有・取引に関する記録の作成・保持）②実効的な輸出入承認制度の確立(3)小型武器全般に関する透明性の向上等を、また国際協力として①武装解除と元兵士の動員解除・社会復帰への支援②被害国への支援③小型武器の破壊支援等を上げている。

　このほか、軍備の透明性を高めるため、主要武器（戦車、戦闘用航空機、軍用艦船、ミサイル等の7カテゴリー）の輸出入に関する記録を毎年国連に登録する国連軍備登録制度（1991年設立）や、軍事支出を報告する国連軍事支出報告制度（1980年設立）などの信頼醸成措置も講じられている。

●国連軍縮会議

　国連は、強制力の行使による集団安全保障の強化（国連軍）を前面に打ち出したことから、軍縮の扱いは二義的で憲章の規定上も簡素である。しかし核兵器の出現や米ソ冷戦の激化に伴って、軍備縮小は国連においても大きな達成課題となる。そのため1952年の総会決議で国連軍縮委員会が設置され、以後数回の組織変更を経て、1984年から現在のジュネーブ軍縮会議（CD）となった。加盟国は65か国で、会議事務局はジュネーブの国連欧州本部に置かれ、2～3か月間の会期が年に3回開催される。会議の意思決定は手続き事項も含めてコンセンサス方式が採られている。ジュネーブ軍縮会議は軍縮に関する多数国間の交渉を行う唯一の機関であり、前身の機関も含めこれまでPTBT、NPT、BWC、CWC、CTBT等軍縮・不拡散に関する重要な条約の審議にあたってきた。しかし96年のCTBT採択以後、宇宙空間における軍備競争の防止（PAROS）問題の取扱いを巡る各国の意見対立から確たる成果が上がっておらず、カットオフ条約の交渉も未だに開始されていない。

6　国連改革の視座

●国際環境の変化

　現在、国連のあり方やその改革が大きな検討課題となっている。国連が誕生して70年以上が経過し、発足当時の国際情勢を前提とした現行の枠組みや運用方式が、21世紀の国際社会ではもはや有効に機能しなくなりつつあるのだ。

　1945年の創設当時51だった加盟国は、アジア・アフリカ地域における新興独立国の誕生に伴い、今や200に迫りつつある。国連が抱える"歪み"の一つは、加盟国に占めるこれら第三世界諸国の比重の著しい高まりに起因する。かっての国連のメンバーはその名の通り第2次世界大戦における連合国であり、いわば仲間内の会であった。

　だが今では数の上では全体の¾を南の発展途上国が占めている。そのため、国連の基本原則である一国一票制の下では、"南"の"数の論理"が幅を利かすことになり、戦勝国（北）側からすれば、発足当時のような自分たちの合議機関ではなくなってしまったことに強い苛立ちを覚えるのである（常任理事国の相対的

地盤低下）。他方、途上国にすれば、数では上回っても重要な意思決定は総会ではなく、参画が制限されている安保理が独占している状況への反発が強く、第三世界の発言力向上や重要な政策決定への関与を求めている。安保理への参画構想もその一環であり、安保理改組問題は日独を常任理事国に追加するだけでは片付かないのである。

　国連が抱えるいま一つの歪みは、加盟国の増加とは裏腹な主要国自身のパワー低下だ。発足当時、5常任理事国だけで国連分担金全体の72%を負担していたが、冷戦終結後の93年には44%に低下した（常任理事国の絶対的地盤低下）。国連をリードしてきた連合国の主要メンバー、特に英仏の国際社会における影響力は、経済を中心に著しい低下を来している。それにも拘らずこれら諸国は安保理の常任理事国（P5）として、国連で大きな権限を保持し続けている。こうした環境の変化を背景に、南北それぞれの思惑や利害が安保理改組問題を巡って激しく衝突しているのが今の国連の姿である。

● 安保理改革問題

　安全保障理事会の改革は、1945年以来11だった理事国（常任5、非常任6）を1965年に15（非常任理事国を10）に増加させただけで、この間、経済社会理事会は当初18か国だった理事国数を54に増やしている。1992年の国連総会では、多くの加盟国が安保理改組の必要性を訴え、その見直し（安保理議席の衡平配分と拡大）について加盟国に意見書の提出を求める決議が採択された。翌年の国連総会では安保理改組問題を検討する作業部会の設置が決まり、94年1月に初回の会合が開かれた。

　安保理改革の焦点は、5大国の拒否権の扱いと理事国拡大問題である。もっとも、拒否権の廃止は現行の5大国が応じないため、実際には理事国の数をどの程度まで増やすかが最大の焦点になっている。2004年、有識者で構成されるハイレベル委員会はアナン国連事務総長に、

　A案：常任理事国を6か国、非常任理事国を3か国拡大

　B案：準常任理事国（再選可能、4年任期）を8か国、非常任理事国を1か国拡大

の2案を提示した。これを踏まえ、日本は2005年にドイツ、ブラジル、インドとともに、常任理事国を6か国、非常任理事国を4か国それぞれ増やす決議案を提出したが、アフリカ諸国の支持取り付けに失敗し廃案となった。

安保理改組には憲章の改正が必要で、加盟国の３分の２以上の支持（総会を構成する全加盟国の⅔以上の賛成で改正案が採択され、かつP5を含む全加盟国の⅔以上が国内の憲法上の規定に従ってこれを批准すること：第108条）を取りつけねばならず、国連も日本も越えねばならないハードルは高い。

●敵国条項の存廃

日本では国際連合というが、英語名では「連合国（United Nations）」であり、国連憲章も「連合国憲章」と呼ぶのがより正確である。こうした"国連"の性格をよく表しているのが「敵国条項」の存在だ。国連憲章は武力の威嚇・行使を一般に禁じ、その例外を個別・集団的自衛権の行使と安保理決議による集団安全保障（強制）措置発動に限り、後者については、安保理の事前許可があれば地域機構による強制措置発動も容認している。

ところが、「敵国」に対する措置についてはこの事前許可を不要とし、「敵国における侵略政策の再現」に備えるための行動（武力措置）は自由にできることや、大戦中敵国に対してとった行動は憲章に優先すること等を規定している（憲章第53条、107条参照）。「敵国」の具体的国名は明記していないが、第２次世界大戦における枢軸国側の７カ国（日本、ドイツ、イタリア、フィンランド、ハンガリー、ルーマニア、ブルガリア）を指すものと理解されている。これら７か国は現在ではすべて国連の加盟国となっている。憲章第４条は「加盟国の地位は、この憲章に掲げる義務を受諾し、かつ、この機構によってこの義務を履行する能力および意思があると認められる他のすべての平和愛好国に開放されている」と規定し、国連が世界に門戸を開いていることを明らかにするが、その一方でこのような条項が未だに憲章上に残置していることは時代遅れも甚だしいと言わざるを得ない。「敵国条項」は削除されて然るべきであり、日本も1970年の第25回国連総会以来、総会等の場でこの条項の削除を主張している。

その結果、ようやく94年12月の国連総会で、憲章特別委員会に対し敵国条項の削除検討を要請する決議が採択された。同委員会の検討結果を踏まえ、95年12月国連総会は敵国条項を削除すべく、将来なるべく早い時期に国連憲章改正の手続きを開始する決議（A/50/52）を採択した。しかし、本件は安保理改組等国連憲章の改正を必要とする他の諸問題と一体的に処理される方針のため、削除の具体的な時期はめどがついていない。

●財政の逼迫と分担金

　もはや座視できない大問題が、国連財政の逼迫である。国連は従来から慢性的な財政難に苦しいでいたが、抜本的な処置が講じられぬまま、さらに冷戦後における平和維持活動の急激な増加が財政状況を一層悪化させることになった。国連の経費は、国連憲章で加盟国が負担することとされており、専門機関（独立的予算で、主として自発的拠出金で賄われる）のそれを除けば、大きく通常予算と平和維持活動予算に分かれる。このうち通常予算に対する加盟国の分担率は、3年に一度、総会分担金委員会の助言をもとに総会が決定する。分担率は、加盟国の「支払能力（Capacity to pay）」に応じるものとされ、各国の経済力（国民総所得（GNI）の世界計に対する各国の比率）を基礎としながら、合意された一定の算出方法に従い、途上国に対して対外債務や１人当たり国民所得に応じた割引措置、さらに分担率の上限（シーリング、22％）や下限（フロア、0.001％）の調整等も加えられる。

　そのため、インドのように人口が多く一人当たり国民所得が小さく、かつ途上国割引が適用される国には、GNI の国別割合を相当下回る低い分担率しか適用されない。法定下限の 0.001 ％の負担しか求められない途上国が 30 か国程度存在している。ロシアも、ソ連時代（1978 年で 11.6％）より分担率が大幅に引き下げられている。そのため全加盟国のうち日米など７か国だけで分担金全体の６割を負担する状況が続いている。分担率のトップはアメリカだが、アメリカは分担金の未納が大きく、これも財政状況の悪化を招く一因になっている。

表6－2　主要国の国連通常予算分担率（%）

順位(2019-21年)	国名	2016－18年	2019－21年	増減ポイント
1	米国	22.000	22.000	±0.000
2	中国	7.921	12.005	+4.084
3	日本	9.680	8.564	-1.116
4	ドイツ	6.389	6.090	-0.299
5	英国	4.463	4.567	0.104
6	フランス	4.859	4.427	-0.432
7	イタリア	3.748	3.307	-0.441
8	ブラジル	3.823	2.948	-0.875
9	カナダ	2.921	2.734	-0.187
10	ロシア	3.088	2.405	-0.683

（出所）外務省ＨＰ

日本の国連分担率は、1956年の国連加盟時1.97％だったが、経済成長に従い上昇基調をたどり、70年代前半に5％、後半には7％台に跳ね上がり早くも常任理事国の英仏中を越えた。92年からは旧ソ連を抜き、以後加盟国中第2位となり、2000年には20％を超え（20.57％）、日本一国で常任理事国の英仏露中4か国の合計よりも多く負担するなど冷戦終焉前後、日本の国連経費負担の突出ぶりが目立つようになった。だが2001年以降、経済状況の苦境を反映して分担率は下降し始め、2010～12年は12.530％、13～15年は10.833％、16～18年は9.680％、さらに2019~21年の日本の国連通常予算分担率は8.564％と下がり続け、遂に中国に抜かれて第3位に落ちることになった。

国連財政の悪化を防ぐには、経費の無駄を排すると同時に、加盟国間の経費負担の実質的な公平さが確保されなければならない。経済成長を成し遂げた中国の負担は上方修正されるべきであり、アメリカやロシアなど分担金未納国には納入を強く迫る必要がある。さらに途上国に対しても等しく割り引くのではなく、国毎の状況を踏まえ柔軟多様化させる工夫が求められる。

●肥大化と非効率さ

1945年に千人足らずのスタッフで発足した国連だが、いまや国連本体（ニューヨークの本部ならびに付属機関・補助機関）だけで3万人、専門機関も加えれば5万人以上の大世帯と化した。国際関係の複雑化に対応するため、あるいは国連の機能強化と言えば聞こえはよいが、実態を見れば経済社会理事会が安易に新たな付属機関や下部機関を乱造させてきた面も強い。これが国連官僚の増殖や予算の膨脹を加速させたばかりか、類似機関による業務の重複が国連行政の効率化を阻害する原因ともなった。

意志決定に相当の時間や労力を要する合議体としての国連の性格を斟酌してもなお、その冗長的な事務処理のスタイルは改善が必要である。特に意思決定方式については、国連の諸機関がとっている一国一票制の多数決方式を見直し、ＥＵ等他の国際機構が採用する「加重投票方式（weighted voting system）」の導入が検討されるべき時期に来ている。[6]国連と同様、普遍的な国際機関である世界銀行や国際通貨基金等では、既に加盟国の拠出する資金量の多寡によって各加盟国に与える票数が算出されており、経済協力開発機構傘下の国際エネルギー機関（IEA）では石油消費量等をベースに各加盟国の票数を算出している。これ

第6章　国際平和へのアプローチ　177

は、国連の意思決定の合理化のみならず、日本の発言力向上にとっても大きな
テーマである。

　さらに行政処理の非効率性とは別に、国連職員の士気やモラルの低さ（開発援
助に絡む国連職員の腐敗・汚職等）も指摘されている。04年にはイラクにおける石
油・食糧交換計画に絡み、国連職員が賄賂や石油売却の不法収入を得た疑惑が
取り沙汰された。民主的手続きを経て選出されたわけでもない国際官僚が、主
権国家間の調整機構としての制約を越えて疑似主権を持つ存在であるかのよう
に振る舞い、あらゆる問題に口を突っ込み、自己増殖し続けているとの手厳し
い評価がアメリカからなされているが、加盟諸国の協力を取りつけるためにも、
国連自らが浄化と効率化に本格的に取り組む姿勢が求められている。

●国連の抱えるディレンマ

　国連の今後とその改革問題を展望するにあたって、我々は等身大の国際連合
というものを冷静に見つめねばならない。冷戦が終結した直後、国連こそ世界
平和実現の中心的機関たり得るかの如き論調が溢れた。しかし、国連は世界政
府とは違う。国連はあくまでも諸国家の集合体に過ぎず、国連自体に統一され
た意志というものも存在しない。国家のエゴを排して国連が自主的な機能を発
揮するためは、自前の軍事力とそれを支える経済力が必要となる。だが、現実
の国連はこのいずれをも保有してはいない。

　これは強制的措置の実効性ばかりでなく、国連に高い期待が寄せられている
紛争調停能力の限界ともなってくる。そもそも国際紛争の平和的解決には、調
停や仲介の内容に利益と実効性が伴っていなければならず、そのためには仲介
役に軍事力や経済力等具体的手段が備わっている必要がある。だがそのいずれ
をも欠く国連には、正当性や中立性はあっても話合いを纏める梃子となる力は
無く、大国が発揮するような調停機能は果たせない。また調停者には状況に機
敏に対応し、機会を逃さずその立場や提案を変化させていく柔軟性が求められ
るが、合議機関の宿命から国連には常に硬直性や曖昧さが付きまとっている。

　過去を振り返れば明らかなように、国連が活性化するのは、大国であるアメ
リカが主導権を握っている時であった。湾岸戦争における多国籍軍も、アメリ
カ一国支配の状況を背景に、国連を利用しつつアメリカの戦争として戦われた
点で、朝鮮戦争の際の国連軍と類似している。ともにアメリカは、自らが決定

した方針を国連に事後承認させたわけで、国連の介入は国連の意志というよりはアメリカの意思の代弁に過ぎないと揶揄される所以である。

デクエヤル元事務総長は湾岸戦争の際、自らが決定した方針を国連に押しつけ事後承認を迫るアメリカの姿勢に反発したが、後を継いだガリ事務総長はむしろアメリカを取り込むことを企て、アメリカと国連の二人三脚の姿勢を打ち出した。ソ連の崩壊と相俟って、これが冷戦後に国連が活性化したかに見えた一因でもあった。裏返していえば、アメリカのような大国との思惑の一致がなければ、国連改革も容易には進展しないのが現実ということだ。ソマリア介入以後、アメリカは再び内向きの志向を強め、国連と一線を画すようになり、また冷戦終焉直後のような大国間協調も崩れてしまった。その結果が、イラク戦争に際しての国連の機能麻痺と加盟国間の分裂劇であった。

国連が国家の連合体である以上、大国が積極的なイニシアチブをとらなければ国連は活性化しない。国連の強化には大国の協力が必要不可欠である。しかし、逆に大国の国連に対する影響力が強まれば、国連は大国の代理人となり、自らの普遍性や独自性を失ってしまう。このジレンマは主権国家併存の枠組みが存続する限り不変であり、冷戦終焉後の現在も変わるものではない。

●改革の方向：国連のレゾン・デートル

もっともこうしたジレンマの存在は、国連の存在意義を否定するものではない。固有の意思決定および意思強制権力がなく、その活性化も大国との連携がなければ進展しないといった限界はあるにせよ、国連に変わり得るだけの組織がないのも事実だからだ。世界の殆どの国が加盟し、その憲章が国際規範として受け容れられている国際機構は国連しかなく、安全保障から人権、福祉、開発援助等極めて広範囲な問題を包括的に扱う単一の機構も国連だけだ。安保理だけが国連ではない。また安全保障の分野でも、国連でなければ果たせない使命がある。

確かに国連は、冷戦後も大国に代わり国際安全保障の主役の座に就くことはできなかった。しかし大国の利害関係が希薄か、逆に各国の思惑が複雑に錯綜する地域紛争のようなケースでは、大国間の政策協調に頼るだけでは効果的な解決措置が期待できない場合も多い。その際、公平な第三者機関である国連の役割は大きい。それゆえ、政策協調体制の整備と国連機能の強化を並行的に進

めることは、国際安全保障システムの弾力性（resiliency）を高めるうえで重要であり、決して両者は矛盾するものではない。

また国連は、情報の交換や水面下での交渉の舞台（ロビー外交）としても絶好の場を提供している。国連本部のコーヒーラウンジでは、敵対国の代表同士が親密に話し込む光景が頻繁に見られる。第1次ベルリン危機（1948〜49年）が解決したのも、国連のレストランでジェサップ米代表とマリクソ連代表が互いに相手を待っている間に交わした会話が楔子になったといわれる。地味だが、こうした日々の役割も軽視されるべきでない。

制約の多い中で機能強化をめざすには、非現実的な国連万能論に依拠するのではなく、重視すべき機能の特化・選別化が必要となる。国連がめざすべき方向はスーパーマンとしての姿ではなく、予防外交に代表される紛争の未然防止や早期処理機能の充実にある。危機の予防、警報発出と世界世論の喚起等は国連が担うべき重要な分野であり、PKO要員早期展開のための常設的な訓練センター整備や事務総長の権限強化、さらに危機予防と早期警報能力の向上を目的とした国連独自の偵察衛星保有等その情報収集や分析能力を向上させる必要もある。平和構築を目標とした人権、教育、人道援助分野の取り組みも大切だ。

さらに、国際関係の重要なアクターとなりつつあるNGO（非政府組織）との協力関係を深化させる必要もある。国連経済社会理事会はNGOに協議資格を認め、NGOとの協力を進めてきた。1992年の国連環境開発会議（地球サミット）以降は、それまで以上に多くのNGOが国連主催の会議に参加するようになった。主権国家機能の限界が認識されつつある時代環境の中で、国連はNGO等新たなアクターとの協力補完関係の強化や連携領域の拡大を進めていくべきである（グローバルガバナンスへの対応）。

非現実的な国連万能論や国連が世界政府実現の第一歩でもあるかのような浮ついた期待感も問題だが、逆に国連無用論や極端な悲観主義に浸る姿勢も排されねばならない。「国連が作られたのは、人類を地獄に落とさないようにするためであって、天国につれて行くためではない」（ハマーショルド）。限界はあっても、国連にとって替わるだけの新たなシステムは厳に存在せず、また出現する可能性も極めて薄い以上、限界を抱え、限界を承知しながらも、地道な国連の強化・改革に向けた取り組みが続けられねばならないのだ。

［注 釈］
(1)　1992 年にガリ事務総長が提出した『平和への課題』では、①予防外交（紛争発生前に国連要員を駐留）→②平和創造（重装備の平和強制部隊創設）→③平和維持（PKO）→④平和構築の 4 段階の活動が提唱された。拙著『国際平和協力論』（晃洋書房、2004 年）96 ～ 101 頁。

(2)　ブラヒミ報告は PKO を①紛争予防及び平和創造（conflict prevention and peacemaking）と②平和維持（peacekeeping）③平和構築（peace-building）の 3 要素からなる総合的な活動と捉えている。「紛争予防」は、紛争勃発以前に紛争の構造的要因に対処するもの、「平和創造」は紛争の勃発後、外交や調停によって進行中の紛争を停止させる活動を意味する。「平和維持」は、伝統的な第 1 世代 PKO から、内戦後に軍事・文民双方の協力が求められる複合型形態へと発展・変化している。また「平和構築」は、平和の基礎を再生し、単なる戦争が無い状態以上のものを作り上げるための活動で、戦闘員の市民社会への再統合、警察・司法制度の訓練等を通じた法の支配の強化、人権の尊重の監視、過去または現存する人権侵害の捜査、選挙協力や自由なメディアの支援を含む民主化支援、紛争解決・和解の促進等が含まれると、ブラヒミ報告は述べている。Report of the Panel on Peace Operations,UN Doc.A/55/305,S/2000/809（21 August 2000）, para.10-13.

(3)　Ibid.,para. 48-53.

(4)　Ibid.,para. 49，51.

(5)　自衛のほか、市民保護のために限定的な武器使用を認める積極的 PKO は、1999 年の国連シエラレオネ派遣団（99 ～ 05 年）から始まり、以後、国連リベリア派遣団（03 年～）、国連コートジボワール活動（04 年～）、国連ハイチ安定化派遣団（04 年～）、国連南スーダン派遣団（2011 年～）等が編成されている。シエラレオネ以降の 19 件の PKO のうち、積極的 PKO は過半数の 10 件、そのうち 9 件の PKO 展開地域はマリなどのアフリカ諸国である。

(6)　国連の運営に不満を持つアメリカは、1980 年代前半ユネスコから脱退した。米議会は国連総会に加重投票制の採用を要求し、受け容れられない場合は 20％以上の分担金支払いを拒否するというカッセバウム修正条項を成立させた（1985 年）。こうした批判を受け、国連は日本の提案により機構改革を検討する賢人会議（18 人委員会）を 85 年に設置した。そして同委員会の勧告をもとに、国連職員の削減（3 年以内に 15％）、高級幹部の削減（3 年以内に 25％）が実行されたが、その後も、国連の非効率性に対する批判はアメリカなど分担金支払い額の大きい国を中心に根強くある。

第7章

国際政治経済の
フレームワーク

1 　自由貿易体制の形成

● IMF と IBRD

　戦後の国際経済システム構築にあたっては、大恐慌以後のブロック経済的な閉鎖主義を改め、自由貿易に基づく国際協調体制を確立する必要があると考えられた。このような認識の下、1944年7月アメリカニューハンプシャー州のブレトンウッズに連合国44か国が集い連合国通貨金融会議が開催され、国際通貨基金（IMF）と国際復興開発銀行（IBRD）を設立することが決まった（ブレトンウッズ協定）。国際通貨基金（IMF）と国際復興開発銀行（IBRD）、それに後述する関税と貿易に関する一般協定（GATT）は、資本主義諸国の経済的な協調と発展を図り戦後自由貿易体制を支える3本柱となった。

　このうちＩＭＦは、平価の切り下げ競争による通貨秩序の混乱が戦争を招いたことへの反省から、通貨制度を各国の自由な運営に委ねるのではなく、一定のルールを設けて国際的にコントロールするための枠組みで、為替の安定と自由化を図り、自由貿易を支払い手段の面から支えることを目的とした。具体的には、アメリカの経済力を背景にドルを基軸通貨とする固定為替相場制を採用し、金とドルの自由兌換（金1オンス＝35ドル）、ドルと各国通貨の交換比率の固定（1ドル＝360円の固定レート）、また為替制限を禁止する代わりに国際収支の赤字国に短期の融資を行うこととされた。各国は平価維持義務を負い、国際収支が不均衡に陥った（貿易赤字）場合は通貨の切り下げではなく経済政策の引き締めによって対処し、その間はIMFからの融資によって急場を凌ぐよう求められた。IMFは各国の拠出金で運営され、各国は拠出金の割合に応じて発言権を与えられた。最大の拠出国はアメリカであった。IBRDは、戦後復興と途上国の開発を資金面から支えるため、長期融資を行う国際機関である。ヨーロッパの復興無くして通貨制度の円滑な運営は期し難いとの認識の産物であった。

　もっとも、ヨーロッパの戦災は余りに酷く、戦後、莫大な貿易赤字が計上され、経済の崩壊と政治的混乱が懸念された。IMFやIBRDの資金力だけでヨーロッパや世界各国の復興のための資金需要を賄うことは不可能で、アメリカはマーシャルプランや多額の軍事・経済援助等莫大なドルを諸外国に注ぎ込んでいった。金と自国通貨の交換を実施していたのはアメリカだけであり、人々は挙ってドルを保有した。かくて実態的にはブレトンウッズ協定の理念よりも、ド

ルの力によるアメリカの覇権的支配が国際経済の安定と発展を支えたのである。

●ブレトンウッズ体制の崩壊

　時代が下り 1960 年代になると、戦後復興を果たした日本や西独がめざましい経済成長を見せたのとは対照的に、アメリカはベトナム戦争による国防費の増大や福祉拡充政策により国際収支の赤字が拡大し、ドルの信用が大きく低下した。1971 年 8 月、ニクソン大統領はドルと金の交換を停止し、国際収支改善のため 10％の輸入課徴金を課すと発表した（ニクソンショック）。アメリカが金とドルの交換を停止し、国際通貨体制の主導権を放棄したことでブレトンウッズ体制は崩壊し、国際金融市場は固定為替相場制から変動為替相場制（フロート制）に変更された。

　1971 年 12 月、スミソニアン博物館で行われた G10（先進 10 か国蔵相会議）は、自由貿易の安定化のために平価の見直しを行ったうえで、固定相場制への復活を決めた。1 ドルは 360 円から 308 円へと 16.88％切り上げられ、対ドル変動幅にも変更が加えられた。このスミソニアン体制は、それまでの金・ドル本位制からドル本位制への移行を意味するものであった。しかし、その後もドル売りが続き、各国の中央銀行はスミソニアン協定のレートを支えることができなくなった。そのためドル安に対する相場の維持が難しくなったことなどを理由に、1973 年には日本や西欧諸国が相次いで変動為替相場制へ移行した。以後、固定為替相場制へ戻す話し合いは行われず、76 年にキングストンで開催された IMF 理事会で変動為替相場制への移行が追認された。これをキングストン合意という。

●政策協調レジーム

　変動為替相場制の下で国際経済の安定を図るには、各国の通貨政策やマクロ経済政策の協調が必要となった。そして変動相場制ではあるが、主要国の話し合いによる為替レート誘導の市場介入が行われることになる（管理フロート制）。1985 年、米英西独仏日 5 か国の蔵相・中央銀行総裁の合同会議がニューヨークで開かれ、ドル高の是正を目指して協調介入することで合意し（プラザ合意）、為替政策の協調体制が始まった。しかし、この合意に基づいて各国がドル売りの市場介入を行った結果、急激な円高ドル安が進展し、1 年を経ずして円はドル

に対し4割以上も値上がりした。急激な円高は日本の輸出産業に打撃を与えると同時に、企業努力よりも為替変動に関心が集まり、投機に走る傾向を助長させた。

1986年の東京サミットでは、G5だけでなくサミット全参加国の蔵相と中央銀行総裁の会合（G7）の創設が合意され、各国の経済政策の相互監視体制が築かれていく。87年にパリで開催された先進7カ国蔵相中央銀行総裁会議（G7）では、プラザ合意以後加速していた円高ドル安に歯止めをかけるため各国が協調介入することが合意された（ルーブル合意）。これを受け円売り・ドル買いが行われ、また日本は大型の景気対策と金融緩和政策を実施したが、アメリカの経常赤字は増加、ドル安が進み株は大暴落した（ブラックマンデー）。一方、日本は金融引き締めのタイミングを逸し、バブル経済に突入する。

さらに冷戦の終焉後、G7にロシアが加わりG8となる一方で、アジア通貨危機が契機となり99年には初めてG20財務相・中央銀行総裁会議が、また2008年のリーマンショック直後には、ワシントンに各国首脳が集いG20首脳会議が初めて開かれた。こうした動きの背景には、先進国だけでなく、高い成長力を見せるブラジル、インド、中国等のBRICs諸国を取り込まないと、もはや世界経済を安定させることが難しくなったとの認識がある。

● GATT

IMF、IBRDのブレトンウッズ体制は、通貨・金融及び復興・開発分野の国際レジームだが、貿易分野の国際レジームを支えたのが関税及び貿易に関する一般協定（GATT）である。当初アメリカは国際貿易機関（ITO）の設立を構想していたが、自由貿易を多角的かつ無差別に保障する制度の形成についてイギリスが抵抗し、国際貿易機関を設立するための条約である国際貿易憲章（ハヴァナ憲章）が合意されたのは1948年3月のことだった。しかも、貿易の自由化が国内産業に悪影響を及ぼすことへの警戒感がアメリカでも強まり、米議会が条約を批准せず、結局国際貿易機構は発足に至らなかった。

その一方で、米政府の提唱により、国際貿易機関設立交渉と並行して多角的関税引き下げ条約の締結交渉が進んでいた。その結果、国際貿易機関が誕生を見ない中で、1947年ジュネーヴで関税及び貿易に関する一般協定（GATT）が調印され、翌年発効した。GATTは、自由・無差別・多角の原則に基づく国際貿

易を実現すること、関税の引き下げや輸入数量制限などの非関税障壁を撤廃し、戦争原因となったブロック経済の再形成を防ぐための枠組みである。[1]

●GATTラウンド交渉

　GATTは、自由・無差別・多角主義を原則とする貿易秩序の実現を基本理念とする多国間条約である。自由とは、自由貿易を確立するため、関税の引き下げや非関税障壁の撤廃をめざすこと、無差別とは、加盟国を平等に扱うことが要求され、加盟一か国に与えた有利な貿易条件は全加盟国に平等に適用すること（最恵国待遇）、そして多角主義とは、貿易上の問題は多国間交渉（ラウンド交渉）の方式によって解決し、二国間による解決を排除して公平を実現することを意味する。

　1947年から62年にかけてジュネーブ（47年）、アヌシー（49年）、トーキー（50-51年）、ジュネーブ（56年）、ディロンラウンド（60-61年）と5回の多角的貿易交渉が行われ、6万品目以上の関税引き下げが合意された。第5回以降は「ラウンド」と呼ばれるようになった。第6回のケネディラウンド（64～67年）では、それまでの国別・品目別の交渉方式に代わって一括一律均等の関税率引き下げを目指す一括引き下げ方式が採用された。

　70年代の東京ラウンド（73～79年）では、非関税障壁の撤廃が焦点となった。第8回のウルグアイラウンド（86～94年）では、農業、サービス、知的財産権が交渉の対象とされた。そして多様化する貿易問題に対処するには正規の国際機関を設置すべきとの考えに基づき、GATTはWTOに発展的に解消された。

●日米の経済摩擦

　第2次世界大戦後の貿易レジームは、アメリカに大きく依存していた。強大な工業力を背景に、アメリカは自国の市場を他国に開放する一方、他国が経済成長のために導入した様々な自由化制限的措置を容認してきた。しかし自らの相対的な優位が脅かされるにつれ、アメリカはヨーロッパや日本と度々貿易摩擦を激化させた。それはGATTの枠外で、特定製品の貿易について輸出国と輸入国の間で暫定的な貿易制限措置を認めようとするものであった。戦後、日本の経済復興に伴い日米間で繰返し起きた経済摩擦の経緯を振り返ろう。

　まず1972年に日米繊維協定が締結され、続いて1977年には鉄鋼・カラーテ

レビについて日本による実質上の対米輸出自主規制措置が実施された。これで経済摩擦は一旦は収束したが、1980年代に入ると今度は自動車・半導体・農産物（米・牛肉・オレンジ）を巡る摩擦が浮上し、自動車の自主輸出規制や現地生産の拡大、牛肉・オレンジの自由化措置等が採られた。さらに80年代末には、日本の投資・金融・サービス市場の閉鎖性によりアメリカ企業が参入しにくいことが批判され（ジャパンバッシング）、日米間では経済のほとんどの分野で摩擦が生じるようになった。アメリカは、プラザ合意以降の円高ドル安の中でもアメリカの対日赤字が膨らむ要因は、日本の市場の閉鎖性（非関税障壁）にあるとして、日本の経済構造の改造と市場の開放を迫る目的で日米構造協議が開始された（1989～90年）。

これは1993年から日米包括経済協議と改められ、米側はより一層の規制緩和や市場開放を迫るようになった。クリントン政権は対日市場開放のアプローチとして、二国間協議（日米包括経済協議）に加えて、多国間交渉（GATTウルグアイ・ラウンドでコメ市場の部分開放）や一方的制裁（包括通商法（スーパー301条）による日本製自動車に対する報復関税）の手法も駆使した。その結果、1993年のウルグアイラウンドではコメの部分開放を実現したほか、2000年には大規模小売店舗法（大店法）を廃止させた。日本の経常収支黒字削減とアメリカの財政赤字削減というマクロ経済の協議がなされたほか、政府調達、自動車、半導体等分野別協議も行われた。こうしてアメリカは、対日赤字削減、対日市場開放、対日経済競争の勝利という目標を達成した。1996年に日米包括経済協議は終了し、その後は、日米双方の要望書（年次改革要望書）に基き協議されるようになった（2001～09年）。

●GATTからWTOへ

1994年に終結されたウルグアイラウンドの合意を受け、GATTに代わる新たな常設国際機関として、1995年に世界貿易機関（WTO）が発足した。WTOは、モノの貿易ルールだけでなく、サービス、知的財産権など広範な分野での国際的ルール（＝各種の協定）を決め、貿易障壁を削減・撤廃するために加盟国間の貿易交渉の場を提供する国際機関である。2001年には中国が、06年にはベトナム、12年にはロシアの正式加盟が認められた。

対象分野の拡大に加えて、WTOでは貿易に関する国際紛争を解決するため

の手続きが強化されている。ＷＴＯは協定の見直しなどについては全会一致の
コンセンサス方式を採っているが、紛争解決の手続きにおいては、全加盟国が
賛成しない限り実施できないコンセンサス方式を採用していたGATTとは異な
り、紛争解決委員会の提訴に対し全加盟国による反対がなければ採択されるネ
ガティブ・コンセンサス方式（逆コンセンサス方式）が採用された。これは国際組
織としては稀な例であり、強力な紛争解決能力が付与された。

表7-1　GATTとWTOの相違点

名称		GATT	WTO
法的地位		条約の集合体	恒常的国際機関
主な機関		締約国段・理事会・ＩＴＯ暫定委員会（＝事務局の役割）	閣僚会議、一般理事会、各理事会、各種委員会、事務局（ジュネーブ）
対象範囲		モノの貿易のみ	モノ＋サービス・知的財産権の貿易
紛争処理手続き	パネル報告や対抗措置の承認方式	コンセンサス方式	ネガティブ・コンセンサス方式
	対抗処置（制裁）の対象	モノの分野に限る	モノ、サービス、知的所有権の三分野であれば異分野の制裁が可能
	再審制度	なし	あり
	提訴から対抗措置承認までの期間	明確な期限はなし	標準：約28ヶ月 最長：約35ヶ月
閣僚理事会		必要に応じて開催	最低二年に一回開催

（出所）ＴＡＣ『公務員Ｖテキスト15　国際関係』（ＴＡＣ、2001年）55頁

●ＦＴＡとＥＰＡ

　1986年から始まったGATTウルグアイラウンド（多角的貿易交渉）は難航・長
期化した。またGATTに代わってWTOが発足したが、2001年から始まった
WTOによる新ラウンド（ドーハラウンド）は加盟国の増大（151か国・地域）に加
え、交渉領域が各国の主権や内政に関わる問題にまで広がっているため利害が
複雑に錯綜し、合意が困難な状況が続いている。このような状況から、近年で
は利害が一致した二国間または多国間で自由貿易協定（FTA）や経済連携協定
（EPA）を締結する動きが加速している。

　まず、特定国や特定地域の間で、お互いの関税を撤廃したり、輸出入手続き

を簡素化し、貿易や投資の拡大自由化を目指す協定を自由貿易協定（Free Trade Agreement:FTA）と呼ぶ。二国間の取り決めから、欧州連合（EU）のように地域で通貨を統合するものまでその形態は様々である。これに対し、自由貿易協定の内容を基礎としながら、投資やヒトの移動を促進させたり、政府調達、競争政策、知的財産分野のルール作り等より幅広い対象分野について経済関係の強化をめざすものを経済連携協定（Economic Partnership Agreement:EPA）と呼んでいる。

　FTAは1990年代から増えはじめ、21世紀に入ると急増する。1989年当時、発効済みFTAの件数は16だったが、99年に67となり、2011年には199を数えるようになった（11年6月時点）。この間の事情を見ると、90年代前半、欧州の域内市場統合がスタートし（93年）、北米自由貿易（NAFTA）が発効する（94年）など欧米の二大経済圏で地域統合が進み、アジアではASEAN自由貿易地域（AFTA）（92年）、南米では南米南部共同市場（メルコスール）（95年）が形成された。そして21世紀に入り、アジアの主要国がFTA締結の動きに加わるようになった（2001年当時、何処の国・地域ともFTA協定を結んでいなかったのは中国、日本、韓国のみ）。

　日本は従来、WTO/GATT体制を重視する立場からFTA/EPAの締結を控えてきた。しかし、世界貿易機関（WTO）の新ラウンド（多角的貿易交渉）が膠着状態に陥っていること、多くの国々でFTA/EPAの締結が進み、締結していない日本の輸出が不利な扱いを受ける事例が出てきたこと、FTA/EPAのカバーする範囲が拡大してきたこと、さらに中国がASEANとの間で「10年以内に自由貿易地域を築く」方針を打ち出したことなどから方針を転換し、2001年にシンガポールとの間で日本として初となるEPAを締結した（02年発効）。この協定によって、鉱工業製品の関税撤廃が実現したほか、経済、金融、学術など幅広い分野の交流も促進された。しかし日本側が農産物の関税撤廃に強く抵抗したため、2千品目近い農水産品の関税が撤廃されずに残ったままとなった。

　その後05年4月には、日本にとって2件目となるメキシコとの経済連携協定が発効した。以後、マレーシア（06年発効）、チリ、タイ（07年発効）、インドネシア、ブルネイ、ASEAN、フィリピン（08年発効）、スイス、ベトナム（09年）、インド（2010年）、ペルー（11年）、豪州（14年）、モンゴル（15年）と15のEPAを締結している。現在、韓国、EU、カナダ等と交渉を行っている。日本のEPA

の特徴は自由化率（関税撤廃品目の比率）が低いことにある。輸入額での自由化率は90％を超えるが、タリフライン（関税対象項目の細目数）では80％となり、多くのEPAで相手国より低くなっている。これは農水産品目の多くを除外や関税割当、再協議など例外品目としているためである。[(2)]

WTOの貿易交渉が難航する中で、貿易の自由化を求める諸国間が個別の協定を締結することは、WTOを補完する意義を持つ一方でWTOの無差別原則に抵触する面もあり、両者の整合性確保が問題となっている。

●環太平洋戦略的経済連携協定（TPP）

2006年にシンガポール、ニュージーランド、ブルネイ、チリの4か国は「P4（パシフィック4）」と呼ばれる小規模の自由貿易協定（EPA）を発効させたが、2009年にアメリカが参加を表明したことで状況が一変した。オーストラリア、ペルー、ベトナムも次々と参加し、名称も環太平洋戦略的経済連携協定（Trans-Pacific Partnership:TPP）に変更された。2010年にはマレーシア、12年にはメキシコ、カナダが加わった。日本は菅首相が10年10月にTPPへの参加検討を表明した。2016年2月に参加12か国が協定文に署名したが、17年1月にアメリカのトランプ政権は離脱を決定。同年3月、アメリカ以外の11か国は新協定TPP11の合意文書に署名し、2018年に発効した。

TPP11は原則として10年以内にすべての関税を撤廃するなど高いレベルの貿易自由化を目指していることや、モノだけでなく投資や知的財産など幅広い分野を対象としていることが特徴である。TPP11は、世界の国内総生産（GDP）の13％を占める人口約5億人（アメリカを含む当初のTPPはGDPの4割、人口8億人）の経済圏を生み出した。日本がTPP11に参加する利点として、関税の撤廃により貿易の自由化が進み日本製品の輸出増大が期待できるが、問題点としては、海外の安価な商品が流入することでデフレを引き起こす可能性があること、関税の撤廃により安い農作物が流入し、日本の農業に大きなダメージを与える恐れがあること、さらに食品添加物・遺伝子組み換え食品・残留農薬等の規制緩和により食の安全が脅かされる危険性も危惧される。

いまひとつアジアでは、日中韓印豪NZの6か国とASEANが結ぶ5つのFTAを包括的に束ねる東アジア地域包括的経済連携（Regional Comprehensive Economic Partnership:RCEP）がある。RCEP交渉は、広範な関税削減や高水準のルール作り

を求める日豪と自国産業を保護したい中印の間で隔たりがあるが、この広域な自由貿易協定が実現すれば、世界の人口の約半分の34億人、世界のGDPの3割にあたる20兆ドル、世界の貿易総額の約3割に当たる10兆ドルを占める広域経済圏が実現することになる。

2　南北問題：開発と援助

●開発の10年とUNCTAD

　第2次世界大戦後、アジアアフリカの植民地は独立を果たし、宗主国の従属国に対する「支配・搾取」の関係に替わり、先進国の新興独立国に対する援助の在り方が国際関係の新たな課題として登場することになった。1960年代には、東西関係と対比させて、途上国と先進国との関係は南北関係と呼ばれるようになる。国連総会は1961年、アメリカのケネディ大統領の提唱で国際開発戦略を採択し、1960年代を「（第1次）国連開発の10年」に指定した。米州開発銀行（60年）やアジア開発銀行（66年）等地域別の開発銀行が誕生した。また国際復興開発銀行（IBRD）の融資条件が途上国に厳しかったため、途上国に緩い条件で融資する国際開発協会（IDA）が設置された（60年）。IBRDとIDAを合わせて世界銀行と称する。[3]　66年には国連の開発援助制度が統合されて、国連開発計画（UNDP）が発足している。

　先進諸国も、南北問題への対応として独自の取り組みを開始した。欧州経済協力機構を前身に1961年に発足した経済協力開発機構（OECD）は、目的の一つに途上国援助を掲げ、開発援助グループ（DAG）を結成した（64年に開発援助委員会（DAC）と改称）。DACは加盟各国の政府開発援助（ODA）にガイドラインを設け、GNPの0.7％までの拡大、贈与比率（グラント・エレメント）の増大などが盛り込まれた。

　しかし、このような国際組織や先進諸国の取り組みに途上国は満足しなかった。戦前の植民地時代の搾取に加えて、戦後も旧宗主国は南に不利な経済制度を通して搾取を継続している（新植民地主義）ことが貧困の原因だと南は考えた。途上国が多数を占めるようになった国連は南北協議の場となり、1964年には途上国の団結（「77カ国グループ」の結成）により、国連貿易開発会議（UNCTAD）の

第7章　国際政治経済のフレームワーク　191

図7-2　EPAって何？

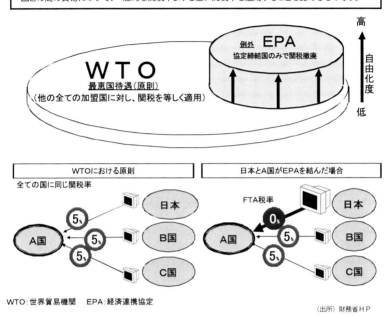

図7-3　アジア・太平洋地域の経済連携

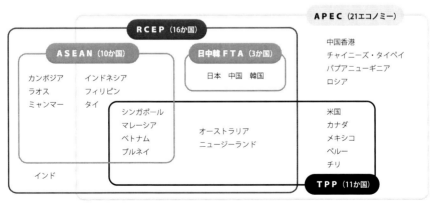

第1回総会が開かれた。その際提出されたプレビッシュ報告は、「中心・周辺理論」に基づき、「援助よりも貿易を」のスローガンの下に、途上国からの輸入品に対する一般特恵関税（関税率の引き下げ）や1次産品の価格安定を要求した。UNCTADは途上国の立場と意見を先進国に提出する場となり、同年秋には総会の下部機関として常設化された。70年代には、UNCTADのスローガンが「援助も貿易も」に発展した。

● 新国際経済秩序（NIEO）

1962年の国連総会では、先進資本による資源の開発と収奪に対する批判を背景に、「天然資源に対する恒久主権に関する決議」が採択された。さらに73年の第4回非同盟諸国首脳会議は、「経済宣言」で「天然資源の恒久主権」を打ち出した。途上国の資源ナショナリズムが高揚する中、60年代後半から70年代前半にかけて、数の優勢を背景に、途上国が相互に結束し、より公正で平等な国際政治経済秩序を樹立しようとする動きが頂点を迎える。1973年の第4次中東戦争の際のアラブ産油国による石油戦略の発動は、その代表例である。

1974年の国連第6回特別総会（国連資源特別総会）では、天然資源恒久主権の完全な確保、途上国に対する特恵的制度の拡大、資金援助の拡大などを盛り込んだ「新国際経済秩序（NIEO:New International Economic Oorder）樹立に関する宣言」とその「行動計画」が採択された。それは、国際政治経済の構造そのものを、国際協力を通じてより公正で平等なものへと変革する試みであった。先進国主導の国際経済体制（IMF・世銀・GATT体制）を、北の工業国に南の途上国が従属する階層的体制とみなし、代わって冨の公正な国際的再配分（カルテルによる一次産品の価格引き上げなど）と国際的意思決定への平等な参加と発言権向上を可能とする秩序を樹立しようとする第三世界の強い志向を示したものであった。

しかし、1970年代後半以降南北対話は低調になる。その背景には、新国際経済秩序の実現に先進諸国が必ずしも積極的ではなかったことに加え、1973年の第1次石油危機に続き79年の第2次石油危機がもたらした世界不況は先進国を襲っただけでなく、途上国にも深刻な影響を及ぼした。南北の格差は縮まるどころか、産油国や工業化に成功した一部の途上国とそれ以外の国々（LLDCと呼ばれる後発発展途上国など）の格差が拡大したのである（南南問題[4]）。

第7章　国際政治経済のフレームワーク　　193

● 累積債務問題

　1980年代に入ると世界不況とそれに続くドル高・金利高が途上国を襲った。それはラテンアメリカ諸国の累積債務問題として現れた。途上国は、1次産品輸出の伸び悩みと輸入製品の価格高騰で対外借り入れが激増した。しかも工業化を急激に進めていた途上国（一部の産油国を含む）は先進国から多額の民間資金を導入していたため、債務返済負担が激増した。その結果、82年にメキシコ、アルゼンチン、ブラジルが、83年にはベネズエラ、フィリピンが相次いで返済繰り延べ（リスケジューリング）を要請せざるを得ない事態に陥った。これは途上国経済の危機だけではなく、膨大な資金を貸し付けていたアメリカを中心とする先進国の民間投資機関にとっても深刻な危機であった。

　そのため、アメリカは構造改革や緊縮財政を条件に追加融資を行うベーカープランやブレイディプランなどの債務処理計画を提起した。また第1次石油危機を機に、途上国の中には国際通貨基金（IMF）の支援を仰ぐ例が出たが、80年代の累積債務問題を受けてIMFは構造調整ファシリティ（86年導入）、拡大構造調整ファシリティ（87年導入）等相次いで新たな融資枠組みを発足させた。従来からIMFの融資には、融資条件として借り手国政府のマクロ経済の改善策実施が義務づけられていた。これをIMFコンディショナリティといい、条件についての約束は政策協定合意書（趣意書）という。80年代の新しい融資枠組みでは、マクロ経済政策だけでなく、途上国に価格統制撤廃や国営企業の民営化等市場原理重視の構造改革も義務づけるものとなった。90年代初め事態はひとまず沈静化するが、IMFは途上国援助機関としての性格を強め、世界銀行との協調・連携も強まった。

● グッドガバナンスと人間開発

　1990年代は、冷戦終結とアジア諸国の経済成長により、南北関係や開発援助にとって大きな転機となった。ソ連・東欧の旧社会主義諸国や市場経済化をめざすアジアの社会主義諸国（中国、ベトナム）の構造改革が開発援助の大きな課題に浮上した。また冷戦終結によって人権や民主主義といった政治的価値が普遍化したため、人権抑圧を続ける途上国への援助政策のあり方が問われ、受け手政府の体制や人権政策が問題とされるようになった（「政治的コンディショナリティ」の導入）。

こうした政治的考慮を融資条件に組み込むことを禁じられている世界銀行は、「ガバナンス」の概念を導入し、ガバナンス改善を融資目的に掲げた。世銀が定義したガバナンスとは「経済的社会的資源を開発のために活用する際の権力行使のあり方」である。そして、権力行使に際しての政府の説明責任・透明性・公開性、公共部門の効率的運営、予測可能な法に基づく統治・独立した司法、汚職・腐敗の抑制などを「グッド・ガバナンス（good governance）」として掲げた。このような指標は必ずしも民主的体制と同義ではないが、援助資金が効率的で公正に使われる上で重要であるとともに、民主的な機構や体制作りは途上国政府が国民の参画を得た形で開発に取り組んでいくためにも必要不可欠な課題である。

また90年代以降、従来の経済成長重視の路線に代わって個々人の生活や社会そのものに焦点を合わせる開発観が台頭し、「社会開発」「人間開発」等の概念が提唱されるようになった。2000年には国連ミレニアムサミットが開かれ、採択された国連ミレニアム宣言をもとに、貧困と飢餓の撲滅、初等教育の完全普及達成、乳幼児死亡率削減、HIV/AIDS等疾病の蔓延防止、ジェンダー平等推進と女性の地位向上等2015年までに達成すべき8つの目標がミレニアム開発目標（MDGs）として明示された。この目標は、2015年9月の国連サミットで採択された2030年までの「持続可能な開発目標（SDGs）」に継承・発展された。SDGsは17の目標と具体的な169項目の達成基準からなり、貧困の根絶とともに、「天然資源と生態系の統合的かつ持続可能な管理を推進」することや教育の向上なども目標に掲げている。SDGsはすべての国を対象とするが、法的な拘束力はなく、各国や民間企業の自主的な取り組みを求めている。

●政府開発援助（ODA）

先進国が途上国に対して行う経済開発・福祉向上のための経済的・技術的支援を政府開発援助（ODA：Official Development Assistance）と呼ぶ。ODAでは途上国に貸し付けられる資金の条件の緩やかさが問題になる。そこで援助のうち贈与的要素の度合いを示すグラントエレメント（G.E）の指標が用いられる。金利が低く融資期間が長い程G.Eは高くなり、G.E.が100％であれば贈与となる。G.Eが25％以上のものが公式にODAと呼ばれる。

ODAは「二国間援助」と一旦国際機関に資金を拠出するかたちの「多国間援

助」に、また提供資金の返済義務がある「借款（有償資金協力）」と義務のない「贈与（無償資金協力と技術協力）」に、さらに資金提供国からの資材・役務の調達を義務づける「タイド（いわゆる紐付き援助）」とそうした条件の付されていない「アンタイド」に分類できる。DAC（OECD開発援助委員会）加盟28か国が提供するODAの年間総額は約1549億ドル（2016年）で、内訳は約8割が贈与、2割が借款で、多国間援助が全体の3割を占めている。日本は支出純額実績では米独英に次ぐ4位だが、対GNI比では20位に留まっている。

　日本政府は1992年にODAの理念を内外に示す「ODA大綱」を公表し、供与の際考慮されるべき原則として①環境と開発の両立②軍事的用途、国際紛争助長への使用の回避③軍事支出、大量破壊兵器・ミサイルの開発・製造、武器の輸出入の動向への十分な注意④民主化促進、市場経済導入、基本的人権、自由の保障への注意の4原則を掲げた。ODA大綱は2003年に改訂され、さらに2015年にはより幅広い概念を示す「開発協力大綱」に改められた。新大綱は、公的資金による途上国援助で貧困削減等に力点を置くODAに加え、日本の安全保障や経済成長に役立つ対外協力を戦略的に積極活用する姿勢を示すもので、安倍政権が掲げる「積極的平和主義」や「国家安全保障戦略」（13年閣議決定）を反映したものとなった。新大綱は、国際貢献の視点に加えて、開発協力が「我が国の平和と安全や国際秩序の維持といった国益の確保に貢献」すべきことをODAの目的として明記したうえで、旧大綱の②の原則を維持しつつ、基本方針に「非軍事的協力による平和と繁栄への貢献」の項目を新設。「相手国の軍または軍籍を有する者が関係する場合には、その実質的意義に着目し、個別具体的に検討する」とし、非軍事分野に限定した形で他国軍への支援に道を開いた。災害救助を実施する軍への物資支援や海上警備のための巡視船の供与等が想定されている。また経済成長を遂げたODA卒業国にも「開発ニーズの実態」に応じて援助を再開できると規定。民間企業も活発に発展途上国に投資している現状を踏まえ、経済的な国益を確保するため、官民連携を強化する必要性も明記された。

3 地域主義と欧州連合

相互依存体制の進展や冷戦の崩壊を受け、地理的に隣接している国や地域が政治・経済的に協力する地域主義の考え方が強まり、地域協力機構構築の動きも顕著である。その代表が欧州連合（EU）やASENである。

●欧州共同体（EC）

1952年に発足した欧州石炭鉄鋼共同体（ECSC）と、57年のローマ条約で設立された欧州経済共同体（EEC）、欧州原子力共同体（EURATOM）の三つが合体して、1967年に欧州共同体（EC：European Community）が成立した。ECは非関税障壁を含む域内関税の撤廃・域外共通関税の設定により関税同盟を成立させた。85年には、域内における人の移動の自由を認めるシェンゲン協定が締結された[5]。さらにドロールEC委員会委員長は「域内市場白書」を提出し、経済市場の統合を目指した。そして1986年に単一欧州議定書が採択され（87年発効）、市場統合に向けた法的基盤を整備するとともに、統合を妨げる物理的、技術的、それに税制障壁約280項目の撤廃に取り組んだ結果、人、物、サービスや資金が自由に往来できる域内の市場統合が実現した（93年1月）。

●欧州連合（EU）

1992年に調印されたマーストリヒト条約（欧州連合条約）の発効（93年）により、1994年に欧州連合（EU：European Union）が成立する。マーストリヒト条約の主な目標は経済通貨同盟（EMU）の実現にあり、そのためには中央銀行の設置と通貨の統合が必要となる。EUは98年に欧州中央銀行（ECB）を創設し、各国通貨に代わる共通通貨ユーロを99年1月から導入した（02年完成）。

またマーストリヒト条約では、欧州共同体（EC）という既存の柱に加えて、新たに「共通外交・安全保障政策（CFSP）[6]」や「司法・内務分野協力（CJHA）[7]」の採用が盛り込まれ、EUは3本柱の構造となった。さらに欧州連合市民権が創設された。95年にはオーストリア、スウェーデン、フィンランドが加盟し、15か国体制（拡大EU）になった。

その後、加盟国の増加等に対応できるよう、マーストリヒト条約の改正が重ねられた。まずアムステルダム条約（97年）では、全会一致制を改め、決議に

賛成した国だけで共通政策をとることを可能とする建設的棄権制が導入された。また過半数の加盟国が先行して、多段階に特定分野の統合を進めることが可能になった（先行統合）。続くニース条約（2000年）では、政策決定の効率化を目的に、多数決適用範囲を拡大し、理事会での全会一致を必要としない分野が広げられた。また先行統合参加国を過半数から8か国に改めた。さらに国力に見合った発言権を担保するため、理事会での各国の持ち票数の配分が見直された。

　その後、2004年にはEU憲法条約が採択され、EU旗、EU歌など統合の象徴を定めるとともに、EU大統領の創設などEUの政治機構の整備が進められた。しかし内容が急進的過ぎるとの批判が高まり、05年にフランス、オランダが国民投票で同条約の批准を否決した。そのため国家統合を想像させる『憲法』の名を削除し、EU憲法条約の内容を簡素化させたリスボン条約が2007年に採択された（09年発効）。リスボン条約の主な内容は①EU首脳会議常任議長（通称:EU大統領）の創設②EU外交・安全保障上級代表（通称:EU外相）の創設③意思決定方式は「加盟国数の55％以上」と「EU総人口の65％以上」の賛成による可決する「二重多数決方式」に変更（完全実施は2017年3月末）④ただし外交、安全保障、税制、社会保障政策の各分野は全会一致の決定方式を維持する等である。平和や民主主義への貢献が評価され、2012年にノーベル平和賞を受賞した。

　一方経済面では、ギリシャ（2009年10月）に端を発した債務危機問題がアイルランド・ポルトガル・スペイン等にも飛び火し、欧州全体を揺るがす事態となった。危機の拡大防止とユーロの信用低下を防ぐため、EUは各国への金融支援を実施するとともに、財政難に陥ったユーロ圏諸国を救済するため「欧州金融安定基金（EFSF）」を設立・拡充したほか、2012年10月にはEFSFを継承発展させた「欧州安定メカニズム（ESM）」を創設した。また2013年には加盟国に財政赤字削減と単年度予算の収支均衡を義務づける新財政規律協定を締結、さらに銀行監督の一元化実施も決定した。2013年7月のクロアチアの加盟により、EUの加盟国は28か国である。また2014年にラトビアに、15年にはリトアニアにユーロが導入されて、ユーロ圏は19か国になった。

● EUの組織

欧州理事会（EUサミット）

加盟国首脳、欧州委員会委員長、欧州理事会常任議長（EU大統領）で構成さ

れるEUの最高意思決定機関が欧州理事会（European council）で、会合は年に4回、EUの本部があるブラッセルで開催される。

EU理事会（閣僚理事会）

EU理事会（Council）は、加盟国閣僚で構成される意思決定機関。欧州委員会が提出した政策・法律・予算等の案を決定する。意思決定は全てが全会一致ではなく、条約規定に従い決定内容ごとに①全会一致②単純多数決③特定多数決と採決方式が異なる。また国ごとに持ち票の数は異なる。政策分野ごとに理事会が開催され、担当する各国の大臣が出席する。

欧州委員会（European Commission）

EUのいわば内閣に相当し、1万人以上のEU職員（行政機構）の頂点に立つ組織。欧州委員会は閣僚理事会などに政策案・法案・予算案を提出し、またそこで決せられた政策を実施する執行機関。委員は28人で任期は5年。各委員は大臣のように各自が担当する行政分野が決められている。閣僚理事会とともにブラッセルに所在する。

欧州議会（European Parliament）

法案提出権を持たず（欧州委員会が同権を保持）、欧州委員会の提案についてEU理事会から諮問を受け、EU理事会が採択する前に意見表明を行う諮問機関的な存在。また欧州委員会の委員任命の承認権や罷免権を持つ。マーストリヒト条約では、EU理事会と共同で承認・決定を行う権利を与えられるなど権限が強化される方向にある。欧州議会議員は加盟各国の有権者から直接選挙で選ばれる。定数は751人で任期は5年。各国を一選挙区とし、議席数は各国の人口比で配分される。所在地はストラスブール。

欧州司法裁判所（European Court of Justice）

EUの最高裁判所で、各国から1名ずつ選出された28人の裁判官で構成（任期6年）。マーストリヒト条約をはじめとするEUの各種条約の解釈・適用問題や加盟国間の紛争の裁定などを行う。所在地はルクセンブルク。このほか、EUの外務省にあたる欧州対外活動庁や欧州会計検査院等がある。

● EFTA・EEA

EECに対抗するため、イギリスが主導しポルトガル、スウェーデン、ノルウェー、スイス、オーストリア、アイスランドの7か国によって1960年に欧州自

表7-2 EU地域統合の歩み

1950年	ロベール・シューマン仏外相が独・仏の石炭・鉄鋼産業の共同管理を提唱（シューマン宣言）
1952年	欧州石炭鉄鋼共同体（ECSC）設立
1958年	欧州経済共同体（EEC）、欧州原子力共同体（EURATOM）設立（ローマ条約発効）
1967年	ECSC、EEC、EURATOMの主要機関を統合。3共同体の総称は欧州共同体（EC）
1968年	関税同盟完成
1993年	単一市場始動 マーストリヒト条約発効によりEU創設
1999年	統一通貨「ユーロ」導入（2002年流通開始）
2009年	リスボン条約発効

(出所) 外務省HP

図7-4 EUのガバナンス

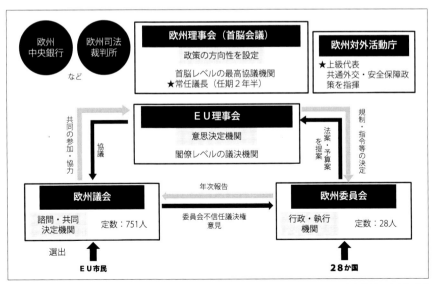

(出所) 外務省HPをもとに作成

由貿易連合（EFTA）が結成された。EECのような関税同盟ではなく、域内の貿易自由化のみを目的とし、域外関税自主権を各国に留保する緩やかな統合体であった。その後イギリス等が脱退してECに加わり、現在の加盟国はアイスランド、ノルウェー、スイス、リヒテンシュタインの4か国。1994年にはスイス以外の加盟国がEUともに、関税同盟ではなく市場統合だけの欧州経済地域（EEA）を結成している。

4　アジア太平洋の地域協力

● ASEAN

　東南アジア諸国連合（ASEAN: Association of South-East Asian Nations）は、東南アジア連合（ASA）を発展的に解消する形で1967年に「バンコク宣言」によって設立された地域協力機構である。原加盟国はインドネシア、マレーシア、タイ、フィリピン、シンガポールの5か国で、84年にブルネイが加わった。多様性に富む国々をアジア的な曖昧さと柔軟さで繋ぎ合せた「緩やかな連合体」で、意思決定は全会一致（コンセンサス）方式を基本としている（ASEAN Way）。経済・社会・科学分野の地域協力を目的とするが、1976年にはASEAN協和宣言が発表され、政治分野も協議対象に含められた。1992年には、域内関税を撤廃し貿易・投資の自由化を目指すASEAN自由貿易地域（AFTA）の創設が決定され、1993年から2008年までの15年で実現することとされた（シンガポール宣言）。

　冷戦後、ベトナム、ラオス、ミャンマー、カンボジアを加えASEAN10を実現（1999年）、それと同時にASEANは、域外諸国・地域との連携も深めている。93年には「ASEAN拡大外相会議（PMC）」が開催され、日中韓に加え、豪、ニュージーランド、米、加、EU、露等の外相級代表が参加した。また97年から毎年開催されている「ASEAN＋3（日中韓）」を通じて、東アジア地域協力の推進にも取り組んでいる。これはアジア通貨危機が起きた97年、ASEAN首脳会議に日中韓首脳が招待されて「ASEAN＋3」首脳会議が行われ、98年にASEAN首脳会議に併せて毎年1回開催することが合意されたもので、99年にはASEAN首脳会議の機会を利用して日中韓首脳会談が初めて行われている。

　さらに94年からは、周辺各国とアジアの安全保障について話し合う定例会

議としてASEAN 地域フォーラム（ARF）が毎年開催されている。冷戦後のアジア太平洋地域の安全保障問題を論じる、アジアでは初の多国間協議の枠組みとして注目されている。メンバーはASEAN加盟国に加え、日中韓、北朝鮮、米露、ＥＵも参加している。ARFは政府間対話の枠組み（第１トラック）だが、それを補完するものとして民間ベース（第２トラック）のアジア太平洋安全保障協力会議（CSCAP）が存在する。

　次に統合に向けた動きとして、2003年の第９回ASEAN首脳会議で「ASEAN安全保障共同体」、「ASEAN経済共同体」、「ASEAN社会・文化共同体」からなるASEAN共同体の2020年までの実現を目指す「第二ASEAN協和宣言（バリ・コンコードⅡ）」が採択された。また2004年の第10回首脳会議では、「ASEANビジョン2020」実施のための中期計画となる「ビエンチャン行動計画（2004－2010年）」が採択され、上記三つの共同体形成を通じたASEAN共同体の実現に向けた具体的措置が示された。その後、07年の第12回首脳会議では、5年前倒しして2015年までの共同体実現を目指すことが合意された。また同年には「ASEAN憲章」が採択され（08年発効）、ASEANに地域機構としての法人格を与えるとともに、機構の強化や意志決定プロセスの明確化措置等が示された。そ

図7−5　地域経済統合ステップ

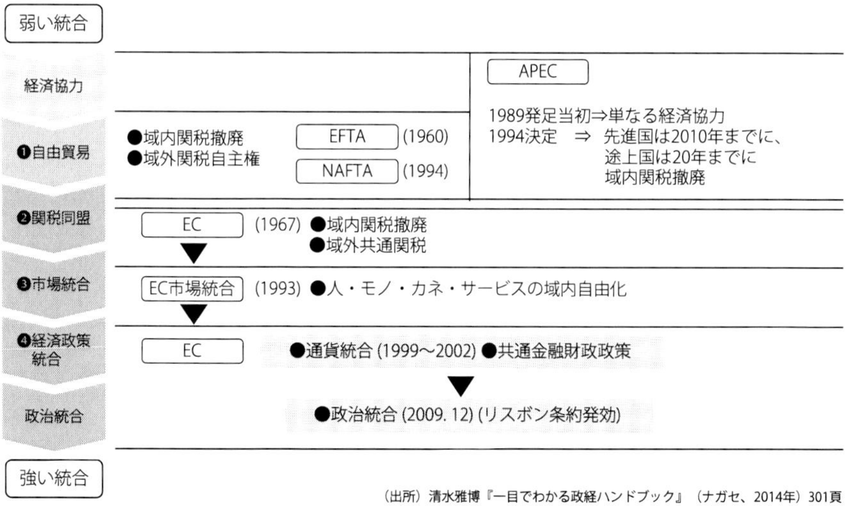

（出所）清水雅博『一目でわかる政経ハンドブック』（ナガセ、2014年）301頁

して 2015 年 11 月の首脳会議において，ASEANは「政治・安全保障共同体（APSC）」，「経済共同体（AEC）」，「社会・文化共同体（ASCC）」から成る「ASEAN共同体」の構築を宣言し，更なるASEANの統合を深めるべく，「ASEAN共同体ビジョン 2025」及び 3 つ共同体それぞれのブループリント（2016 ～ 2025）を採択した（共同体の発足は 2015 年末）。このうち，域内の関税撤廃を目指すASEAN経済共同体（AEC）の発足によって、総人口 6 億人超、国内総生産（GDP）の合計が 300 兆円の巨大市場が誕生した。

　経済だけに留まらず、今後、ASEANには政治・安全保障分野の機能強化が求められよう。特に信頼醸成のための多角的協力と軍事面の透明性の増大はASEANが果たすべき重要な任務である。冷戦後のASEAN にとって安全保障上の最大の不安定要素は中国の軍事的脅威の増大であり、中でも南シナ海の平和と安定の確保に関心が集まっている。その一つに南沙諸島の領有権問題がある。南沙諸島は南シナ海の中央に位置し、約百の小島や珊瑚礁からなる。豊富な漁業資源に加え、同諸島周辺には油田、天然ガス等の海底資源が存在し、海上交通の要衝でもある。中国、台湾、ベトナム、フィリピン、マレーシア、ブルネイの 6 か国がそれぞれ自己の領有権を主張し、特に中国とベトナム、フィリピンの間で衝突が繰り返されている。

　中国は 1974 年にベトナムと武力衝突を起こし西沙（パラセール）諸島を支配下に収めたのを皮切りに、88 年には再びベトナムと戦火を交え南沙諸島のジョンソン礁に観測点を設置、95 年には西沙諸島に飛行場を建設したほか、南沙諸島のミスチーフ礁に櫓等の建造物を設置し中比の緊張が高まった。その後も中国は環礁に軍事施設等の増築を続けており、近年ではベトナムやフィリピンの艦艇や漁民等への暴力行使に出るなど露骨な実効支配の姿勢を強めている。この問題の解決をめざし、インドネシアの提唱でASEANは 1990 年以降、南シナ海の領有権問題について非公式協議を開催している。92 年の外相会議では南沙諸島問題の平和的解決などを盛り込んだ「南シナ海に関するASEAN宣言」を採択し、国際協議を拒む中国を牽制した。2002 年のASEANサミットでは、中国との間で「南シナ海における関係国の行動宣言」を締結し、領土紛争の平和的解決や軍事演習の事前通告、支配地域拡大目的での建物の建設禁止などが合意された。しかし同宣言には拘束力が無いため、現在、ASEANは中国との間で拘束力を伴う行動規範の策定を目指している。問題解決には、アメリカなど域

外大国との協調関係構築が不可欠である。ASEAN の結束を強化し共同体としての凝集力を高めつつ、域外との関係を深化させられるか否かにその将来がかかっている。

●東アジアサミット

ASEAN と並び、東アジアにおける地域主義の高まりを示すのが東アジアサミット（EAS）である。EAS は東アジア共同体構想と関わっている。東アジア共同体の構想は、1997 年のアジア経済危機の際、地域共通の問題に地域が共同で取り組む機運が生まれたことにその直接的な起源を求めることができる。この年「ASEAN+3」首脳会議が発足し、99 年の第 3 回 +3 首脳会議では「東アジアにおける協力に関する共同声明」が採択された。通貨・金融の分野では 2000 年の +3 首脳会議で、経済危機への対処策として域内資金供与の仕組みを作ることが合意され（チェンマイ・イニシアチブ）、二国間のスワップ（通貨交換）協定の束として危機対処のメカニズムが作られた。東アジアサミットもこの延長線上にある。

+3 システムを軌道に乗せた ASEAN では、01 ～ 02 年にかけて ASEAN の会合に日中韓がゲストとして招かれる +3 を、各国が対等な立場で参加する「サミット」に格上げするアイデアが生まれた。そして 2005 年 12 月、第 9 回 ASEAN ＋ 3 首脳会議とともに第 1 回の東アジアサミット（EAS）がシンガポールで開催され、サミットが東アジアの共同体形成に重要な役割を果たし得ること、開放的包含的であるとともに透明で外部志向のフォーラムであること等をうたう「クアラルンプール宣言」が採択された。

東アジア共同体の構築を進めるには、ASEAN、日本、中国三者（さらに韓国を加えた四者）の緊密な連携・協力が不可欠だが、ＥＡＳ開催の調整過程において、ASEAN に対する影響力の維持・拡大の意図から、ＥＡＳ加盟国の範囲等を巡り日中間で激しい主導権争いが演じられた経緯がある。日中間には歴史認識や靖国神社問題等が存在し、さらに中国の軍事大国化への懸念が高まり、南シナ海や東シナ海では領有権争いも顕在化している。このような国際環境のため、お互いが地域協力の実現に向けて歩調を合わせる体制は整っていない。

● ASEM

アジア欧州会合（ASEM：Asia-Europe Meeting）は、政治・経済的な結びつきが薄かったアジア・欧州両地域の協力関係強化を目的に、シンガポールのゴー・チョクトン首相の提唱で始まった定期的なフォーラムで、1996年にバンコクで第1回の会合が開かれた。ASEANにとって、経済成長を維持するには欧州からの投資や技術移転が不可欠であり、EUはASEAN製品の重要な輸出市場でもある。APECの枠組みから外れているEUにとってASEANとの接触は歓迎すべき出来事であった。ASEMの発足で、ASEANはアジア太平洋地域のみならず欧州にも多国間協議のリンクを広げることになった。

ASEMは、相互尊重と平等の精神に基づき対等な立場で（イコール・パートナーシップ）、経済のみならず、政治、社会・文化を三つの柱に、幅広い分野で対話や協力を行う場であることに特徴がある。ASEMは、アジアと欧州の諸国が政治問題について協議できる唯一の枠組みであり、近年ではテロリズム、大量破壊兵器、移民問題や気候変動問題を始めとする環境問題等グローバルな課題が採り上げられている。2年毎に行われる首脳会合のほか、経済、外務、財務、科学技術、環境分野などの閣僚会合、高級実務者会合（SOM：Senior Officials Meeting）等が開催されている。現在のメンバーは49か国・2機関に及び、世界人口の40％、GDPの50％、貿易量の60％をカバーしている。

● APEC

アジア太平洋経済協力会議（APEC：Asia-Pacific Economic Cooperation）は、アジア太平洋地域の21の国と地域が参加する経済協力の枠組み[(8)]。経済規模で世界全体のGDPの約5割、世界全体の貿易量及び世界人口の約4割を占め、アジア太平洋地域の持続可能な成長と繁栄に向けて、貿易・投資の自由化、ビジネスの円滑化、人間の安全保障、経済・技術協力等の活動を行っている。1989年ホーク豪首相の提案に基づき、自由貿易を尊重するアジア・太平洋周辺諸国が、より開放的で活発な経済交流を通じての成長と繁栄の持続をめざし創設された。貿易・投資の「自由化」及び「円滑化」、それに「経済・技術協力（開発協力）」の三つがAPEC活動の柱（目標）とされる。

APECの活動は、「協調的自主的な行動」と「開かれた地域協力」を大きな特色とする。「協調的自主的な行動」とは、APECがメンバーを法的に拘束しない、

緩やかな政府間の協力の枠組みであることを意味し、コンセンサス方式による合意形成や各メンバーの自主性尊重を運営の基本原則としている。「開かれた地域協力」を標榜し、域外に差別的な措置をとらず、経済ブロックや単一市場の形成等地域統合を目指すものではない。

1993年にシアトルで行われた第5回首脳会議では、閣僚会議に加えて、クリントン大統領のイニシアティブで非公式首脳会議が初めて開催され、貿易と投資の自由化をめざす「新太平洋共同体構想」が提唱された。これを契機に、APECの組織・制度化と拘束力強化に向けた動きが出た。94年には域内貿易投資の自由化を決定、先進国は2010年、途上国は2020年までに貿易と投資の自由化を達成するという目標を掲げるボゴール宣言が採択された。しかし、その翌年に採択された大阪行動指針では、コンセンサスやメンバーの自主性尊重の基本原則が再確認されている。

メンバーの数が多く、文化や経済環境も多様であること、ASEAN+3やEAS等類似の他の協力機構の活動が活発化していることもあり、実効性のある協力関係の構築が果たして可能であるか等APECの存在意義が問われている。しかしその一方、最近ではAPECの場を利用して各国個別の二国間、多国間会議が開催され、政治問題や安保対話の場としても機能しつつある。このほか、米加自由貿易協定（89年）を拡大させ、北米自由貿易連合（NAFTA：North American Free Trade Agreement）が94年に発効した。アメリカ、カナダ、メキシコの3か国間で域内関税を撤廃し、域内貿易・投資の自由化を15年間で実現することを目標とする。ＥＵとは異なり、域外共通関税や経済政策の統合、通貨統合などは行わない。

［注 釈］
（1） GATTは自由貿易を原則とするが、その例外として一般特恵関税（先進国は途上国の輸入品について、特に税率を下げるという関税上の優遇措置。東京ラウンドで決定）や緊急輸入制限（セーフガード：自国経済を保護する緊急の必要がある場合に認められる輸入制限措置）、残存輸入制限（農産物などを事実上GATTの枠外に置き、輸入制限するケース）等の措置がある。
（2） 石川幸一「企業のグローバル事業展開を支えるFTA」『国際問題』2012年6月号、8頁。貿易の自由化率とは、二国間あるいはそれ以上の国・地域による貿易交渉で、全ての貿易品目（日本は9018品目）のうち、10年以内に関税をなくすことを約束した品目の割合。経

済連携協定（EPA）を含む自由貿易協定（FTA）において、数値が高いほど物品の輸入を妨げる障壁が少ないことを示す。90％台後半が主流だが、日本がこれまでに結んだＥＰＡの自由化率は最大でも88％台にとどまっている。

(3)　IBRDおよびIDAは、発展途上国の経済社会開発を促進し、各国が自らの力で発展できるよう支援することを目的としている。IBRDの貸し付けは、中所得国や信用力のある貧困国が融資対象で、有利子、貸出期間は15～20年と準商業ベースであるのに対し、IDAは極貧途上国が融資対象で利子はなく貸出期間も35～40年と返済期間が長く、返済猶予期間が設けられることも多い。なお世界銀行やIMFは1国1票制ではなく出資比率に基づく加重投票制を採っている。

(4)　1979年に経済協力開発機構（OECD）が発表した報告書によって、発展途上国の中にあっても石油危機以降も工業製品輸出の急増を通じて経済成長した10ヵ国・地域（アジアでは韓国、台湾、香港、シンガポール、中南米ではメキシコ、ブラジル、欧州ではギリシャ、ポルトガル、スペイン、ユーゴスラビア）が取り上げられ、新興工業国（NICs: Newly Industrializing Countries）と命名された。その後、香港と台湾を国家として捉えることに疑義が生じたため、新興工業経済地域（NIEs: Newly Industrializing Economies）と呼ばれるようになった。韓国、台湾、香港、シンガポールのアジアNIEsは二度の石油ショックを乗り越えて1980年代に入っても力強い成長を維持し、NIEsの代表格となった。アジアNIEs成功の理由は、途上国の多くが輸入代替産業の保護に傾斜し、結果として競争力ある産業の育成に失敗したのに対し、国内使用が狭隘で輸入代替産業育成の選択肢を持たないシンガポールや香港などは、輸出志向型の産業育成に務め、また外国の企業や資本・技術を受け入れたことが競争力ある産業の発展に繋がったのである。

(5)　1985年、独仏とベネルクス三国はルクセンブルクのシェンゲンで、国境審査を撤廃し原則として国内扱いで互いの国を往来できる取り決め（「共通国境管理の漸進的撤廃に関する協定（シェンゲン協定）」）を締結した。90年には国境検査の撤廃を定める同協定の施行協定も締結された。現在、EU加盟28か国のうち22か国がシェンゲン協定に加わっており、非加盟のノルウェー、アイスランド、スイス及びリヒテンシュタインも締結、参加している。なおアムステルダム条約により、シェンゲン協定はEU条約に統合された。

(6)　冷戦時代、安全保障はNATO、経済はEU（EC）の役割分担が西欧に存在したが、マーストリヒト条約でCFSPを導入する等EUは冷戦後、独自の外交・安全保障機能を担いつつある。即ち1992年に独仏合同軍が創設され、98年にはイギリスのブレア首相とフランスのシラク大統領が、欧州独自の軍事機構を保有すべきと宣言（サンマロ宣言）、アムステルダム条約（99年発効）ではCFSPの一部として欧州安全保障防衛政策（ESDP）の規定が盛り込まれた。さらに99年のEU首脳会議で①平和維持活動②人道援助・救援③（平和創造を含む）危機管理を任務（「ペータースブルク任務」）とする緊急対応部隊の創設が合意された（ヘルシンキヘッドラインゴール）。03年以降、マケドニアやコンゴ、ボスニアなどに派遣されている。04年には、欧州防衛庁が発足した。なおリスボン条約の下でESDP

は共通安全保障・防衛政策（CSDP）と改称され、共同武装解除作戦など任務の拡大（「拡大
ペータースブルク任務」）や加盟国に部隊の即応展開力向上を求める（常設編制協力）等行動
能力の強化を目指している。

(7)　CJHAは後に「警察・刑事司法協力」（Police and Judical Cooperation in Criminal Matters：
PJCC）と名称が変更された。

(8)　APECには香港、台湾も参加（91年）しており、参加メンバーは"メンバー国"ではなく
"メンバーエコノミー"と呼ばれる。なお中国は91年、ロシア、ベトナム、ペルーは98年に
加盟している。

第8章

グローバルプロブレムへの取り組み

1 地球環境問題

　地球環境問題とは、被害の規模や発生地域が極めて広域にわたる環境問題を意味する。地球温暖化（気候変動）やオゾン層の破壊、酸性雨、生物多様性の損失、砂漠化等はその代表例である。[1] 環境に限らず、グローバルプロブレム（地球規模問題）は一国だけでは解決ができず、国際社会を形成する世界中のすべての国が参加して問題への対応と解決策の構築に関わる必要がある。しかし、合意形成にあたって先進国と途上国との経済格差や発展段階の差異が障害となることが多い。環境問題の場合、環境の保全を重んじる先進国と、開発や経済発展を優先させたい途上国との間で意見の乖離が見られる。そうした利害の違いを調整し環境保全を実現するためには、主権国家にとどまらず、国際機関や地域協力機構、非政府組織（NGO）等幅広い参加によるグローバルガバナンスの発揮が求められる。

●国連人間環境会議とUNEP

　1960年代、北欧諸国では国外で発生した硫黄や窒素の酸化物が越境して酸性雨を降らせ、森林破壊や湖沼の酸性化を引き起こした。スウェーデン政府は越境大気汚染を中心に地球環境問題に関する国連国際会議を提唱し、72年にストックホルムで国連人間環境会議（UNCHE）が開かれた。これは、人間環境とそれに関わる諸問題を世界的規模で検討した史上初の会議である。

　会議では「かけがえのない地球」をテーマに話し合いが行われ、「人間環境宣言（ストックホルム宣言）」と「人間環境行動計画」が採択された。人間環境宣言は、環境の保護と改善に関して各国政府と国民を啓発し指導するための共通の基本的理念および原則を示すもので、26の原則が掲げられた。その中では、途上国の環境問題が低開発から生じていることを指摘し、開発の重要性を認めると同時に、開発政策は環境保全と整合的でなくてはならないこと、天然資源は現在及び将来の世代のために保護されるべきことなどが指摘された。環境保全と経済発展は相矛盾するとの認識が先進国に強かったのに対し、貧困克服を最優先する途上国は開発優先で環境保全に消極的なため、採択された宣言文では、環境保全と経済発展の関係については両論併記となった。人間環境行動計画は、人間居住の計画と管理、天然資源管理の環境的側面、開発と環境等五つのテー

マについて多くの勧告がなされた。

　そして人間環境宣言及び同行動計画を実施に移すための常設機関として、同年の国連総会決議に基づき国連環境計画 (United Nations Environment Program : UNEP) が設立された。UNEPは、環境分野を対象とした国際協力活動を行う機関で、取り扱う分野は、オゾン層保護、有害廃棄物、海洋環境保護、水質保全、化学物質管理や重金属への対応、土壌の劣化の阻止、生物多様性の保護等多岐にわたる。

●開発と環境保全：「持続可能な開発」

　人間環境会議に臨んで、先進国は汚染問題に、途上国は貧困を解決するための開発に議論の力点を置いた。そして先進国は経済成長から環境保護へ政策課題を転換することが必要としたのに対し、途上国は開発の推進と援助の強化を重視する姿勢が強く両者の認識には溝が存在した。しかしその後、環境保全と経済発展の関係が議論されるなかで、二つの目的は必ずしも矛盾するものではなく、両方が同時に達成されるべきとの論調が強まった。

　1984年、環境と開発に関する世界委員会 (WCED)、通称ブルントラント委員会が発足し、87年には最終報告書「われら共有の未来 (Our Common Future)」が公表された。同報告書では「持続可能な開発」がキーワードとして用いられ、世界的に知られるようになった。報告書は「持続可能な開発」を「将来世代のニーズを満たす能力を損なうことなく、現世代のニーズを満たす節度ある開発」と定義し、将来世代が自然の恩恵に与って経済発展を持続させるためには、現世代が環境保全に取り組まねばならないことを強調した。途上国がこの発想転換に同意を示した背景には、森林伐採による砂漠化で耕地が荒廃し、あるいは大気汚染を無視して工業化を進めた結果、近隣住民が喘息に苦しめられる等環境破壊が経済発展を阻害する現実が目の当たりに展開されるようになったことが影響していた。

　同報告書以来、地球環境問題は「持続可能な開発」の中に位置づけられ、地球環境問題の解決には、途上国の経済発展との両立が不可欠との認識で議論が進むことになった。

●国連環境開発会議（地球サミット）

国連人間環境会議20周年にあたる1992年に、ブラジルのリオデジャネイロで「持続可能な開発」をテーマに172か国の政府代表と国際機関、約8千のNGOが参加して国連環境開発会議（UNCED、通称地球サミット）が開催された。会議は「持続可能な開発」を基本理念に据えて進められ、地球環境を保護するための憲法的な存在である「環境と開発に関するリオ宣言」及び同宣言を実行に移す行動計画「アジェンダ21」が採択された。また気候変動枠組み条約や生物多様性条約が調印されたほか、「森林原則宣言」も発表された。

前文と27の原則からなるリオ宣言は、ブルントラント委員会が打ち出した「持続可能な開発」の考え方を基本的に踏襲し、「環境保全は開発過程の不可分の一部を構成するもの」と明記したほか、世代間衡平や「共通だが差異のある責任」などの理念も取り込んだ[2]。アジェンダ21には様々な勧告が盛り込まれ、その実現に向けて個別的な協議や交渉が行われることになった。例えばアジェンダ21で明記された砂漠化への対処は、94年に砂漠化防止条約の採択へと繋がった。

その後、1997年には地球サミットの見直しとして国連環境特別総会が開催され、新アジェンダが採択された。またこれまでの取り組みの結果を評価し、取り組みが不十分な分野について今後の方向を示すことを目的に、2002年にヨハネスブルクで世界持続可能な開発サミット（WSSSD）が開催された。かくて「持続可能な開発」の概念は定着していったが、開発と環境保全の両立を地球全体で実現するには実施面の課題も多く、将来に向けた長期的な取り組みが必要とされる。

2　地球温暖化

●気候変動に関する政府間パネル（IPCC）

大気中の二酸化炭素（石炭や石油の大量消費）やメタン（腐敗）、フロン（エアコンの使用）等温室効果ガスの濃度が増加すると大気中に蓄積される熱量が増えるために気温が上がり（温室効果）、地球全体の平均気温を上昇させる。この現象を地球温暖化という。国連環境計画（UNEP）と世界気象機関（WMO）のイニシア

第8章　グローバルプロブレムへの取り組み　213

ティブによって、気候変動に関する最新の科学的知見を纏め各国の政策決定者に報告する機関として 1988 年に気候変動に関する政府間パネル（IPCC）が設立された（2007 年ノーベル平和賞受賞）。

　IPCC の報告書によれば、1880 年〜 2012 年の間に世界の平均気温は 0.85 度上昇し、対策が遅れると 21 世紀末までに気温は最大 4.8 度、海面は最大 82cm 上昇し、農業生産量の減少や生態系への影響、異常気象の多発、海面上昇による沿岸地域水没等の影響を招くこと、また被害を拡大させないためには気温の上昇を 2 度までに抑える必要があるとした。[(3)]

●気候変動枠組み条約

　地球温暖化を抑制するためには、温室効果ガスの排出を抑制する必要がある。1992 年の地球サミットで採択された気候変動枠組み条約（地球温暖化防止条約）（94 年発効）は、二酸化炭素などの温室効果ガスの排出を抑制するとともに、植林などの技術開発や監視体制が決められた。同条約では「共通だが差異のある責任」の原則に立ち、当面の目標として温室効果ガス排出量を 2000 年までに1990 年の水準に戻すことが合意された。しかし、具体的な排出削減の義務づけはなかった。

　気候変動枠組み条約の締約国会議（UNFCCC-COP）が 95 年（COP1）以降、毎年開かれている。同条約は 2000 年以降の扱いについては何も記されなかったため、1997 年の第 3 回締約国会議（COP3）で京都議定書が採択された（05 年発効）。

●京都議定書

　京都議定書は、地球温暖化（気候変動）の抑制を目的とする国際協定であり、先進国は 2008 年から 2012 年の 5 年間（第 1 約束期間）で温室効果ガスの総排出量を全体で 1990 年に比べ 5％削減するものとし、ＥＵ 8％、アメリカ 7％、日本6％の国別削減目標が定められた。排出量を算定する際には、1990 年以降の植林、再植林は二酸化炭素の削減、伐採は二酸化炭素の排出として算定するネット方式が採用された。

　また排出量目標の達成を効率的に進めるため、国内の削減対策を補完する「京都メカニズム（柔軟性措置）」と呼ばれる市場原理を活用した排出権取引の制度が認められた。二酸化炭素など温室効果ガスの排出権を売買するもので、排出量

を目標より少なくできた企業・国は余った排出権を売ることができる。これを受けてEUと周辺4か国は排出量取引制度を導入している。クリーン開発メカニズム（CDM）も京都議定書で認められた排出権取引の仕組みで、先進国が途上国で温室効果ガス削減プロジェクトを実施し、そこで生じた削減量の一部を先進国の温室効果ガス削減量に充てることができるというもの。国だけでなく企業も参加でき、日本でも事業に登録する企業が増えている。具体的な事業は、代替フロンの破壊・回収や風力発電など。国内で大企業が中小企業の排出削減を支援する中小企業等二酸化炭素排出削減制度（国内CDM制度）もある。

　議定書の採択後、メカニズム実施のルールに関する交渉が続けられたが、世界第2位の二酸化炭素排出国で排出量シェア17%のアメリカが2001年に京都議定書から離脱してしまった。離脱の理由は、議定書の目標達成がアメリカ経済に打撃を与えかねないこと、また中国（二酸化炭素排出量世界1位）やインド（同3位）など途上国が排出量の規制や削減義務を負わないのは不公平というものであった。日本や欧州連合（EU）は削減義務を達成している。

●ポスト京都

　09年の条約締約国会議（COP15）では、世界の気温上昇を2度以内に抑えるという数値目標が掲げられた。また先進国は2020年までの温室効果ガス削減目標（途上国は削減行動）を定めて提出することになった（コペンハーゲン合意）。日本は、鳩山首相（当時）が「90年比で25%削減」を国際公約として表明。欧州連合（EU）の目標「90年比20～30%減」、アメリカの同「05年比17%減」（90年比では数%減に相当）に比べ、日本はより積極的と高く評価された。ところが福島第一原発事故の発生（2011年）で、日本政府はエネルギー政策だけでなく温暖化対策の見直しも迫られることになった。国内の原発が停止し、電力会社は火力発電の稼働を増やして電力不足を補うようになったからだ。発電に伴う二酸化炭素排出量は、事故前より大幅に増えた。原発増設を前提にしていた削減目標は実現の見通しが立たなくなった。

　2013年以降（2013～20年の第2約束期間）の規制については、2012年のCOP18で京都議定書の延長期間が8年間とされた。しかし、米中などが参加しない枠組みは「不公平で、効果もない」として日本は離脱し、ロシアやカナダなども第2期間への不参加を表明した。第2期間に参加しない国は自主的に温室効果

ガスの削減目標を設定することとされ、日本は先の25％削減に代わり20年までに「05年比3.8％減」の新たな削減目標を発表した。また14年の米中合意で、アメリカは2025年までに05年比で26〜28％減、中国は30年頃までに二酸化炭素排出量がピークを迎えるようにし、化石燃料以外の割合を約20％に増やすとの目標を掲げた。

　締約国会議（COP）では、京都議定書に代わる新しい枠組みが議論されたが、途上国に強い規制を求める先進国と、温暖化の原因は先進国にあるとする途上国の対立が表面化した。しかし、2015年12月に開かれた締約国会議（COP21）で、新たな枠組みとなるパリ協定が採択され、16年11月に発効した。同協定は2020年以降の温暖化対策を定めたもので、産業革命前からの気温上昇を2度以下に抑えることや、温室効果ガスの排出を今世紀末までに実質ゼロとすることが目標とされた。そしてすべての国に温室効果ガスの削減目標の設定と報告を義務付け、5年ごとに進捗状況が検証される。但し、削減目標は各国が独自に定め、目標の達成も義務ではない。日本は「2030年までに13年比で26％削減」の中期目標を設定している。17年6月には温室効果ガス排出量世界第2位のアメリカがパリ協定からの離脱を表明した。

●環境税

　環境政策を進めるため、またその財源確保を目的とした租税が環境税である。その代表が炭素税だ。炭素税とは、原油、ガソリンなどの化石燃料の炭素含有量や発熱量に応じて、使用者に税金を賦課するもの。化石燃料の価格を税により引き上げることでその需要を抑え、さらに、その税収を環境対策に利用することで二酸化炭素の排出量を抑制することを目的としている。

　炭素税は、気候変動枠組み条約が採択される以前から、北欧諸国を中心に導入が始まった。1990年にはフィンランドとオランダ、91年にはスウェーデン、ノルウェー、92年にはデンマークが炭素税を導入した。オランダは、干拓地が多い国土事情から、地球温暖化による海面上昇で大きな影響を受けるためである。その後、独伊英仏、スイス等でも炭素税が導入されている。日本でも2012年から地球温暖化対策税が導入された。同税は化石燃料を採取・輸入・利用する企業に課せられ、化石燃料にかかる「石油石炭税」に二酸化炭素排出量に応じた税率を上乗せする。電力会社、ガス会社等の利用会社は増税分を料金に上

乗せしており、最終的には消費者が支払う形になる。

3 その他の地球環境問題

●オゾン層の破壊

オゾン（O3）は、酸素分子の乖離により生じる酸素原子が他の酸素分子と結合することによって発生する。オゾン層は有害な紫外線を吸収して地表に届かせない役割を果たしている。オゾン層は大気圏の中では成層圏（地表から20～30km）にあるが、1970年代から南極上空でオゾン層に大きな穴が開いていることが発見された（オゾンホール）。オゾンホールは年々拡大し、北極にもオゾンホールが存在することが確認されている。オゾンを破壊する物質として、フロンが最も有力視されている。フロンは1930年代に開発され、毒性もなく燃えない性質から冷蔵庫やエアコンの冷媒、スプレーの噴射剤等に大量に使われたが、大気中に出たフロンが成層圏に届くと紫外線で分解されて、オゾンを破壊する塩素原子を放出するのだ。

このため、1985年にオゾン層保護のためのウイーン条約が、1987年にはフロン等オゾン破壊物質の具体的な削減を盛り込んだモントリオール議定書が採択された。同議定書は段階的に規制が強化され、破壊力の強い特定フロン（クロロフルオロカーボン）、ハロン、四塩化炭素などは、先進国では1996年までに全廃（開発途上国は2015年まで）、その他の代替フロンも先進国は2020年までに全廃（開発途上国は原則的に2030年まで）することが求められた。その結果、2000年以降はオゾン層の減少傾向は見られなくなり、このままで推移すれば2050年までに1980年の水準に回復できると見込まれている。

●砂漠化

砂漠化とは、乾燥地帯や半乾燥地帯において、気候の変化や人間あるいは家畜の活動により土地の不毛化が進むことをいう。砂漠化は1年間に約6万平方キロずつ進んでいるといわれており、9億人以上の人たちが干ばつや飢餓等様々な影響を被っている。特にアフリカ地城がひどく、1982～1985年には約300万人が餓死したとされる。

第 8 章　グローバルプロブレムへの取り組み　217

　国連環境計画（UNEP）は 1977 年に国連砂漠化会議を開催したが効果は上がらず、92 年の地球サミットで採択されたアジェンダ 21 では、条約交渉の開始が勧告された。そして 1994 年に砂漠化防止条約が採択され（96 年発効）、砂漠化の影響を受けている国は緑化・灌漑事業といった長期的な行動計画を作成し、先進国はこれに技術・資金援助を行うことが義務づけられた。

●酸性雨

　酸性雨は、車や工場の排ガス等に含まれる二酸化硫黄や窒素酸化物が大気に拡散し、それが雲の中で水滴に付着したり結晶の中心として降ることによって通常の pH 濃度よりも強い酸性を示す雨のことである。酸性雨は 1940 年代から西ヨーロッパで出始め、現在では世界各地で観測される。遺跡の表面などを腐食させ、湖沼に棲んでいる生物を死に至らしめ、森林の立ち枯れなども報告されている。そのため、酸性雨等の越境大気汚染の防止対策や被害状況の監視・モニタリング等を各国に義務づける長距離越境大気汚染条約が制定（1979 年採択、83 年発効）された。さらに酸性雨の原因物質を削減するためのヘルシンキ議定書（硫黄酸化物）やソフィア議定書（窒素酸化物）等も締結されている。

●熱帯林の減少

　農地や放牧地の必要から熱帯林を伐採することで熱帯林は毎年約 100 万ヘクタールが破壊されている。急激な熱帯林減少の背景には、人口の爆発的な増大がある。熱帯林消失面積の 45％は焼き畑が原因とされ、特にアフリカでは焼き畑が森林喪失原因の 70％にも上る。92 年の地球サミットでは「森林原則宣言」が合意されたが、これは途上国が森林の包括的な保護を目的とした条約の作成に反対したため、「声明」に留まった経緯がある。

　熱帯雨林の減少は野生生物の減少に繋がり、多様な遺伝資源を必要とするバイオテクノロジーの研究にも打撃を与える。そこで生物の多様性の保全、生物資源の持続可能な利用、さらに遺伝子資源から得られる利益の公平な分配をめざし、生物多様性条約が制定された（92 年採択、93 年発効）。同条約は、生物多様性の保全に重要な地域の選定、国ごとの対策計画の策定、技術移転の促進、先進国からの新規ないし追加的な資金供給等を定めている[4]。野生生物の保護については、絶滅の恐れのある野生動植物の国際取引を監視する条約（ワシントン条

218

約）（73年採択、75年発効）や水鳥の生息地として重要な湿地を保護する条約（ラムサール条約）（71年採択）などがある。

4　人権問題

●国際人権規約

　国連憲章は、国連の主要目的の一つとして「人権および基本的自由を尊重するように助長奨励することについて、国際協力を達成すること」（第1条）を掲げている。そのため1946年に人権委員会が設置され、国際人権章典の作成作業に取り組むことになった。そして1948年12月の国連総会で「世界人権宣言」（Universal Declaration of Human Rights）が採択された。宣言は30条からなり、一般的条項（第1・2条）に続いて市民的・政治的権利（第3～21条）や経済的・文化的権利（第22～27条）等を規定している。総会はこの宣言を「すべての国民と国家が達成しなければならない一般的基準」と位置付けたが、法的な拘束力はもっていなかった。

　そのため、法的拘束力のある条約として1966年に2種類の「国際人権規約」（International Covenants on Human Rights）が国連総会で採択された。「経済的、社会的および文化的権利に関する国際規約」（A規約＝社会権規約）と「市民的および政治的権利に関する国際規約」（B規約＝自由権規約）で、ともに1976年に発効した。両規約と同時に「市民的および政治権利に関する国際規約の選択議定書」（選択議定書）も採択された（76年発効）。これは、B規約に掲げられた権利を締約国によって侵害された個人が、国連人権委員会に救済を申し立てる個人通報制度等について規定したものである。その後、1989年には死刑制度廃止を目的に、「市民的および政治的権利に関する国際規約の第2選択議定書」（第2選択議定書）が採択された（91年発効）。さらに08年にはA規約に関し国連の社会権規約委員会に個人通報の受理権限を与える選択議定書が採択されている（未発効）。わが国は、A規約とB規約のみに批准している（79年）。

　このほか国連は、人種、皮膚の色、門地、民族、種族的出身等に基づくあらゆる差別を禁じる「人種差別撤廃条約」（65年採択、69年発効）や、南アフリカ共和国で行われていた人種隔離政策を禁じるため「アパルトヘイト犯罪禁止条約」

(73年採択、76年発効) を定めている。国連憲章は性的差別をなくすことを宣言しており、1967年には「女子差別撤廃宣言」が総会で採択され、79年には「女子差別撤廃条約」が採択された (81年発効)。この条約では、政治・経済・社会・文化・市民生活等あらゆる分野における女性差別が禁止事項となっている。各国の法律や制度のみならず慣習も対象とされ、個人、団体、企業による女性差別撤廃の義務を定めている。1989年には「児童の権利条約」が採択された (90年発効)。18歳未満の子どもを対象とし、子どもの意見表明権や集会・結社の自由など大人同様の市民的権利も盛り込まれた。近年では、国家による不法な拘禁を禁止し、そのような行為者を処罰する「強制失踪条約」(06年採択、10年発効) や、障害者の人権や基本的自由の享有を確保し障害者の権利を実現するための措置等を規定した障害者権利条約 (06年採択、08年発効) も制定されている。

また国連は1993年に国連世界人権会議を開催し、そこでの勧告を受けて国連人権高等弁務官の職を創設した。国連を代表して各国政府とその国の人権問題を協議する人権問題担当官で、ジュネーブに本部事務所を置いている。さらに人権問題への対処能力強化のため、06年の国連総会決議により、経済社会理事会の機能委員会の一つであった人権委員会を廃し、国連総会の下部機関として人権理事会が設置された。人権と基本的自由の保護・促進及びそのための加盟国への勧告や各国の人権状況の定期的な調査等を任務とする。

●平和・人道に対する罪

戦争犯罪 (War Crimes) とは、元来、戦争法規に対する違反行為であって、それを行い、または命じた者を敵交戦国が捕えた場介、これを処罰し得ることを意味した。戦争犯罪は戦争犯罪人を捕えた交戦国の国家法益の侵害とみなされ、第2次世界大戦までは戦時中にのみ処罰ができ、戦争終了 (休戦協定による実際の戦闘の停止) 後は処罰できないものとされてきた。しかるに第2次世界大戦終了後、連合国は、ニュールンベルグ及び東京で行われた国際軍事裁判において、敗戦国関係者に対する戦争犯罪の処罰を行った。しかも、従来の戦争犯罪 (戦争法規違反の戦争犯罪) に加え、新たな戦争犯罪として「平和に対する罪」及び「人道に対する罪」が創設された。「平和に対する罪」とは侵略戦争を開始した責任、「人道に対する罪」は「一般の国民に対してなされた謀殺、絶滅を目的とした大量殺人、奴隷化、追放その他の非人道的行為」と規定された。

そのため現在の戦争犯罪には、戦争（武力紛争）法規違反の罪（伝統的な戦争犯罪）、平和に対する罪、人道に対する罪の三つが含まれることになった。こうした新たな戦争犯罪が生まれたのは、戦争違法化の流れを受け、侵略戦争は国際社会の一般法益を侵害する国際犯罪であり、国内裁判所ではなく国際社会が裁くべきとの意識が生まれたことによる。1946 年 12 月の第 1 回国連総会は、ニュールンベルグ裁判所条例および当該裁判所の判決で認められた国際法の諸原則（ニュールンベルグ諸原則）を確認する決議を全会一致で採択し、その定式化作業に着手した。1948 年には、特定の民族や宗教集団の壊滅を狙った集団殺害を国際犯罪と規定し、それを犯した個人を罰する「ジェノサイド条約（集団殺害罪の防止及び処罰に関する条約）」が採択された（51 年発効）。

●国際刑事裁判所の創設

その後、冷戦の終焉や旧ユーゴの内戦等が契機となり、国際犯罪の処罰を個々の国家だけに委ねるべきではないとの論調やかつての国際軍事裁判の公平性に問題があったことへの反省から、常設の国際刑事裁判所を創設し、そこに裁判管轄権を付与すべきとの主張が強まった（ジェノサイド、アパルトヘイト犯罪禁止の 2 条約でも、犯罪審理にあたるため、当事国の国内裁判所の他に国際刑事裁判所の設置が予定されていた）。1989 年にはトリニダードトバゴが、国際麻薬犯罪組織に対処する目的で常設の国際刑事裁判所開設の提案を国連総会に提出した。

一方、国連安全保障理事会は、旧ユーゴ内戦で発生した民族浄化行為（大量虐殺や強制収容、集団強姦等）は戦時における文民の保護等を規定したジュネーブ諸条約に違反し、また「人道に対する罪」にあたるとして、1993 年の安保理決議でこれを裁くための特別の国際刑事法廷をハーグに設置した。この旧ユーゴ国際刑事法廷でとりあげる犯罪は、ジュネーブ諸条約の重大な違反、戦争法規慣例違反、ジェノサイド、人道に対する罪で、国連総会によって 11 人の判事が選任され、首席検事と書記局が設けられた。94 年には、フツ族とツチ族によるルワンダ内戦での虐殺行為を裁くため、安保理決議によってルワンダ国際刑事法廷も設置された。さらにポル・ポト派による大虐殺が行われたカンボジアについても、同様の特別法廷が設置された。戦勝国締結の条約等が設置の根拠法規とされたニュールンベルグ及び東京裁判とは異なり、これらは国連憲章第 7 章による強制措置の一環として国連自らが設置したもので、勝者の裁きや事後立法等の問題克服をめざす動きであった。

第8章　グローバルプロブレムへの取り組み　221

　1998年、ローマで国際刑事裁判所設立のための外交会議が開かれ、国際刑事裁判所設立条約（ローマ規程）が採択された（2002年発効）。国際刑事裁判所（International Criminal Court: ICC）は、国家間の紛争処理のため国家のみが当事者となる国際司法裁判所（ICJ）とは異なり、国際社会にとって重大な罪を犯した個人の刑事責任を問う初の常設国際法廷である。ICCで取り扱うことのできる犯罪は①集団殺害（ジェノサイド）②人道に対する罪③戦争犯罪（戦争法規違反）④）侵略の罪の4種類とされる。

　ICCの所在地はオランダのハーグで、2003年3月に正式に発足した。裁判は2審制で、第1審裁判所と控訴裁判所があり予審裁判所も置かれる。裁判官は18人（任期9年）、検察局も設けられ検察官は1人、いずれも締約国会議の選挙で任命される。候補者は締約国出身の法律家に限られ、同一国籍の複数の裁判官は選任できない。裁判官の独立（第40条）や検察官の独立（第42条）が保障され、外交使節代表と同等の特権や免責が与えられる（第48条）。対象となる犯罪はローマ規程発効（＝02年7月1日）後に起きた事件に限られる（遡及処罰の禁止：第24条）が時効はない。原則として、被告が締約国の国籍を持つか、締約国内で起きた犯罪でなければならないが、安保理が付託した事案については全国連加盟国に対して管轄権を持つ。

　もっとも、ローマ規程はICCが各国の「国内刑事裁判権を補完するものであることを強調し」（前文）ており、刑事裁判権行使の意図や能力を欠く等国内提判所では対処できない場合にのみ裁判管轄権を持つとされている（補完性原則）。そのため、当事国が捜査または訴追している場合や、既に裁判によって同一行為について判決を得ている場合は、当該事件を不受理としなければならない（第17、20条）。提訴権を持つのは締約国と安保理、検察官だが、被害者やその家族も捜査を要請できる。国際刑事裁判所の発足により、戦争犯罪や人道に対する罪、大量虐殺行為等は国家を越えた普遍的な管轄権により国際社会の名の下に裁くことが可能となった。2009年3月、スーダン西部ダルフール紛争を巡り、ICCは人道に対する罪などでスーダンのバシル大統領に逮捕状を出したが、現職の国家元首への逮捕状はこれが初めてである。

● 難民問題

民族・宗教紛争の頻発に伴い、難民支援も人権確保の重要な課題となってい

る。難民の保護については「難民の地位に関する条約」（難民条約、1951年採択、54年発効）及び「難民の地位に関する議定書」（1966年採択・発効）が存在する。難民条約は1951年1月以前の欧州の難民を保護対象としたが、難民議定書は世界中の難民について期間を限定せずに対象としている。

　この条約・議定書の保護対象となる「難民」（条約難民）とは、①人種、宗教、国籍もしくは特定の社会集団の構成員であることまたは政治的意見を理由に迫害を受ける恐れがあるという十分に理由のある恐怖を有すること②国籍国の外にいる者であること③その国籍国の保護を受けることができないか、そのような恐怖を有するためにその国籍国の保護を受けることを望まない者であること、の三要件を満たす者（難民条約第1条）で、政治的理由で祖国を追われた「政治難民」が想定されている。条約難民と認定された者は、滞在する国の法令を遵守する義務があり、公的秩序を維持するための措置に従う義務を負うが、通常の外国人とは異なり、受け入れ国において種々の権利（動産・不動産の取得、職業を得る権利、教育や社会福祉を受ける権利等）が付与され、また受け入れ国は彼らを迫害を受ける恐れのある国に追放しあるいは送還してはならない（ノンルフールマン原則）（第33条）。

　条約難民に対し、迫害や武力紛争で住み慣れた土地を追われるが、国境を越えずに自国内に留まる人々を国内避難民（IDP：Internally Displaced Persons）と呼ぶ。国内避難民の取扱いは本来国内法上の問題だが、冷戦後その数が急増し、人道的な見地から難民と同様の保護が必要になっている。現在、世界で避難生活を強いられている難民や国内避難民等の数は約4,330万人に及んでいる。

　国連の難民問題への取り組みとして、国連難民高等弁務官事務所（UNHCR：United Nations High Commissioner for Refugees）がある[(5)]。難民に避難先での雇用や教育等の法的保護を与えることを任務とするほか、水・食糧、住居、医療の提供等の生活支援に加え、近年では自発的な帰国や第三国への定住についても支援している。第三国定住とは、難民キャンプ等で一時的な庇護を受けた難民を、当初庇護を求めた国から新たに受入れに合意した第三国へ移動させることで、難民は移動先の第三国において庇護あるいはその他の長期的な滞在権利が与えられる。第三国定住による難民の受入れは、難民の自発的帰還及び一時庇護国への定住と並ぶ難民問題の恒久的解決策の一つと位置づけられ、難民問題に関する負担を国際社会が適正に分担するという観点からも重視されている。

第8章 グローバルプロブレムへの取り組み　223

難民条約の保護対象が政治難民に限定されているため、UNHCR は保護対象となる難民の範囲拡大に務めており、大規模な難民流出のケースでは、国連総会や経済社会理事会の決議を根拠に、「マンデート難民」として個別認定を経ることなく一括して保護を与えている。同様に、国内避難民も総会決議や事務総長の要請に基づいて支援の対象としている。2000 年まで緒方貞子が高等弁務官の職にあった。

●人間の安全保障

グローバルプロブレムへの対処を考える際、人間の安全保障の視点が重要である。「人間の安全保障（human security）」とは、外国からの軍事的脅威から国家や国民を守る「国家安全保障」では対応できない環境破壊、人権、難民、貧困等人間の生存・生活・尊厳を脅かすあらゆる種類の脅威を包括的に捉え、それらから人々を守り、持続可能な個人の自立と社会作りをめざそうとする考え方である。「欠乏からの自由」、「恐怖からの自由」、そして「尊厳ある人間生活」の三つが、人間の安全保障の主要三要素とされる。

この概念は、国連開発計画（UNDP）が経済学者A・センの思想に影響を受けて、1994 年に発表した『人間開発報告』の中で初めて用いられた。日本は 1999年に国連に「人間の安全保障基金」を設置し、人身売買被害者の支援や紛争で荒廃した都市コミュニティの再建、児童結婚の撲滅と保護等多岐にわたるプロジェクトに資金を拠出、2001 年には日本の呼びかけで緒方貞子前国連難民高等弁務官とA・センを共同議長とする「人間の安全保障委員会」が設置され、2003年に最終報告書が提出された。人間の安全保障を実現するための政策としては、予防的社会開発や国際的な人道支援、平和構築等が挙げられるが、主権国家に加え、国際機関や非政府組織（NGO）等による重層的なガバナンスが必要である。

［注 釈］
(1)　一般に地球環境問題には含めないが、環境問題とも密接に関わる地球規模問題として人口の増加や自然資源の枯渇問題等がある。早くも 1970 年代初頭、世界規模の人口急増現象に危機感を覚えた研究者らが集まったローマクラブは、第 1 次報告として『成長の限界』を発表し、このまま人口爆発と経済成長を続けていけば、資源の枯渇や公害の悪化、食糧生産量等の限界から、100 年後には地球と人類は破滅すると警告した。D.メドーズ他『成長の限界』大来佐武郎監訳（ダイヤモンド社、1972 年）

(2) リオ宣言の交渉過程で最大の争点になったのは、環境問題の責任論であった。途上国側は、環境悪化の責任は先進国にあり、不公平なルールを強いられているとの反発も生まれた。これに対し先進国側は地球環境問題は人類共通の課題であると反論、結局、妥協として「共通だが差異のある責任」という考えがリオ宣言の第7原則に盛り込まれた。

(3) IPCCは1990年の第1次から数年おきに報告書を発表している。2014年12月に公表された第5次評価報告書は、観測の結果として世界の平均気温は1880年から2012年までに0.85度上昇し、海面水位は1901年から2010年までに19cm上昇したと認定。大気中の二酸化炭素濃度は1750年以降40％増加し、過去80万年で前例のない高さだと指摘した。また20世紀後半からの気温上昇については95％以上の確信度をもって「人為影響である可能性が極めて高い」と断言している。そして気温の上昇を2度未満に抑制するためには、2050年までに温室効果ガスの排出を2010年比で40～70％減らし、21世紀末には排出をゼロかそれ以下にすることが必要だとする。

(4) 生物多様性条約は、企業や大学等の利用者は提供国の同意の上で遺伝資源を取得し、開発を通じた利用で得る利益を配分するよう定めている。その利益で生物多様性を守ることが目的だ。この仕組みは「遺伝資源へのアクセスと利益配分（ABS）」と呼ばれ、名古屋議定書がＡＢＳの詳しい手続きを決めている。

(5) 国連難民高等弁務官事務所（UNHCR）は国連総会によって1950年に創設され、翌年スイスのジュネーブを拠点に活動を開始した。当初は第2次世界大戦後の後遺症が残るヨーロッパで100万人以上の難民の援助を行なっていた。暫定機関であったUNHCRは存続期間を5年ごとに延長してきたが、2003年の国連総会で存続期限の撤廃が決定され恒久的機関となった。UNHCRの保護支援対象者は世界中で3600万人を超え（2011年時点）、うち難民は1040万人、国内避難民は1547万人で、前者は横ばいか微減だが後者は急増の傾向にある。そのほか庇護希望者や帰還民、無国籍者も含まれる。創設以来、UNHCRは数千万人以上の生活再建を支援し、1954年と1981年の二度にわたりノーベル平和賞を受賞している。なお480万人に上るパレスチナ難民については、1949年の国連総会で設立された国連パレスチナ難民救済事業機関（UNRWA）が担当している。そのほか、国連世界食糧計画（WFP）、国際移住機関（IOM）、赤十字国際委員会（ICRC）等の国際機関やNGOも、役割分担しながら世界各地で難民や国内避難民などの避難生活を支えている。現在（2012年時点）、UNHCRは125か国に414の事務所を展開し、7685人の職員が勤務している。そのうち86.8％以上の職員は危険地や遠隔地を含む現場で働いている。

主要参考文献（本文注釈で引用したもの及び外国語文献は除く）

全 般

資格試験研究会『新スーパー過去問ゼミ 3 国際関係』（実務教育出版、2011 年）

高瀬淳一『公務員試験はじめて学ぶ国際関係』（実務教育出版、1997 年）

TAC公務員講座編『公務員Vテキスト 15 国際関係』（TAC、2001 年）

田中明彦・中西寛編『新・国際政治経済の基礎知識（新版）』（有斐閣、2010 年）

小和田恆他『国際関係論』（放送大学教育振興会、2002 年）

第 1 章

E.H.カー『ナショナリズムの発展』大窪愿二訳（みすず書房、1952 年）

E・ルナン他『国民とは何か』鵜飼哲他訳（河出書房新社、1997 年）

A.D.スミス『ネイションとエスニシティ』巣山靖司他訳（名古屋大学出版会、1999 年）

加藤博『イスラーム世界の危機と改革』（山川出版社、1997 年）

中嶋嶺雄『中国：歴史・社会・国際関係』（中央公論社、1982 年）

西嶋定生『中国古代国家と東アジア世界』（東京大学出版会、1983 年）

渡辺昭夫・土山實男編『グローバル・ガバナンス：政府なき秩序の模索』（東京大学出版会、
    2001 年）

第 2 章

ケネス・ウォルツ『国際政治の理論』河野勝他訳（勁草書房、2010 年）

H.バターフィールド、M.ワイト編『国際関係理論の探求』佐藤誠他訳（日本経済評論社、2010 年）

ヘドリー・ブル『国際社会論：アナーキカル・ソサイエティ』臼井英一訳（岩波書店、2000 年）

マーティン・ワイト『国際理論：三つの伝統』佐藤誠他訳（日本経済評論社、2007 年）

山本吉宣『国際レジームとガバナンス』（有斐閣、2008 年）

吉川直人他編『国際関係理論』（勁草書房、2006 年）

ポール・R・ビオティ、マーク・V・カピ『国際関係論第 2 版』石坂菜穂子他訳（彩流社、1993 年）

第 3 章

K.E.ボールディング『権力の三つの顔』益戸欽也訳（産能大学出版部、1994 年）

ジョセフ・S.ナイ『スマートパワー』山岡洋一他訳（日本経済新聞社、2011 年）

ジョセフ・S.ナイ『ソフトパワー』山岡洋一訳（日本経済新聞社、2004 年）

チャールズ・キンドルバーガー『パワーアンドマネー』益戸欽也訳（産業能率大学出版部、1984 年）

第4章

有賀貞他編『講座国際政治(2)：外交政策』（東京大学出版会、1989年）

カリエール『外交談判法』坂野正高訳（岩波書店、1978年）

坂野正高『現代外交の分析』（東京大学出版会、1971年）

G.ケナン『アメリカ外交50年（増補版）』近藤晋一他訳（岩波書店、1986年）

武者小路公秀『国際政治と日本』（東京大学出版会、1976年）

第5章

伊津野重満『現代集団安全保障体制論』（北樹出版、2000年）

筒井若水『国際法Ⅱ』（青林書院新社、1982年）

マイケル・ハワード『戦争と知識人』奥村房夫他訳（原書房、1982年）。

最上敏樹『国際機構論』（東京大学出版会、1996年）

横田洋三『新版　国際機構論』（国際書院、2001年）

第6章

外務省編『日本の軍縮・不拡散外交』（2013年）

納屋政嗣『国際紛争と予防外交』（有斐閣、2003年）。

クマール・ルペシンゲ『予防外交』辰巳雅世子訳（ダイヤモンド社、1998年）

広瀬善男『国連の平和維持活動』（信山社、1992年）

藤田久一『国連法』（東京大学出版会、1998年）

吉田康彦『国連改革』（集英社、2003年）

第7章

岩田一政他『制度の国際調整』（日本経済新聞社、1995年）

猪木武徳『戦後世界経済史』（中央公論新社、2009年）

山本和人『戦後世界貿易秩序の形成』（ミネルヴァ書房、1999年）

渡邊頼純『GATT・WTO体制と日本（増補2版）』（北樹出版、2012年）

第8章

宇沢弘文『地球温暖化を考える』（岩波書店、1995年）

環境と開発に関する世界委員会『地球の未末を守るために』（福武書店、1987年）

信夫隆司編『環境と開発の国際政治』（南窓社、1999年）

竹本正幸『国際人道法の再確認と発展』（東信堂、1996年）

G.ポーター・J.W.ブラウン『入門地球環境政治』（有斐閣、1998年）

米本昌平『地球環境問題とは何か』（岩波書店、1994年）

西川 吉光 （にしかわよしみつ）

1955年大阪生まれ。1977年国家公務員上級甲種試験（法律職）合格、翌年大阪大学法学部卒業、防衛庁（現防衛省）入庁。官房企画官・課長・防衛研究所第2研究室長等歴任。その間、英王立国防大学院等留学。現在、東洋大学国際地域学部教授。法学博士（大阪大学）、国際関係論修士（MA. 英国リーズ大学大学院）。専門は、国際政治学、国際関係論、国際関係史、主な著書に『ヘゲモニーの国際関係史』『現代国際関係史Ⅰ～Ⅳ』、『テキストブック国際政治学』、『覇権国家の興亡』など多数。

マスター国際関係論

2015年3月31日　初版発行
2019年3月20日　第3刷発行

著　者	西川 吉光
定　価	本体価格 2,800 円+税
発行所	株式会社　三恵社
	〒462-0056 愛知県名古屋市北区中丸町 2-24-1
	TEL 052-915-5211　FAX 052-915-5019
	URL http://www.sankeisha.com

本書を無断で複写・複製することを禁じます。　乱丁・落丁の場合はお取替えいたします。
Ⓒ2015 Yoshimitsu Nishikawa　　ISBN 978-4-86487-319-2 C3031 ¥2800E